书山有路勤为径,优质资源伴你行

注册世纪波学院会员,享精品图书增值服务

人力资源管理实务操作丛书

绩效考核与绩效管理

（第3版）

付亚和　许玉林　宋洪峰　著

电子工业出版社
Publishing House of Electronics Industry
北京·BEIJING

未经许可，不得以任何方式复制或抄袭本书之部分或全部内容。
版权所有，侵权必究。

图书在版编目（CIP）数据

绩效考核与绩效管理 / 付亚和，许玉林，宋洪峰著. —3 版. —北京：电子工业出版社，2017.6
（人力资源管理实务操作丛书）
ISBN 978-7-121-31437-7

Ⅰ. ①绩… Ⅱ. ①付… ②许… ③宋… Ⅲ. ①企业绩效－绩效管理－人员测评－教材 Ⅳ. ①F272.5

中国版本图书馆 CIP 数据核字(2017)第 092343 号

策划编辑：晋　晶
责任编辑：杨洪军
印　　刷：北京虎彩文化传播有限公司
装　　订：北京虎彩文化传播有限公司
出版发行：电子工业出版社
　　　　　北京市海淀区万寿路 173 信箱　邮编 100036
开　　本：787×1092　1/16　印张：17.75　字数：357 千字
版　　次：2004 年 1 月第 1 版
　　　　　2017 年 6 月第 3 版
印　　次：2021 年 8 月第 13 次印刷
定　　价：49.00 元

凡所购买电子工业出版社图书有缺损问题，请向购买书店调换。若书店售缺，请与本社发行部联系，联系及邮购电话：(010) 88254888，88258888。
质量投诉请发邮件至 zlts@phei.com.cn，盗版侵权举报请发邮件至 dbqq@phei.com.cn。
本书咨询联系方式：(010) 88254199，sjb@phei.com.cn。

前言

企业实施绩效考核、关注绩效改进是不断自我提升和达成战略目标的重要保证。从理论上讲,绩效考核与绩效管理通过将企业战略目标逐级分解并层层传递给各级各部门直至各个员工,落实绩效考核结果并持续改进,使得部门及个人的绩效聚焦,共同支撑企业战略目标的实现。

而在企业管理实践中,几乎没有企业对自己的绩效管理体系感到满意,它们不清楚为什么要进行绩效考核,为什么绩效管理要与战略挂钩,为什么绩效实施过程中管理者和员工要进行充分的沟通,为什么绩效考核中充满了矛盾和冲突,为什么绩效反馈是绩效管理不可或缺的一部分,为什么企业实施严格的绩效考核反而降低了员工工作的积极性,绩效管理问题困扰着每个企业。

本书不仅要帮助企业解决绩效管理方面的问题,还要为企业管理者提供系统性的绩效管理知识,使他们了解绩效管理是什么,为什么要进行绩效管理,以及有效的绩效管理到底能为企业带来什么。

本书以绩效管理的流程设计和技术方法介绍为主线,为读者呈现绩效管理全貌。我们从绩效计划、绩效控制、绩效考核、绩效反馈和绩效考核结果应用五个方面讲述了绩效管理的基本流程;同时,从实际操作角度讲述了绩效考核的各种技术手段,其中包括基于目标管理的考核体系、基于关键绩效指标的考核体系、基于平衡计分卡的考核体系、基于标杆管理的考核体系等。在编写过程中,针对绩效管理的关键环节和具体的考核技术,我们选取了经典案例以强化理解和增加学习兴趣。

信息技术的发展造就了当今的移动互联时代,随着移动互联以及大数据时代的到来,企业的绩效管理思维与方式也发生了很大变化。伴随网络、业务和手机终端等技术的融合,绩效管理这项重要的人力资源管理活动也出现了一些新的变化,企业对绩效管理也提出了新要求。鉴于此,我们对本书进行了修订。

修订后的绩效管理内容全面、模块清晰，易于学习和掌握，并重点突出了当今知识经济及互联网的发展对绩效管理水平的影响情况。我们增加了移动互联对绩效管理产生了怎样影响，如何诊断组织的绩效管理水平及能力的提升，教练技术对绩效面谈与绩效反馈的影响和作用，以及一些绩效考核技术手段在当今的新发展等内容。同时，我们也重点收集了一些近年来与我国本土企业绩效管理相关的典型案例，以促进理论与实际的结合，方便理解。

因为时间关系，加之知识水平和阅历所限，书中可能存在这样或者那样的问题，也可能有些不足和遗漏，还请各位读者不吝赐教。

目录

第1章 反思绩效考核 1
    1.1 什么是绩效 1
    1.2 什么是绩效考核 7
    1.3 绩效考核的应用与不足 8
    案例分析 华为——基于价值、围绕结果展开的绩效考核 9

第2章 拥抱绩效管理 13
    2.1 绩效管理概述 14
    2.2 绩效管理的作用、意义与定位 17
    2.3 打造闭环的绩效管理系统 22
    2.4 移动互联创新下的绩效管理 25
    案例分析 德勤重构绩效管理 31

第3章 提升绩效管理能力 35
    3.1 组织绩效管理水平诊断 35
    3.2 提升绩效管理能力的方法和工具 41
    案例分析 丰田的 A3 管理模式 45

第4章 绩效管理的基本流程 51
    4.1 绩效管理流程 51
    4.2 绩效管理系统中各环节的有效整合 55

第 5 章 绩效计划与指标体系的构建 57
5.1 绩效计划 58
5.2 构建绩效指标体系 62
案例分析 A公司的考核怎么了 81

第 6 章 绩效形成的过程控制 83
6.1 绩效管理过程控制的重要性与存在的误区 83
6.2 如何对绩效形成的过程进行有效控制 88
案例分析 盛强公司员工的绩效"闷包" 96

第 7 章 绩效考核与评估 98
7.1 绩效考核技术 99
7.2 绩效考核中的常见问题 129
7.3 提高绩效考核的有效性 136
案例分析 海底捞的绩效考核 140

第 8 章 绩效反馈与绩效面谈 143
8.1 绩效反馈概述 143
8.2 绩效面谈 146
8.3 绩效反馈的效果评估 150
8.4 组织一次有效的绩效面谈 152
8.5 开发有效的反馈技能 154
8.6 教练技术提升反馈与面谈的质量 155
案例分析 绩效考核新模式之绩效面谈 158

第 9 章 绩效考核结果的应用 161
9.1 绩效考核结果应用的原则和常见问题 162
9.2 绩效考核结果的具体应用 164
案例分析 部门绩效考核结果与员工利益紧密挂钩的矛盾 177

第 10 章 基于目标管理的考核体系 182
10.1 目标管理的起源 183

10.2　目标管理：现代绩效管理的思想基石 184
　　10.3　目标管理考核法的实施 189
　　10.4　目标管理法对其他绩效管理技术的影响 194
　　10.5　目标管理考核法遇到的困境 194
　　案例分析　绩效主义毁了索尼吗 196

第 11 章　基于关键绩效指标的考核体系 199
　　11.1　KPI 概述 200
　　11.2　KPI 的设计原则 203
　　11.3　KPI 体系的构建 205
　　11.4　KPI 实施过程中的问题 214
　　11.5　KPI 应用的反思——OKR 系统 217
　　案例分析　小米的"去 KPI"化管理 220

第 12 章　基于平衡计分卡的考核体系 223
　　12.1　平衡计分卡概述 224
　　12.2　平衡计分卡在绩效管理中的应用 230
　　12.3　平衡计分卡的未来 235
　　案例分析　美国化学银行的平衡计分卡 236

第 13 章　基于标杆管理的考核体系 241
　　13.1　标杆管理的形成和演变 241
　　13.2　标杆管理的作用与分类 247
　　13.3　标杆管理的实施 252
　　13.4　标杆管理的问题及其突破方向 260
　　13.5　标杆管理对我国企业的借鉴意义 263
　　案例分析　施乐公司的标杆管理 265

第 14 章　绩效管理的发展趋势 268
　　14.1　绩效管理观念的变革 268
　　14.2　绩效管理变革对人力资源管理的影响 273

第 1 章

反思绩效考核

本章导读

从不同的学科角度认识绩效,所得出的结果也不同。

从管理学的角度看,绩效是组织为了实现其目标而展现在不同层面上的有效输出。它包括个人绩效和组织绩效两个方面。从经济学的角度看,绩效与薪酬是员工与组织之间的对等承诺。从社会学的角度看,绩效意味着每个社会成员按照社会分工所确定的角色而承担的一份职责。

目前对绩效的界定主要有三种观点:第一种观点认为绩效是结果;第二种观点认为绩效是行为;第三种观点强调员工潜能与绩效的关系,关注员工素质,关注未来发展。在实际应用中,对于绩效概念的理解,可分为以下几种:绩效就是完成工作任务,绩效就是工作结果或产出,绩效就是行为,绩效是结果与行为的统一体,绩效=做了什么(实际收益)+能做什么(预期收益)。

绩效考核是指考核主体对照工作目标和绩效标准,采用科学的考核方法,评定员工的工作任务完成情况、员工的工作职责履行程度和员工的发展情况,并且将评定结果反馈给员工的过程。

绩效考核在实际应用时总是存在不尽如人意之处,究其原因主要有两方面:一是绩效考核自身就是一种容易让人焦虑的活动;二是绩效考核过程中存在很多人为造成的不规范或不科学的问题。

1.1 什么是绩效

绩效,一个常常挂在嘴边的词,一个所有组织都不得不关注的话题。绩效到底是什么？绩效有标准吗？绩效可以衡量吗？是否有什么东西可以用来预测绩效？对绩效进行考核有价值吗？为什么绩效考核总要面对那么多的矛盾和冲突？有了绩效考核就能保证实现组织目标吗？为什么我们的绩效考核总像是在做无用功？员工的工作态度和责任心会影响绩效吗？怎样才能科学地运用绩效考核的结果？怎样才能改善和提高员工的绩效？……绩效，一个永远的话题！

1.1.1 不同视角下的绩效

正如大哲学家亚里士多德曾经说过的那样，世上最困难的事莫过于下定义。时至今日，人们对绩效这一概念的认识仍然存在分歧。就像贝茨（Bates）和霍尔顿（Holton）指出的那样，"绩效是一个多维建构，观察和测量的角度不同，其结果也会不同"，从不同的学科领域出发认识绩效，所得到的结果也会有所差异。

1. 从管理学视角认识绩效

从管理学的角度看，绩效是组织期望的结果，是组织为实现其目标而展现在不同层面上的有效输出。它包括组织绩效和个人绩效两个方面。组织绩效建立在个人绩效实现的基础上，但个人绩效的实现并不能保证组织是有绩效的。当组织的绩效按一定的逻辑关系被层层分解到每个工作岗位及每个人时，只要每个人都达到了组织的要求，组织的绩效就实现了。但是，组织战略的失误可能造成个人的绩效目标偏离组织的绩效目标，从而导致组织的失败。

2. 从经济学视角认识绩效

从经济学的角度看，绩效与薪酬是员工和组织之间的对等承诺关系，绩效是员工对组织的承诺，而薪酬是组织对员工所做出的承诺。一个人进入组织，他必须对组织所要求的绩效做出承诺，这是进入组织的前提条件。当员工完成了他对组织的承诺时，组织就实现其对员工的承诺。这种对等承诺关系的本质，体现了等价交换的原则，而这一原则正是市场经济运行的基本规则。

3. 从社会学视角认识绩效

从社会学的角度看，绩效意味着每个社会成员按照社会分工所确定的角色承担他的那一份职责。他的生存权利是由其他人的绩效保证的，而他的绩效又保障其他人的生存权利。因此，出色地完成自己的绩效是他作为社会一员的义务，他受惠于社会就必须回馈社会。

1.1.2 绩效的定义

随着管理实践深度和广度的不断增加，人们对绩效概念和内涵的认识也在不断变化。管理大师彼得·德鲁克认为："所有的组织都必须思考'绩效'为何物，这在以前简单明了，现在却不复如是。策略的拟订越来越需要对绩效的新定义。"因此，我们要想测量和管理绩效，必须先对其进行界定，弄清楚它的确切内涵。

目前对绩效的界定主要有三种观点：第一种观点认为绩效是结果；第二种观点认为绩效是行为；第三种观点则强调员工潜能与绩效的关系，关注员工素质，关注未来发展。

1. 绩效是结果

伯纳丁（Bernadin）等认为："绩效应该定义为工作的结果，因为这些工作结果与组织的战略目标、客户满意度及所投资金的关系最为密切。"凯恩（Kane）指出，绩效是"一个人留下的东西，这种东西与目的相对独立存在"。从这些定义不难看出，"绩效是结果"的观点认为，绩效是工作所达到的结果，是一个人的工作成绩的记录。一般用来表示绩效结果的相关概念有职责（Accountabilities），关键结果领域（Key Result Areas），结果（Results），责任、任务及事务（Duties，Tasks and Activities），目的（Objectives），目标（Goals or Targets），生产量（Outputs），关键成功因素（Critical Success Factors）等。对绩效结果的不同界定，可用来表示不同类型或水平工作的要求。对此，我们在设定绩效目标时应注意加以区分。

2. 绩效是行为

随着对绩效问题研究的不断深入，人们对绩效是工作成绩、目标实现、结果、生产量的观点不断提出挑战，普遍接受了绩效的行为观点，即"绩效是行为"。支持这一观点的主要依据有以下几个。

1）许多工作结果并不一定是个体行为所致，它可能受到与工作无关的其他影响因素的影响。

2）员工没有平等的完成工作的机会，并且员工在工作中的表现不一定都与工作任务有关。

3）过分关注结果会导致忽视重要的行为过程，而对过程控制的缺乏会导致工作成果的不可靠性，不适当地强调结果可能会在工作要求上误导员工。

认为"绩效是行为",并不是说绩效的行为定义中不能包容目标,墨菲(Murphy)给绩效下的定义:"绩效是与一个人工作的组织或组织单元的目标有关的一组行为。"坎普贝尔(Campbell)指出:"绩效是行为,应该与结果区分开,因为结果会受系统因素的影响。"他在 1993 年给绩效下的定义:"绩效是行为的同义词,它是人们实际的行为表现,而且是能通过观察得到的。就定义而言,它只包括与组织目标有关的行动或行为,能够用个人的熟练程度(贡献水平)来评定等级(测量)。绩效不是行为的后果或结果,而是行为本身……绩效由个体控制下的与目标相关的行为组成,不论这些行为是认知的、生理的、心智活动的或人际的。"博尔曼和莫托威多(Borman & Motowidlo)则提出了绩效的二维模型,认为行为绩效包括任务绩效和关系绩效两个方面,其中任务绩效指所规定的行为或与特定的工作熟练有关的行为;关系绩效指自发的行为或与非特定的工作熟练有关的行为。

3. 高绩效与员工素质的关系

随着知识经济的到来,评价并管理知识型员工的绩效也显得越来越重要。由于知识型工作和知识型员工给组织绩效管理带来的新挑战,越来越多的企业将以素质为基础的员工潜能列入绩效考核的范围,对绩效的研究也不再仅仅关注对过去的反应,而是更加关注员工的潜在能力,更加重视素质与高绩效之间的关系。本书在随后的章节中会对以素质为基础的绩效考核进行介绍,这也是有关绩效研究的最新领域。

1.1.3 绩效在实践中的含义

在实际应用中,对绩效的理解可能是以上三种认识中的一种,也可能是对各种绩效概念的综合平衡。一般而言,人们在实践中对绩效有以下几种理解。

1."绩效"就是"完成工作任务"

这一观点出现得比较早,其主要的适用对象是一线生产工人或体力劳动者。对于一线生产工人或体力劳动者来说,最主要的问题一直是"这个工作怎么做",或者说"把这件事做到最好的方法是什么",他们的绩效就是"完成所分配的生产任务",这个论断直到今天仍然是适用的。不过,由于知识工作者的工作不同于常规的体力劳动,这一观点一般不用来衡量知识工作者的工作绩效。

2."绩效"就是"工作结果"或"产出"

这一界定从考核的内容上将考核划分为绩效考核、能力考核和态度考核三种。相对于能力考核和态度考核来讲，绩效考核强调的是"结果"或"产出"。

实际上，将绩效以"产出/结果"为导向的解释在实际运用中是最为常见的。从绩效考核与管理的实践中我们可以看到，许多词被用来表示作为"结果/产出"的绩效，如责任、目标、任务、绩效指标、关键绩效指标、关键成果领域等。

3．"绩效"就是"行为"

将绩效与结果或产出等同起来的观点在许多心理学的文献中受到了质疑，因为一部分产出或结果可能是由个体所不可控制的因素决定的；再者，过分强调结果或产出，会使管理者无法及时获得个体活动信息，从而不能很好地进行指导与帮助，而且可能会导致短期效益。绩效作为"行为"的观点正是在此基础上逐渐流行起来的。

概括起来，将绩效作为"行为"的观点主要基于以下事实。

1）许多工作后果并不一定是由员工的行为所产生的，也可能有与工作毫无关系的其他因素在起作用。

2）工作执行者执行任务的机会不平等，并不是工作执行者在工作时所做的每一件事都同任务有关。

3）过分重视结果会忽视重要的程序因素和人际关系因素。

4）产出/结果的产生可能包括许多个体无法控制的因素，尽管行为也要受外界因素的影响，但相比而言，它是在个体直接控制之中的。

5）实际上，现实中没有哪一个组织完全以"产出"作为衡量绩效的唯一尺度。

行为通常被认为是工作结果产生的原因之一，而工作结果或产出又是评估员工行为有效性的一种重要方法，即根据员工所取得的结果，来判定他们的行为的有效性。尽管将"绩效"界定为"行为"的观点日益为人们所重视和认可，但"行为"与"绩效"一样，同样面临如何界定的尴尬局面。

4．"绩效"是"结果"与"过程（行为）"的统一体

从实际意义上来讲，将绩效界定为"结果+过程"是很有意义的，它不仅能更好地解释实际现象，而且一个相对宽泛的界定往往使绩效更容易被大家接受，这对绩效考核与管理而言是至关重要的。

作为结果和过程的绩效观，既有其优点，也有其缺点。从实际运用的角度来看，单纯将绩效界定为结果/产出或行为/过程都是有失偏颇的。表1-1对这两种不同绩效观的优缺点进行了比较。

一般来讲，不同的企业或企业中的不同人员对"结果"和"过程"的侧重点不同。

表 1-1 不同绩效观的优缺点比较

	优 点	缺 点
注重结果/产出	• 鼓励大家重视产出，容易在组织中营造"结果导向"的文化与氛围 • 员工成就感强，以"胜败论英雄"	• 在未形成结果前不会发现不正当行为 • 当出现责任人不能控制的外界因素时，评价失效 • 无法获得个人活动信息，不能进行指导和帮助 • 容易导致短期效益
注重过程/行为	• 能及时获得个人活动信息，有助于指导和帮助员工	• 成功的创新者难以容身 • 过分地强调工作的方法和步骤 • 有时忽视实际的工作成果

1）高速发展的企业或行业一般更重视"结果"，发展相对平稳的企业或行业则更重视"过程"。

2）强调反应速度、注重灵活、创新工作文化的企业一般更强调"结果"，强调流程、规范，注重稳固工作文化的企业一般更强调"过程"。

3）具体到企业不同类别的人员、不同层次的人员，层级越高越以结果为主，层级越低越以过程或行为为主，所谓"高层要做正确的事、中层要把事做正确、基层要正确地做事"讲的就是这个道理。

5．绩效=做了什么（实际收益）+能做什么（预期收益）

这个观点更适合知识工作者，也比较接近绩效管理的真正意图——关注未来！它不仅要看员工当前做了什么，也要关注将来还能够做什么，能给公司带来什么价值。

综上所述，绩效的含义是非常广泛的。在不同时期、不同发展阶段，面对不同对象，绩效就有不同的含义。表 1-2 对几种绩效的主要定义适用情况进行了比较说明。

表 1-2 绩效定义适用情况对照表

绩效含义	适应的对象	适应的企业或阶段
1. 完成工作任务	• 体力劳动者 • 事务性或例行性工作的人员	
2. 工作结果或产出	• 高层管理者 • 销售、售后服务等可量化工作性质的人员	• 高速发展的成长型企业，强调快速反应，注重灵活、创新的企业
3. 行为	• 基层员工	• 发展相对缓慢的成熟型企业，强调流程、规范，注重规则的企业

续表

绩效含义	适应的对象	适应的企业或阶段
4. 结果+过程（行为/素质）	• 普遍适用各类人员	
5. 做了什么（实际收益）+能做什么（预期收益）	• 知识工作者，如研发人员	

1.2 什么是绩效考核

绩效会因时间、空间、工作任务和工作条件（环境）等相关因素的变化而不同，从而呈现出明显的多样性、多维性与动态性，这也就决定了对绩效的考核必须是多角度、多方位和多层次的。

对于绩效考核，不同的人有不同的认识。从较早期的观点看，对绩效考核有以下几种描述。

1）对组织中成员的贡献进行排序。

2）对员工的个性、资质、习惯和态度，以及对组织的相对价值进行有组织的、实事求是的考核，是考核的程序、规范、方法的总和。

3）对员工现任职务状况的出色程度及担任更高一级职务的潜力进行有组织的、定期的，并且是尽可能客观的考核。

4）是人力资源管理系统的组成部分，由考核者对被考核者的日常职务行为进行观察、记录，并在事实的基础上，按照一定的目的进行考核，达到培养、开发和利用组织成员能力的目的。

5）定期考核和考察个人或工作小组工作业绩的一种正式制度。

综观以上观点，我们可以从以下三个角度理解绩效考核。

1）绩效考核是从企业经营目标出发，对员工工作进行考核，并使考核结果与其他人力资源管理职能相结合，推动企业经营目标的实现。

2）绩效考核是人力资源管理系统的组成部分，它运用一套系统的和一贯的制度性规范、程序和方法进行考核。

3）绩效考核是对组织成员在日常工作中所表现的能力、态度和业绩，进行以事实为依据的评价。

归纳起来，绩效考核是指考核主体对照工作目标和绩效标准，采用科学的考核方法，评定员工的工作任务完成情况、员工的工作职责履行程度和员工的发展情况，并且将评定结果反馈给员工的过程。

1.3 绩效考核的应用与不足

在不同的组织中,人们都在进行着绩效考核,有时它可能只是走过场,有时它又变得非常重要,其考核结果直接决定晋升、奖金、出国培训等机会的分配。员工和管理者不喜欢绩效考核的原因有三个方面。

1) 绩效考核本身的性质决定了它是一件容易使人焦虑的事情。当一个人知道自己将要被别人评价时,或者当一个人评价别人时,他们往往会感到有些焦虑,而绩效考核就是一个评价与被评价的过程,所以由此而产生的焦虑是不可避免的。这种焦虑有时会引起对评估的回避,甚至抵触。被考核者是最容易感到焦虑的群体,另外,考核者也会对绩效考核感到焦虑。

2) 绩效考核目的不明确。许多管理者对绩效考核持怀疑态度,他们始终在问,绩效考核对我们到底有什么用?被考核者也常常不清楚绩效考核的作用。当人们不清楚一件事情对自己有什么好处的时候,他就很难喜欢这件事情,尤其是这件事情要花费很多时间和精力而又不能确定它能带来什么好处时,人们通常采取的行动就是回避。

3) 绩效考核结果不理想使得绩效考核更加难以开展。在实际操作中,正式的绩效考核计划有时会由于某些原因而得出令人失望的结果。图 1-1 显示了一些主要原因。

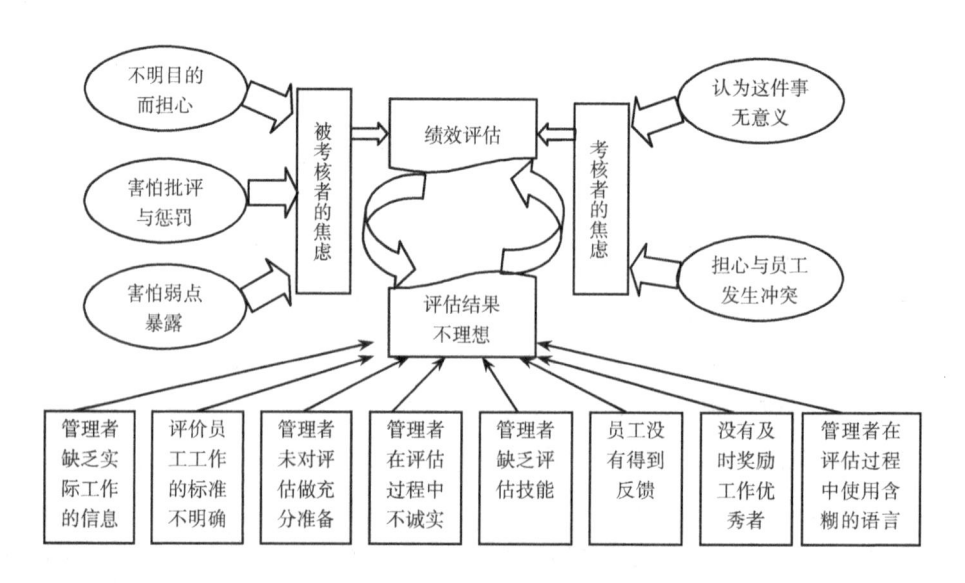

图 1-1 绩效考核不良循环图

就人力资源管理的所有职能来说,如果缺乏高层管理者的支持,评估计划也就不会成功。此外,还有其他一些原因致使绩效考核程序不能达到预期效果。例如,经理人员认为对评估计划投入时间和精力只会获得很少的收益,甚至没有收益;经理人员不喜欢面对面的评估会谈方式；经理人员不擅长提供评估方面的反馈信息；经理人员在评估中的角色与其在员工发展方面的帮助者角色相矛盾。

人们不喜欢绩效考核，就是因为这种传统意义上的绩效考核在理论上和实践上都存在一些问题，使员工绩效的改善和能力的不断提高太多地依赖于奖惩制度，由此带来了一些消极影响。

1）员工改善绩效的动力来源于利益的驱使和对惩罚的惧怕。

2）过分依赖制度削弱了组织各级管理者对改善绩效方面的责任。

3）单纯依赖定期的、既成绩效的评估，忽略了对各种过程的控制和督导。

4）由于管理者的角色是"警察"，考核就是要挑员工的毛病，因此造成管理者与被管理者之间的冲突和对立。

5）这种只问结果不问过程的管理方式，不利于培养缺乏经验、工作能力较差及资历较浅的员工；当员工发现无法达到工作标准的时候，他们可能自暴自弃、放弃努力，或者归因于外界或其他人。

6）在工作标准不能确切衡量时，导致员工规避责任。

7）产生对业绩优秀者的抵触情绪，使得成绩优秀者成为被攻击的对象等。

对绩效考核形成的这种抵触感其实可以通过与员工进行充分沟通来减少，甚至消除。虽然在以往的管理实践中有很多事例使得绩效考核的负面影响给人留下了深刻的印象，但对于系统的绩效管理思想的介绍将有助于澄清过去的错误实施手法和留给员工的不良印象，应该力争让员工明白，绩效考核只是绩效管理的一个环节，管理者不是单纯地为了评判员工的好坏来实施它，而是为了完成这一完整的管理活动，从而促进员工、团队和组织的共同提升。

案例分析　华为——基于价值、围绕结果展开的绩效考核

华为能够在20多年的时间里，发展为拥有17万多名员工，业务遍及全球170多个国家和地区，服务全世界1/3以上的人口的全球化公司，与其管理经营理念与实践密不可分。华为的人力资源管理体系是国内许多企业人力资源管理的标杆，而绩效考核作为人力资源工作体系的重要内容，在华为的人力资源管理过程中发挥了突出的作用。

华为的绩效考核遵循实用原则。从绩效评价体系到绩效考核过程，再到绩效考核结果的应用，都是围绕结果（价值）展开的。这也是华为绩效管理看似普通，却大放异彩的原因。

1. 基于价值的考核体系

华为的绩效考核体系建立在企业价值的基础上。《华为基本法》作为华为的"管理大纲",是其企业价值追求的浓缩。它对建立在公司价值评价理念基础上的绩效考核做出了明确说明。根据《华为基本法》,华为绩效考核的目的是建立一支庞大的高素质、高境界和高度团结的队伍,以及创造一种自我激励与自我约束的机制(第五十一条);绩效考核的原则是公正、公平和公开(第五十二条至第五十五条);绩效考核的内容是工作态度、工作能力、工作业绩、个人适应性和潜能、管理能力(第六十八条);绩效考核体制实现二级考核体制,直接上级进行一级考核,上级的上级进行二级考核(第六十八条);绩效考核的责任权利:各级管理者有责任记录、掌握、指导、支持、协调、评价、约束与激励下属人员的工作;下属有权对认为不公正的处理向直接上级提出申诉(第五十八条、第六十四条)。

2. 考核围绕绩效结果展开

华为的绩效考核有严格的等级划分体系,不同的等级对应不同的分配比例。考核等级包括月度考核等级、年度考核等级以及不良事故造成不良后果的程度。其中,月度考核和年度考核都是总分 1 000 分,分为优秀、良好、称职、基本称职和不称职五个等级,考核结果实行强制分布。不良事故考核根据对应的不良事故造成的不良结果程度,划分为重大、一般、轻微三个等级,结合员工计薪类型对应相应的薪酬或奖金扣除惩罚。表 1 展示了年度考核等级及其对应的分配比例。

表 1　年度考核等级及其对应的分配比例

等　　级	A（优秀）	B（良好）	C（称职）	D（基本称职）	E（不称职）
标　　准	100%月基本工资	80%月基本工资	60%月基本工资	50%月基本工资	无
比例（%）	5	20	50	20	5

注：基本薪酬=基本工资+绩效工资。

3. 考核结果运用

华为绩效考核等级结果最直接也最重要的应用主要集中于两个方面:货币性薪酬和职业生涯。具体的应用根据员工计薪类型的不同而有所差异。以等级薪酬制员工为例,绩效考核等级对等级薪酬制员工的货币性薪酬的影响主要包括绩效工资和奖金的分配。奖金主要包括月度奖和年度奖,月(年)度考核不合格者,免月(年)度奖;绩效工资实际支付不仅与员工月度考核成绩挂钩,还与当月公司总体业绩的完成情况有关。考核等级与相应的绩效工资分配比例如表 2 所示。

表 2　考核等级与相应的绩效工资分配比例

等级 \ 公司总体业绩完成情况 工资支付比例（%）	100%及以上	95%~100%	90%~95%	85%~90%	85%以下
A（优秀）	100	95	90	85	50
B（良好）	100	90	80	70	50
C（称职）	100	80	70	60	50
D（基本称职）	90	75	65	55	50
E（不称职）	80	70	60	50	50

注：公司总体业绩完成情况一栏中，各区间范围包括下限不包括上限。

绩效考核等级对等级薪酬制员工职业生涯的影响主要包括晋升和辞退等。晋升主要由年度考核的结果决定，考核优秀的可在本职等内晋升两级，考核良好、称职或基本称职的可在本职等内晋升一级，考核不称职的免晋级。辞退和警告则由月度或年度考核不称职的次数决定，连续两次月度考核不称职给予警告处理，而累计三次月度考核不称职或连续两次年度考核不称职则直接辞退。

4．实行 PBC 计划

华为实行严格的 PBC（Personal Business Commitment，个人业务承诺）计划。PBC 采取自上而下的方式制定，将公司目标逐一分解到各部门，员工根据本部门的年度目标进行个人 PBC 设计。每年年初，华为所有员工都会制定详细的工作计划。从 2009 年开始，员工主要按照半年度为周期对 PBC 进行设计，二级部门主管以上主要以一年为周期进行设计。对于 PBC 计划内容，要求要有明确的权重区分及目标衡量标准，在工作的具体开展过程中，如遇到突发事件和重大的人力资源变动，需对事先制定的 PBC 计划及时进行调整和更新。

5．考核周期

2009 年以前，华为绩效考核主要按季度进行，每年年初根据员工季度 PBC 计划完成情况对员工进行季度考核，并于评估期间制定下一季度 PBC 计划。2008 年年底、2009 年年初，华为进行了全面的绩效考核周期改革，根据员工族群及职级采取不同的绩效考核周期。一般为：普通员工（二级部门主管以下）从原来的按季度进行评比，调整为以半年为单位进行考核的方式。二级部门主管以上采取按年度评估的考核方式。而操作族中的文员、秘书等岗位人员和生产类技术工人一般采取季度考核和月度考核结合形式。

6. 考核方式

绩效考核主要采取自下而上的方式进行。绩效考核方式根据人员职级和族别有所区分，目前在公司二级部门主管以上主要采取平衡计分卡的考核方式，其他员工则主要采取关键事件法。当然，每种考评法不是孤立利用的，往往结合着其他方法使用。考核表采用电子化和纸质结合形式，普通员工一般采取标准电子流模板，二级部门主管以上领导一般采取纸面考评形式。

7. 考核内容

重视绩效管理过程中各项绩效数据的收集整理。绩效评价主要根据员工 PBC 和 KPI 计划完成情况进行评估，以客观绩效指标为依据。对于各级主管，格外重视其在人员管理方面的情况，含课程开发、讲课学时、员工流失率、后备干部培养等。将人员管理各项内容采取积分形式，并于绩效考评时对累计积分进行统计。一般管理者要求每年必须达到 32 个积分，对于未完成积分的人员，原则上年度绩效只能评定为"C"及以下等级。

8. 考核流程

第一步，自评。由员工根据个人 PBC 计划进行自我打分，并根据分数评定绩效等级。第二步，主管评价。主管根据员工 PBC 计划完成情况，结合员工工作态度及自评分对员工进行打分并做出评价，确定员工绩效等级。第三步，人力资源部审核。人力资源部对部门人员绩效比例控制情况进行审核，并对绩效评定等级中有明显异常情况进行跟踪审查。第四步，一级部门经理人团队评议。员工绩效最终结果由所在一级部门经理人团队进行评定。一级部门经理人主要对绩效等级评定比例、等级合理性进行评审讨论，讨论通过后报一级部门总裁进行确认，并将结果进行反馈。

9. 注重沟通与反馈

半年度绩效考核结果出来后，各级主管必须第一时间与员工进行充分的沟通，对绩效结果评定的原因进行说明，帮助员工制定绩效考核方案，并签订下半年 PBC 计划。如果员工对绩效结果存有异议，可以向人力资源部或经理人团队进行投诉。

10. 注重过程监督和控制

人力资源部每季度对各部门绩效考核执行情况进行检查，重点检查绩效考核和辅导过程，采取自检和抽检相结合形式。华为专门聘请党政机关、事业单位离退休老干部组成第三方团队，对绩效考核的公正性、客观性进行访谈，并负责对公司员工部分投诉和突发事件进行处理。

（资料来源：孙科柳. 华为绩效管理法[M]. 北京：电子工业出版社）

第 2 章

拥抱绩效管理

本章导读

绩效管理是一个完整的管理过程，它侧重于信息沟通与绩效提高，强调事先沟通与承诺。而绩效考核则是管理过程中的局部环节与手段，侧重于判断和评估，强调事后的评价。两者存在明显的差异，可以归纳为以下几点。

1）绩效管理是一个完整的系统；而绩效考核只是这个系统中的一部分。

2）绩效管理是一个过程，注重过程的管理；而绩效考核是一个阶段性的总结。

3）绩效管理具有前瞻性，能帮助企业前瞻性地看待问题，有效规划企业和员工的未来发展；而绩效考核则是回顾过去一个阶段的成果，不具备前瞻性。

4）绩效管理有着完善的计划、监督和控制的手段和方法；而绩效考核只是提取绩效信息的一个手段。

5）绩效管理注重能力的培养；而绩效考核则只注重成绩的大小。

6）绩效管理能建立经理与员工之间绩效合作伙伴的关系；而绩效考核则使经理与员工站到了对立的两面，距离越来越远，甚至会制造紧张的气氛和关系。

绩效管理思想的引入与推进是一项耗时费力的系统工程，但它却是组织成长和发展的必要支撑。本章详细讨论了绩效管理的重要作用和绩效管理与人力资源其他部分之间的关系。

要建立有效的绩效管理体系，企业必须认识到绩效管理系统的封闭性。只有当绩效管理系统是一个封闭的环时，它才是可靠的和可控的，同时也是不断提升和改善的保证。因为只有连续不断的控制才会有连续不断的反馈，而只有连续不断的反馈才能保证连续不断的提升。

2.1 绩效管理概述

2.1.1 绩效管理思想的演变

随着经济的全球化和信息时代的到来，世界各国企业都面临着越来越激烈的国内和国际市场竞争。为了提高自己的竞争能力和适应能力，许多企业都在探索提高生产力和改善组织绩效的有效途径，组织结构调整、组织裁员、组织扁平化及组织分散化成为当代组织变革的主流趋势。但是，实践证明，尽管上述的组织结构调整措施能够减少成本（因此提高生产力），但它们并不一定能改善绩效；不论是在哪一水平（组织、团队、个人）评价绩效和如何界定绩效，它们只是提供了一个改善绩效的机会，真正能促使组织绩效提高的是组织成员行为的改变。学习型组织的出现给人们带来了希望，它能够形成有利于调动员工积极性、鼓励创新、进行团队合作的组织文化和工作气氛。

在这一背景下，研究者拓展了绩效的内涵，并在总结绩效评价不足的基础上，于20世纪70年代后期提出了"绩效管理"的概念。20世纪80年代后半期和90年代早期，随着人们对人力资源管理理论和实践研究的重视，绩效管理逐渐成为一个被广泛认可的人力资源管理过程。

在绩效管理思想发展的过程中，对绩效管理的认识也存在分歧。这种分歧主要表现为以下三种观点。

1. 绩效管理是管理组织绩效的系统

持有这种观点的代表是英国学者罗杰斯（Rogers）和布瑞得鲁普（Bredrup）。这种观点将20世纪80年代和90年代出现的许多管理思想、观念和实践等结合在一起，其核心在于决定组织战略，以及通过组织结构、技术事业系统和程序等加以实施。它看来更像战略或事业计划等，而个体因素即员工虽然受到技术、结构、作业系统等变革的影响，但在此种观点看来，这并不是绩效管理所要考虑的主要对象。

2. 绩效管理是管理员工绩效的系统

这种观点将绩效管理看作组织对一个人关于其工作成绩和发展潜力的评估和奖惩。其代表人物艾恩斯沃斯、奎因、斯坎奈尔等通常将绩效管理视为一个周期。

3. 绩效管理是管理组织和员工绩效的综合系统

这种观点将绩效管理看作管理组织和雇员绩效的综合体系,但此种观点内部却因强调的重点不同而并不统一。例如，考斯泰勒的模型意在加强组织绩效，但其特点确实强调对员工的干预，一种认识是"绩效管理通过将各个员工或管理者的工作与整个工作单位的宗旨连接在一起，来支持公司或组织的整体事业目标"；另一种认识是"绩效管理的中心目标是挖掘员工的潜力，提高他们的绩效，并通过将员工的个人目标与企业战略结合在一起来提高公司的绩效"。

本书主要讨论如何运用绩效管理的思想来保证员工绩效的持续提升，因此也就更倾向于第二种观点，即将绩效管理主要看成对员工绩效的管理。

绩效管理不应简单地被认为仅仅是一个测量和评估的过程，而应该是管理者和员工之间创造互相理解的途径。在绩效管理的过程中，员工和管理者应该明白，组织要求的工作任务是什么、这项工作应该怎么去完成、到什么程度才算完成……而且，绩效管理系统应该鼓励员工提高他们的自身绩效，促进他们进行自我激励，并通过管理者和员工之间开放式的沟通来加强彼此的关系。这也是绩效管理与绩效考核的主要区别之一。

2.1.2 绩效管理与绩效考核的比较

绩效考核的历史可以追溯到三皇五帝时期。《尚书·尧典》里有"纳于大麓，暴风骤雨弗迷"，就是指尧将帝位禅让给舜之前，对其进行了绩效考核。可见，绩效考核很早就在实践中受到统治者或管理者的重视。不过，现在人们提起绩效考核，就会想起年终时所需填写的一堆各种各样的表格；在混乱、焦虑与不安中，员工揣摩着领导者的心思，填完各种表格；然后，主管和每个员工谈上十多分钟，签上名，问题就算解决了。纸面上的工作准时完成，人力资源部也很满意，每个人又回到现实工作中去，而表格则被存于人力资源部的档案柜里，最终的遭遇可能是被遗弃。即使想依据这些表格做出一些人力资源决策，也会发现难以操作，因为表中所提供的信息往往很模糊或不准确，这样所做出的人力资源决策也不可靠。于是，绩效考核往往与"浪费时间"、"流于形式"等评价联系在一起。

自20世纪80年代以来，经济全球化的步伐越来越快，市场竞争日趋激烈。在这种竞争背景下，一个企业要想取得竞争优势，它必须不断提高自身的整体效能和绩效。实践证明，提高绩效的有效途径是进行绩效管理。那么，究竟什么是绩效管理呢？

基于以上对绩效管理的阐述，我们认为，绩效管理是一种提高组织员工的绩效和开发团队、个体的潜能，使组织不断获得成功的管理思想和具有战略意义的、整合的管理方法。绩效管理是依据员工和他们的直接主管之间达成的协议，来实施一个双向式互动的沟通过程。该协议对员工的工作职责，工作绩效如何衡量，员工和主管之间应如何共同努力以维持、完善和提高员工的工作绩效，员工的工作对公司目标实现的影响，找出影响绩效的障碍并排除等问题做出了明确的要求和规定。同时，绩效管理是事前计划、事中管理和事后考核所形成的三位一体的系统。由此可见，绩效考核只是完整的绩效管理过程中的一个环节，不能以绩效考核来代替绩效管理。

绩效考核成功与否不仅取决于评估本身，而且很大程度上取决于与评估相关联的整个绩效管理过程。有效的绩效考核依赖于整个绩效管理活动的成功开展，而成功的绩效管理也需要有效的绩效考核来支撑。

绩效管理是人力资源管理体系中的核心内容，而绩效考核只是绩效管理中的关键环节，但企业在实际运用时往往容易忽视绩效管理的系统过程。绩效管理是一个完整的管理过程，它侧重于信息沟通与绩效提高，强调事先沟通与承诺，伴随着管理活动的全过程；而绩效考核则是管理过程中的局部环节和手段，侧重于判断和评估，强调事后的评价，而且仅在特定的时期内出现。

归纳起来，绩效管理与绩效考核的区别主要有以下六点。

1）绩效管理是一个完整的系统；而绩效考核只是这个系统中的一部分。

2）绩效管理是一个过程，注重过程的管理；而绩效考核是一个阶段性的总结。

3）绩效管理具有前瞻性，能帮助企业前瞻性地看待问题，有效规划企业和员工的未来发展；而绩效考核则是回顾过去一个阶段的成果，不具备前瞻性。

4）绩效管理有着完善的计划、监督和控制的手段和方法；而绩效考核只是提取绩效信息的一个手段。

5）绩效管理注重能力的培养；而绩效考核则只注重成绩的大小。

6）绩效管理能建立经理与员工之间绩效合作伙伴的关系；而绩效考核则使经理与员工站到了对立的两面，距离越来越远，甚至会制造紧张的气氛和关系。

无论是从基本的概念上看，还是从具体的实际操作上看，绩效管理与绩效考核之间都存在着较大的差异。但是，绩效管理与绩效考核又是一脉相承、密切相关的。绩效考核是绩效管理的一个不可或缺的组成部分。绩效考核可以为企业绩效管理的改善提供资料，帮助企业不断提高绩效管理的水平和有效性，使绩效管理真正帮助管理者改善管理水平、帮助员工提高绩效能力、帮助企业获得理想的绩效水平。

2.2 绩效管理的作用、意义与定位

2.2.1 绩效管理的重要作用

为什么要管理绩效？为什么越来越多的企业要建立绩效管理系统？绩效管理的重要作用是什么？对绩效进行管理是必需的吗？要回答这些问题，我们可以从理解绩效管理的重要作用中寻找答案。

1. 绩效管理可以有效弥补绩效考核的不足

绩效评价的明显缺点在于，它对绩效的判断通常是主观的、凭印象的和武断的；不同管理者的评定不能比较；反馈延迟会使员工因好的绩效没有得到及时的认可而产生挫折感，或者为根据自己很久以前的不足做出的判断而恼火。实践证明，提高绩效的有效途径是进行绩效管理。绩效管理可以帮助企业实现绩效的持续发展；促进形成一个以绩效为导向的企业文化；激励员工，使他们工作更加投入；促使员工开发自身的潜能，提高他们的工作满意感；增强团队凝聚力，改善团队绩效；通过不断的工作沟通和交流，发展员工与管理者之间建设性的、开放性的关系；给员工提供表达自己工作愿望和期望的机会。

2. 绩效管理可以有效地促进质量管理

组织绩效可以表现为质量和数量两个方面。近年来，质量已经成为组织绩效的一个重要方面，质量管理已经成为人们关注的热点。凯瑟琳·吉恩（Kathleen Guin）指出："实际上，绩效管理过程可以加强全面质量管理（Total Quality Management，TQM）。因为绩效管理可以给管理者提供 TQM 的技能和工具，使管理者能够将 TQM 看作组织文化的一个重要组成部分。"可以说，一个设计科学的绩效管理过程本身就是一个追求"质量"的过程——达到或超过内部、外部客户的期望，使员工将精力放在质量目标上等。

3. 绩效管理有助于适应组织结构调整和变化

多数结构调整都是对社会经济状况的一种反应，其表现形式各种各样，如减少管理层次（Delayering）、减小规模（Downsizing）、适应性（Flexibility）、团队工作（Teamworking）、高绩效工作系统（High Performance Work Systems）、战略性业务组织（Strategic Business Units）、授权（Empowering）等。组织结构调整后，管理思想和风格也要相应地改变，如给员工更多的自主权，以便更快更好地满足客户的需求；给员工更

多的参与管理的机会，促进他们对工作的投入，提高他们的工作满意度；给员工更多的支持和指导，不断提高他们的胜任能力等。所有这一切都必须通过建立绩效管理系统才能得以实现。

4. 绩效管理能够有效地避免管理者与员工之间的冲突

当员工认识到绩效管理是一种帮助而不是责备的过程时，他们会更加积极合作和坦诚相处。绩效管理不是讨论绩效低下的问题，而是讨论员工的工作成就、成功和进步，这是员工和经理的共同愿望。有关绩效的讨论不应仅仅局限于经理评判员工，还应该鼓励员工自我评价及相互交流双方对绩效的看法等。发生冲突和尴尬的情况常常是因为经理在问题变得严重之前没有及时处理，问题发现得越早，越有利于问题的解决。经理的角色是通过观察发现问题，帮助员工评价、改进自己的工作，共同找出解决问题的对策。如果经理把绩效管理看成双方的一种合作过程，那么冲突将减少，合作将增强。

5. 绩效管理可以节约管理者的时间成本

绩效管理可以使员工明确自己的工作任务和工作目标、知道领导希望他们做什么、可以做什么样的决策、必须把工作干到什么样的程度、何时需要领导指导等。赋予员工必要的知识，帮助他们进行合理的自我决策，减少员工之间因职责不明而产生的误解；帮助员工找到错误和低效率原因；减少错误和差错（包括重复犯错误的问题）；找出成功路上的障碍，以免日后付出更大的代价。这样，领导就不必介入正在从事的各种事务中进行过细管理，从而节省时间去做自己应该做的事。从这一认识出发，我们可以认为绩效管理是一种为防止问题发生而进行的时间投资。

6. 绩效管理可以促进员工的发展

通过绩效管理，员工对自己的工作目标确定了效价，也了解了自己取得一定的绩效后会得到什么样的奖酬，他就会努力提高自己的期望值，如学习新知识、新技能，以提高自己胜任工作的能力，取得理想的绩效，使个人得到进步。从这一点出发，我们也可以这样认为，绩效管理是一种为促进员工发展而进行的人力资本投资。

综上所述，绩效管理是现代企业管理体系中不可缺少的一环。如果绩效管理运用得当，对每个人，包括员工、各级管理者和企业都会有明显的帮助。尽管绩效管理不能直接解决所有的问题，但它为处理好其中大部分管理问题提供了一个工具。

2.2.2 绩效管理对组织战略的意义

绩效管理对组织的持续发展具有重要意义，这一点早已取得共识；而将绩效管理与战略相联系，则是近年来绩效管理的显著特点。绩效管理系统已成为战略管理控制系统中不可缺少的管理工具和手段。

那么，我们如何通过绩效管理的手段来不断提升企业的核心竞争力呢？

1. 确定企业的核心竞争力

企业要围绕以下几个方面的问题进行系统分析和研讨。

1）企业过去是靠什么取得成功的？决定它成功的核心因素是什么？

2）使得企业过去成功的核心因素是否会持续地使企业走向成功？是否其中的一些因素已经成为企业进一步走向成功的障碍？

3）当审视未来成功的因素时，我们还缺乏什么？我们有可能具备这些因素吗？如何培育这些成功的因素？

确定了这些与企业核心竞争能力相关的因素后，我们就必须致力于保证它们在管理中实现。

2. 利用绩效管理构建核心竞争力的提升系统

绩效管理是实现组织战略目标、培养核心竞争力的重要手段，是企业管理的重要内容，它有其自身的规律性。在运用绩效管理手段提升企业核心能力的具体实践过程中要注意以下几个问题。

1）确定绩效考核计划时要注意从培养企业核心能力的角度出发，将核心能力分解成下一层次的竞争力要素，这样层层分解，直到落实到具体的工作岗位上。制定评估计划、确定评估指标的过程就是一个对企业进行竞争力分析的过程，通过这个过程可以对企业的核心能力有一个更加清楚的认识。

2）企业核心能力的培养是一个从上到下的渐进过程，只有在拥有运用资源能力的基础上才能逐步形成核心能力，因此核心能力的培养要从基础的工作做起。这就要求企业在设计绩效管理计划时通盘考虑，不仅要对企业经营者制定评估标准，而且要对一般员工制定评估标准，使核心能力的培养成为全体员工的共同行动。

企业的核心能力是指企业在一个特定时期的核心能力，随着企业外部环境的变化，外部环境对企业核心能力的要求也会有所变化，这种变化要反映在企业的绩效考核计划中。企业的绩效考核标准要随企业外部环境的变化及自身的发展需求而改变，不同的时期有不同的标准。企业核心能力是综合运用各种能力和知识，由很多竞争力要素相互作用而形成的。

因此，企业评估要反映这种要求，而且不仅要有定量指标，还要有定性指标，要能全面反映核心能力的要求。

3）企业核心能力的培养是一个艰苦的过程，需要企业持续不断地努力，企业绩效管理应反映这一过程。这里要特别注意两个环节：一是绩效管理指标的确定，指标确定的过程是对企业竞争能力进行分析讨论的过程，是企业管理者统一认识的过程；二是企业绩效考核的结果要及时分析反馈，使被评估企业能够清楚评估结果，知道自己与优秀企业的差距，从而确定追赶策略。

2.2.3　绩效管理在人力资源管理系统中的定位

人力资源管理是获取企业竞争优势的有力工具。那么，绩效管理环节又在整个人力资源管理系统中有着一个什么样的定位呢？

人力资源管理能够提升企业价值，是因为劳动力这一特殊的资源已经不再像过去那样被单纯地认为是赚钱的机器，它已经成为一种可以通过增加投入而提高产出的资源，即人力资源。相应地，对于人力资源的管理也就成为以企业战略为基础的一项管理活动。企业战略的实施，要借助于人力资源管理中的各个环节来具体实施；战略的实施，需要企业招聘到需要的人，把他们安排到合适的岗位上去，并按他们的工作表现来分配报酬，从而激励他们更加有效地工作。在这一人力资源管理过程中，绩效管理就承担着具体的实施任务。

绩效管理将企业的战略目标分解到各个业务单元，并且分解到每个岗位，而岗位的绩效目标最终通过员工来实现，因此对每个员工的绩效进行管理、改进和提高，从而提高企业整体的绩效，可以使企业的生产力和价值随之提高，企业的竞争优势也就由此而获得。

因此，绩效管理在企业的人力资源管理这个有机系统中占据着核心的地位，发挥着重要的作用，并与人力资源管理系统中的其他模块实现了很好的对接。这种关系具体表现为以下几点。

1. 与工作分析的关系

绩效管理的重要基础是工作分析。通俗地讲，工作分析的目的就是要告诉我们某个职位是干什么的，以及由什么样的人来干，即确定一个职位的工作职责及它所提供的重要工作产出，据此制定对这个职位进行绩效考核的关键绩效指标，而这些关键绩效指标就为我们提供了评价该职位任职者的绩效标准。可以说，工作分析为绩效管理提供了一些基本依据。

2. 与薪酬体系的关系

越来越多的企业将员工的薪酬与其绩效挂钩，而不再像传统的工资体系中只强调工作本身的价值。在很多未脱离计划经济色彩的国有企业中，仍然存在着"干多干少一个样，干与不干一个样"的现象，这些企业在为员工付薪酬时，很少考虑绩效问题，这与时代的要求显然相去甚远。而目前比较盛行的制定薪酬体系的原理3P模型，就是以职位价值、绩效和任职者的胜任力决定薪酬。因此，绩效是决定薪酬的一个重要因素。在不同的组织中，采用不同的薪酬体系，对不同性质的职位而言，绩效所决定的薪酬成分和比例有所区别。通常来说，职位价值决定薪酬中比较稳定的部分；绩效则决定薪酬中变化的部分，如绩效工资、奖金等。

3. 与人员甄选的关系

在对人员招聘或进行开发的过程中，通常采用各种人才测评手段，包括心理和个性测验、行为性面谈、情景模拟技术等。这些测评方法主要是针对"冰山"以下部分——人的"潜质"所进行的，侧重考察人的一些价值观、态度、性格、能力倾向或行为风格等难以测量的特征，以此推断人在未来的情境中可能表现出来的行为特征。而绩效考核主要是针对人的"显质"进行的，侧重考察人已经表现出来的业绩和行为，是对人的过去表现的评估。从现有员工的绩效管理与考核记录可以总结出，具有哪些特征的员工适合本企业。因此，在招聘选拔过程中，就可以利用历史资料进行有效甄选。

4. 与培训开发的关系

绩效管理的主要目的是了解目前人们绩效状况中的优势与不足，进而改进和提高绩效，因此培训开发是在绩效考核之后的重要工作。在绩效考核之后，主管人员往往需要根据被考核者的绩效现状，结合被考核者个人发展愿望，与被考核者共同制定绩效改进计划和未来发展计划。人力资源部则根据员工绩效评价的结果和面谈结果，设计整体的培训开发计划，并帮助主管和员工共同实施培训开发。

2.3 打造闭环的绩效管理系统

前面我们提到，一个企业要想获得成功，不仅要保证绩效形成的可靠性，而且要以组织战略为基础设计绩效管理系统——建立一个旨在提高企业核心竞争力的绩效管理系统。而在此我们所要讨论的是，如何保证这一绩效管理系统的有效性和可靠性，即绩效管理系统应该是开放的还是封闭的。

封闭的系统还是开放的系统，似乎是西方管理与我国当前管理状态的差异所在。封闭的环，似乎是管理可靠性的组织保障系统。例如，PDCA 循环是封闭的循环，作为西方管理标准化经典的 ISO 9000 也是个封闭的循环。探其缘由，是因为只有封闭的环才是可靠的，只有封闭的环才是可控的，也只有封闭的循环才具备不断提升的功能。这里我们不讨论环与循环的哲学问题，而仅就绩效管理的意义进行有限度的讨论。

2.3.1 管理控制系统

通过多年对西方管理理论和实践的研究，同时认真总结中国管理实践中成功与失败的经验，作者深刻理解管理需要强调控制，认为管理控制系统本身就是个封闭循环的环。就一般控制系统而言，其三个基本思想是：

- 控制或限制；
- 指导或命令；
- 校对或检验。

这三个基本思想由四类逻辑相关的环节构成。

1）预先（前馈）控制。包括预测、可行性分析、目标、预算、程序、规则、制度等。

2）指导（过程）控制。同步控制，及时纠正偏差。

3）是否控制。对关键点的控制，决定是否继续运行。

4）事后（反馈）控制。通过对结果的分析与评估，改进系统运行的可靠性和有效性。

从人力资源管理的角度出发来讨论管理控制系统，它也同样体现了这样的思想。

2.3.2 人力资源管理的控制系统

与我们在前面所介绍的管理控制系统相似，人力资源管理的控制系统同样包括几个基于控制系统基本思想的关键环节。

1. 前馈控制

1）计划控制。不论古典管理理论、行为科学管理理论，还是系统管理理论，它们都在资源有限的条件下解决结果界定的问题，以通过组织程序确保按优先顺序引导管理活动和行为。

2）职责与权限控制。职责与权限控制属于对责任主体进行的必要控制，它包括部门职责、岗位职责，以及每一项工作活动职责权限的明确界定。只有一切责任有人承担，并且当工作过程和结果产生问题的时候，责任可以明确地被追究，正是由于人们的工作过程和结果可以明确地被追溯，人们才会具有工作的主动性。

3）制度控制。制度控制属于例行性事务和活动的前馈控制条件，也是我们进行过程控制的前提条件。它规定着我们做事的原则、程序、方法，包括关键工作流程和工艺流程、工作规范和作业指导书、工作流程中关键控制点的控制标准和手段、行为准则、纠偏的手段与奖惩措施等。

4）人员控制。人员控制主要是考虑员工任职资格与行为态度的可控性问题，包括完成工作的能力、对质量的关注意识、绩效改善的能力、服从意识、正直与诚信等。如果工作执行人员缺乏必要的任职资格和所必需的个人品格，则人员处于不可控状态。

2. 过程控制

过程控制包括进度控制、费用控制、质量控制、流程控制、行为控制、对制度不能覆盖的非例行事务控制、纠偏、奖惩与现场改善等。其中，进度控制、费用控制、质量控制、流程控制与行为控制属于例行的制度控制，它依赖于前馈控制条件的可靠性、管理者执行制度和规则的有效性；而对非例行事务的控制、对工作过程中所产生偏差的控制、运用奖惩维护现场的纪律和现场的纠正与改善，则依赖于管理者的个人控制能力。

3. 反馈控制

反馈控制建立在对结果评估的基础之上，对前馈控制进行调整和修正所做的控制。它包括对目标与计划体系的修正、对职责与权限分配的修正、对工作与工艺流程的修正、员工的培训与能力开发、人员变更与调整等。

从绩效管理的流程上看，绩效管理本质上也是一个封闭的循环（见图2-1）。

从图2-1中可以看出，确定绩效评价的目标、建立工作期望、制定绩效改进计划和设计绩效评价体系，无疑属于前馈控制；绩效形成过程的督导和绩效改进指导属于过程控制；而绩效评估、绩效面谈和制定绩效改进计划属于反馈控制。其中，制定绩效改进计划是前馈与反馈的联结点。

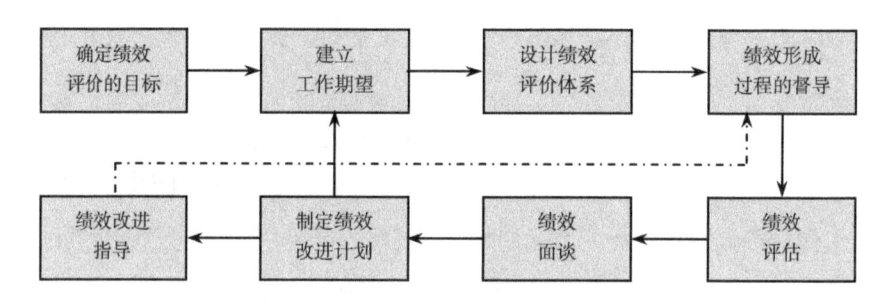

图 2-1 绩效管理循环

把管理控制系统和绩效管理系统进行比较，不难看出两者的一致性。其封闭的循环表现如图 2-2 所示。

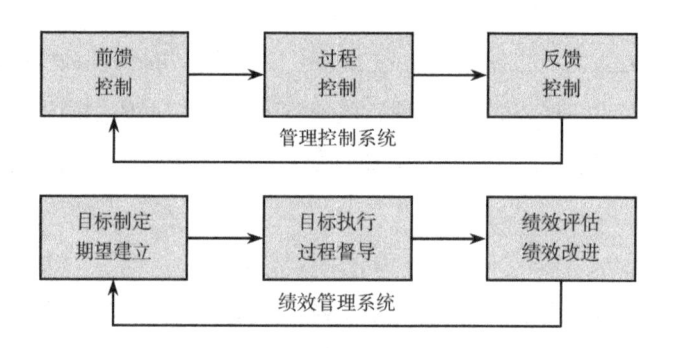

图 2-2 管理控制系统与绩效管理系统

只有当绩效管理循环是一个封闭的环时，它才是可靠的和可控的，同时也才能不断提升和改善。因为只有连续不断的控制才会有连续不断的反馈，而只有连续不断的反馈才能保证连续不断的改善（见图 2-3）。

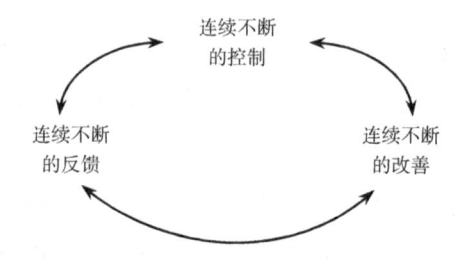

图 2-3 不断提升的绩效管理循环

2.3.3 从环的开放与封闭角度比较绩效考核与绩效管理

与绩效管理相比，传统的绩效考核不是个封闭的环，它是开放的，缺乏控制的可靠性，因为它没有组织和制度上的保障。由于制度上的缺陷，绩效考核在管理上存在以下几个方面的问题。

1）从目标到绩效结果的形成过程都缺乏控制。如果一个绩效形成的过程是不可控的，其结果必然是不可靠的。这种单纯依赖定期对结果的评估缺乏对过程控制的强烈动机。当然，这可能与我们中国人在管理上过分强调结果导向的思想有关。

2）奖惩虽然是体现控制功能的，但它不是封闭的，没有绩效改善的组织手段做保证。我们期望人们的改善是建立在对惩罚的惧怕和利益的引导上，但实践却告诉我们，即便有了利益的引导和事业的发展机会，我们的员工也没有更多承担责任的表现。

3）由于考核的主要目的是决定分配而不是强调改善，因此在推行绩效考核的时候遇到管理者和员工的强烈抵抗。因为在传统考核中，管理者的角色是警察，而考核就是挑员工的毛病，造成管理者和员工的对立。如果考核的根本目的是绩效的改善和员工职业能力的不断提升，则管理者与员工就不存在对立的基础，因为员工绩效提升与管理者绩效提升的利益是一致的。因此，在绩效管理的循环里，管理者改变了警察的身份而成为教练，教练也在挑员工的毛病，但挑毛病的目的不是惩罚，而是教其做得更好。

从表面上看，绩效考核与绩效管理不过是管理的开放与封闭的差别，但这却体现了管理思想的截然不同。我们并不排除结果导向，但是结果的实现必须建立在过程控制的基础之上。如果管理不是一次而终结的过程，如果我们追求事业的不断发展，建立制度并且从制度上保证封闭的管理控制和提升循环系统则是不容置疑的。

2.4 移动互联创新下的绩效管理

信息技术的发展造就了如今的移动互联时代。移动互联以及大数据时代的到来使得企业的绩效管理思维与方式发生了变化，伴随网络、技术、业务和手机终端等的融合，绩效管理这一项重要的人力资源管理活动也走向网络化。

2.4.1 移动互联在绩效管理各流程中的应用

为使绩效管理系统的各个阶段能够更有效地进行，以提高绩效管理的整体效率和水平，可以在绩效管理系统的构建和使用过程中引入相关技术，即运用技术实现绩效管理的各部分（如绩效评估）或系统整体的自动化。

1. 绩效计划与指标体系构建

绩效计划是在确定了组织的战略和工作要求后，在管理者和员工共同理解的基础上确定绩效的预期行为和预期结果，而技术可以帮助他们虚拟创建和存储绩效规划，通过使用共享电子空间，如通过微软在线工作区，绩效计划可以被任何一方创建、模拟和更新。在不同地点的其他人可以实时看到绩效计划的更新。这种方法可以通过使员工参与目标的设定过程来提高员工的责任感，管理者和员工要不断审查计划，在此过程中他们对目标不断地产生新的认识。这些技术可以为绩效计划工作提供很大帮助，尤其是当计划过程中管理者和员工不在同一个地方工作时。

在构建绩效指标体系时，首先要进行职位分析，即确定一个职位的工作内容和所需的知识、技能和能力，技术可以保证这一环节的有效实施。通过技术手段，可以收集相关的任务和知识以及技术评价，并把这些数据编纂到职位描述中。技术还可应用于邀请雇员参与提供有关的绩效量表、评级格式和测试自动化系统的试用版本。

2. 绩效管理的过程控制

在绩效执行阶段，必须对绩效管理的过程进行控制，管理者和员工都对此过程负有责任。管理者必须观察和记录绩效，并在必要时修改最初的标准和目标，提供定期反馈及所需资源，并强化有效的行为。员工必须承诺实现目标，征求绩效反馈，与上司沟通，交流目标实现的进展情况，并准备绩效评估。

技术手段可以有效提高该环节的效率，具体表现为：通过现有的人力资源信息技术系统可以对绩效管理的过程进行整合，为每个员工在有限资源的限制下提供实时信息；基于管理者和员工共同制定目标的电子绩效监控技术可以把当前的绩效状况实时发布到员工和管理者的门户网站；目标和项目的优先级可以通过一个自动化平台经常审查和更新，这些数据可以帮助员工持续跟踪绩效和目标的实现情况，该方法允许对绩效进行定期审查，而不是等到需要审查时才进行审查和自我评价，因此这种方法为员工提供了最大化改进绩效行为的机会。当绩效情况发生变化时，电子绩效监控工具也可以自动通知经理，为管理者提供一个及时指导和反馈的机会。

3. 绩效考核与评价

在绩效评价过程中，大多偏重当前的绩效表现，而历史的绩效表现其实也是当前绩效评价的一个重要的参考因素。通过电子绩效监控和目标跟踪软件可以收集各种指标，从而避免出现在评价时偏重当前绩效表现的问题。必要的个人行为记录，包括旷工、违反纪律、对其他员工的抱怨，都可以通过绩效数据来跟踪和考察。以互联网为依托的信息时代，信息系统的高度发达和高科技信息技术的应用为绩效评价从过程适时评价、非财务指标评价、无形业绩评价、客户导向评价等方面全面进行绩效评价提供了可能。

技术手段在该环节的运用具体表现如下：员工以往和现在的各种整合的绩效信息都可以在一些专业网站被记录，例如，guru.cv 就可以对员工的绩效水平进行跟踪记录，通过此网站，管理者可以看到员工的累积绩效和绩效成长，同时它还具有分析数据和生成报告的功能；计算机化的自适应评定量表使用自适应的测试原则，在此过程中，评定等级者完成报告的成对比较，衡量绩效的有效性水平（如一个反映平均水平以上的绩效报告和一个反映平均水平以下的报告），这种最能代表受评者行为的选择报告的重复逼近法能够得到更加精确的、间隔的评定等级的绩效。

4. 绩效反馈与面谈

绩效反馈通常被认为是绩效管理中最困难和最不愉快的阶段，有证据表明反馈并不总能带来绩效的改善。通过运用技术手段，可以培养员工更积极的态度，从而增强绩效反馈的有效性。

具体运用表现为：与工作流程系统相关的绩效数据可帮助管理者确定绩效反馈的最佳时间，而不是依赖于一个标准的时间表；在绩效反馈的最佳实践中，管理者和其他提供绩效反馈的人员应该经过网络技术培训绩效反馈的最佳做法，如聚焦任务反馈，提出解决问题的方法，以及给予员工表达情感的机会等；对于远程办公者以及与下属有地理间隔的管理者，可以用视频会议或网络会议技术来进行绩效面谈，这种形式也可以允许多方利益相关者在不同的地点出席会议；企业绩效考核以及其他绩效评估方案的数据支持绩效面谈，而且可以提供技术支持工具来协助管理者按照最有效的步骤提供绩效反馈，如交互式在线指南可提供管理性的自我服务程序，协助管理者按照流程图的一系列步骤，提供有关数值绩效信息的解释，集成主观信息的建议，确定有效和薄弱环节。此外，一些专业网站如 guru.cv 基于大数据分析的理念，也可以完成相应职位顶尖人物的经历分析，以帮助管理者在进行绩效面谈时与员工一起探讨，对员工起到一定的职业指导作用。

5. 绩效考核结果的应用

对绩效考核结果应用最普遍的一点是通过考核结果改进绩效计划，也就是要回到绩效管理流程的第一阶段。管理者与员工合作，从上一个周期出发，在这一时间段所有可收集的有用信息基础上考虑绩效计划的修订。在考察新的组织和部门战略优先权的基础上，运用更广泛的系统数据来识别个人绩效目标的修改。绩效数据应以能够展示员工绩效发展趋势的图形视图的方式存储，这种视图描绘了员工在整个工作中的绩效情况，可用于评估员工的工作随时间推移改善的情况，这比分开储存在数据库中的独立的考核要好很多。

此外，其他应用如培训、薪酬奖金分配、职务调整、员工职业发展开发等都有相应的技术操作系统来支持各项工作的开展，在此不一一列举。

现将技术在绩效管理各个阶段的最佳实践进行归纳，如表 2-1 所示。

表 2-1	最佳实践建议：如何将技术应用于绩效管理流程的每个阶段
绩效计划与指标体系构建	通过使用共享电子空间，创建、模拟、更新和存储绩效计划 完成工作分析活动，以确定这个职位的关键工作任务和能力 收集有关绩效维度和排名方式的定量或定性的数据
绩效管理的过程控制	通过人力资源信息技术系统对绩效管理的过程进行整合 使用电子绩效监控向管理者汇报目前的绩效状况，以及绩效状况的变化，使得管理者可以进行指导和反馈 项目完成后，提交电子化请求以获得利益相关者的反馈
绩效考核与评价	获取各种整合的绩效信息，收集并分析当前主观的绩效评估数据 利用诸如计算机化自适应评定量表等基于技术的方法来收集主观的绩效数据 向管理者提供分析、报表工具，来总结绩效和识别绩效的发展趋势
绩效反馈与面谈	使用从一个综合的绩效门户获得的数据来确定绩效反馈的适宜时间，而不是以日历年为基础 提供绩效反馈的在线管理练习，利用技术服务来指导绩效反馈 通过技术可以使在不同地点的管理者和员工之间的绩效面谈得以进行（如视频会议）
绩效考核结果的应用	使用绩效报告修改前一次的绩效计划 在个人和业务部门的基础上更新绩效目标以反映新的绩效要求，并与新的组织战略目标保持一致 对员工的整个工作周期中的绩效数据进行整合，创建绩效的图形化时间表 在培训、薪酬奖金分配等其他方面的应用

（资料来源：詹姆斯·史密斯，曼纽尔·伦敦. 绩效管理：从研究到实践[M]. 汪群，张龙，译. 北京：机械工业出版社，2011）

2.4.2 移动互联对绩效管理系统的影响

1. 移动互联技术降低了绩效管理成本

移动互联技术使绩效管理成本降低，这一点可以从两方面考虑，一方面是绩效管理时间的减少，另一方面是绩效管理费用的降低。首先，移动互联技术可以使绩效管理的各个流程，包括绩效计划、绩效指标体系设计、绩效沟通、绩效辅导、绩效考核与评价、绩效报告等在互联网、手机客户端等快速且有效地生成与分享，不需要面对面的进行，减少了管理者与员工等待的时间，提高了绩效管理效率，并且使绩效管理过程更加科学与公平。其次，由于绩效管理各个流程都应用移动技术放在了互联网上进行，这就减少了平时因填写各种资料表格造成的印刷、纸笔浪费，同时，也减少了绩效管理过程中因沟通辅导等造成的场地占用。

2. 移动互联技术使绩效管理系统在动态中调整

移动互联技术可以使高层管理者、上级主管、员工等就绩效管理流程中的任意一环节进行相应权限互动，企业可以根据自身所处发展阶段以及实际的发展状况，及时在移动互联或客户端上调整组织的绩效管理系统，确保组织的绩效管理系统能促进企业的发展以及企业战略目标的达成，包括绩效目标的变化，构建或更新绩效指标体系，采用新的绩效评价技术等。移动互联技术使绩效管理系统的更新变得简单和易于操作，只需要在后台更改相应的数据便可达成，基于移动互联的绩效管理系统为绩效管理各个环节提供了动态调整的空间，并增加了绩效管理的效率及效果。

3. 移动互联技术改变了绩效管理的思维方式

移动互联技术不仅给企业管理带来了颠覆性的革命，也给绩效评价系统带来了思维模式的创新。随着移动互联时代的到来，传统绩效管理系统与移动互联时代的绩效管理系统在绩效管理方式、绩效目标、评价主体、绩效反馈及绩效管理信息传送及操作方面有着极大的不同。同时，员工工作内容、工作地点也发生了很多变化。传统绩效管理系统的各个子系统是相互隔离的，信息很少在子系统之间传导，更难于传导到其他管理系统中。移动互联的终端属于个人，可随时携带并能精确定位，也可以满足各个层面的员工和管理者不受时间和空间的限制去观察员工绩效情况。此外，管理者也易于利用这些信息进行挖掘、利用，从而更好地改善和提高员工绩效。

2.4.3 虚拟企业的知识绩效管理

虚拟企业（Virtual Enterprise）是指为了抓住新的市场机遇，一些具有不同资源与优势的企业为了共同开拓市场，共同对付其他竞争者而组织的、建立在信息网络基础上的共享技术与信息，分担费用，联合开发的、互利的企业联盟体。而知识是虚拟企业的核心生产要素和关键资源，知识管理已成为影响虚拟企业高效运转的关键问题，因此知识绩效管理在虚拟企业的知识管理过程中起着举足轻重的作用。

虚拟企业组织结构的临时性和动态性使得其知识管理绩效评价与传统企业相比有其独特之处（见表2-2）。

表2-2 虚拟企业与传统企业知识管理绩效评价比较

	传统企业	虚拟企业
评价对象	单个企业	虚拟企业整体及其成员企业
评价时间	一年或一季度	一个项目周期
控制特性	事后控制	事前、事中和事后控制
评价执行者	人力资源部	ASC 或 ASC 监控下的多企业成员组成的评价小组
考核信息获取渠道	实地获取	实地获取和网络获取

（资料来源：包国宪，马慧贤. 虚拟企业知识管理绩效评价研究[J].情报杂志，2008，32-33）

1）虚拟企业知识管理绩效评价在时间上具有项目性。虚拟企业的动态性决定了其生命周期以项目为基准，因此虚拟企业知识管理的绩效评价在时间上也要以项目周期为基准。

2）虚拟企业是一个企业网络，成员企业在空间上比较分散，同时虚拟企业具有高效的网络技术平台，为其依靠网络手段获取评价信息提供了基础设施和技术上的支持。因此虚拟企业知识管理的绩效评价以网络获取为主、实地获取为辅，双管齐下获取信息。

3）虚拟企业知识管理绩效评价的考核对象不同于传统企业，既要具有整体性又要具有局部性。整体上，评价知识管理对整个虚拟企业实现企业目标所产生的价值；局部上，考核知识管理对组建虚拟企业的成员企业的发展所产生的价值。

4）虚拟企业的组织形式相对松散，没有传统企业的层级关系。其知识管理的绩效评价可以由 ASC 执行；也可以由专门成立的绩效评价小组来执行，但为了体现公平性原则绩效评价小组成员必须来自多个成员企业，同时要在 ASC 的监控下进行有效的评价。

5）传统企业知识管理绩效评价的控制性主要体现在事后，通过事后控制进而对下一年度的知识管理做出改进。而虚拟企业的组建是临时性的，其知识管理的绩效评价是一种全面控制并且更注重事前和事中控制。

案例分析　德勤重构绩效管理

德勤为各行各业的上市及非上市公司提供审计、税务、企业管理咨询及财务咨询服务，成员网络遍及全球逾150个国家，拥有共约200万名员工。为了充分发挥绩效管理真正的价值和作用，德勤尝试重塑其绩效管理系统。

1．德勤绩效管理的问题

在德勤最近的公众调查中，58%的高管认为，他们目前的绩效管理方式既无法激发员工积极性，也无法提高员工的业绩。那么，德勤的绩效管理究竟出了什么问题？

（1）耗时巨大

每年年初，德勤员工都会定个人目标。项目结束后，主管会根据目标完成情况给员工打分。这些评估被纳入年终考评，在冗长的"共识会议"上，顾问组会将员工与同侪相比，讨论他们一年来的表现。虽然根据内部反馈，德勤员工认同这种方式的稳定性。然而，在统计德勤花在绩效管理上的时间后发现，德勤每年有200万工时用于绩效管理，而其中花费最多的就是设计评分标准、填表和开会。

（2）评分误差

误差只能减少，而不可能完全消除，绩效评分也是如此。因为打分者的个人偏好和思维习惯、评分宽严度不一样，所以，即使员工的表现差异并不大，但分数差异却会很大。为了减少评分误差，目前大多数企业采取的办法都是不断增加评分人、增加考核指标，但同时不可避免的是，这使得绩效管理更加费时费力。

（3）关注过去

很多企业的绩效管理是这样做的：每年年初，员工拟定年度个人目标，每月或者每个项目结束后，主管根据目标的完成情况进行一次考评，这些评分最终纳入员工的年终考评中，然后进入一年一度的绩效面谈中。但这种频度，已经远远不适应现在这个快速变化的时代了。相比这种年终打分，更有价值的是给员工做出实时评价，但因为评分的复杂度，使得如果企业想在传统绩效管理下做出实时评价，这几乎是一个不可能完成的工作。

2．德勤绩效管理革命

明确了目前绩效管理体系存在的问题，德勤开始进行绩效管理革命，重新设计着眼于员工未来发展的闭环绩效管理系统。

（1）明确绩效管理的目标

德勤的新绩效管理系统有三大目标：

第一，肯定员工的绩效表现，并可以通过不同奖金来实现。

第二，清晰地认识并衡量员工的绩效表现。

第三，有效激励员工的绩效表现。

其中，前两个目标是目前大多数企业绩效管理系统的主要目标，即认可并衡量绩效，主要作用是"保证公平"。但是这两个目标很难充分发挥绩效管理的价值，改善员工表现和公司业绩，即很难起到"有效激励"作用。换言之，德勤新绩效管理系统缩短了在"保证公平"上的时间和精力，而加大了在"有效激励"员工改善业绩上的投入；从以前的更强调"绩效"，变为更关注"管理"。

（2）绩效管理过程强调沟通和智能

德勤的绩效管理新系统将重心放在发挥员工的优势特长上，保证员工清晰理解团队目标，因此，德勤要求每名组长每周至少与组员沟通一次，通过沟通明确每名组员未来动向及其原因，明确优质工作的标准，帮助组员表现出最佳的工作绩效。同时，为了保证沟通频率，增强沟通的有效性，德勤发展了员工自我测评工具，员工通过测评可以进一步理解和探索自己的优势强项，然后将结果跟组长、同事以及其他人进行沟通交流。

德勤绩效管理新系统实行绩效智能化，而实现智能化最重要的工具之一就是"绩效快照"。绩效快照又分为季度绩效快照和项目绩效快照，它可以快速地捕捉到员工每时每刻的表现。在绩效快照中，横轴体现"我会尽可能多地给该组员奖励"，而纵轴体现"我总是希望此人作为我的组员"，而所有员工则分布在整个象限内。决策者可以点击绩效快照中的每个点，查阅到对应员工的细节信息。

绩效快照可以在管理者讨论以下问题的时候提供充分的依据：

1）如何决定薪酬？

德勤每年都会进行一次薪酬调整决策，而绩效快照能够捕捉到员工间的绩效差异，保证分配的公平性。

2）晋升哪些员工？

对于那些横轴、竖轴分数都很高，被管理者评定为"已做好晋升准备"的员工可以重点关注，考察他的在职时间、绩效历史、业务要求领导支持和其他标准确定是否可以晋升。

3）如何解决绩效不佳的问题？

即使那些横轴、竖轴分数都很高的"好员工"也有可能退步,组织有责任对他们进行更多的培训和沟通,帮助他们明确新任务,恢复高业绩;而对于那些横轴、竖轴分数都很低的员工,他们的绩效不佳,企业应及时开始修正。

(3)改进绩效评估方式

德勤针对上文提到的原来绩效管理的三大问题对绩效评估方式进行了改进。

首先,为了减少绩效评估的时间耗费,新的绩效评估方式精简了传统评估、项目打分、共识会议和最终评分流程,抛弃了原来360°测评和直接反馈调查问卷等方式,转为仅由组长进行评价。

其次,为了减轻评分偏差,新的绩效评估方式不再让组长为组员的技能打分,而让他们为自己将对组员采取的行动打分。因为相关研究发现,在评价别人技能时考核者的标准往往会有较大偏差,但如果让他们为自己的感觉和意愿打分,出现偏差的程度和可能性就会大大降低。

最后,为了由关注过去转向关注现在和未来,关注员工业绩提高,新的绩效评估不再是到每年年终才进行的工作,而是在每个短期项目结束或长期项目完成1/4时就进行评价。这些信息累积起来,可为管理者提供丰富的信息,帮助员工绩效改进,并用于后续规划、发展路径或绩效模式分析。

经过多次测试、调整和精简,德勤改进后的绩效评估主要需要组长对组员做出如下评价:

根据对此人的了解,如果用我自己的钱为他支付奖金,我会给予其最高额的奖励。

选项:从1分"强烈不同意"到5分"强烈同意"。

目的:衡量员工整体表现及特殊贡献。

根据对此人的了解,我希望他能永远留在自己团队工作。

选项:从1分"强烈不同意"到5分"强烈同意"。

目的:衡量员工与他人合作的能力。

此人濒临表现不佳的境地。

选项:"是"与"否"。

目的:判断该员工是否可能有损客户或团队。

此人如今已具备晋升条件。

选项:"是"与"否"。

目的:衡量该员工的潜力。

德勤的绩效管理革命告诉我们,绩效管理应该与时俱进,注重实用性和有效性,变强调"考核"（评价）为强调"管理"，变关注"过去"为促进"未来"。只有形成一个完整而合理的绩效管理系统的闭环，才能真正发挥管理的巨大威力。

参考文献

[1] 周学军. 基于移动互联网的协同型绩效评价系统研究：员工绩效层面[D]. 南昌：江西财经大学，2014.

[2] 蔡路. 基于合作创新虚拟企业知识管理能力与创新绩效研究[J]. 科学管理研究，2015：70.

[3] 包国宪，马慧贤. 虚拟企业知识管理绩效评价研究[J]. 情报杂志，2008：32-33.

第 3 章

提升绩效管理能力

3.1 组织绩效管理水平诊断

1. 组织绩效管理能力评价指标

当我们提起绩效管理，大部分时候想到的都是企业对员工个人的绩效管理，对员工工作效率的绩效考核。毋庸置疑，员工的绩效管理及绩效考核对于企业的发展壮大是非常关键的，然而，员工绩效管理依存于组织绩效管理，组织绩效管理水平的高低决定了企业对员工绩效管理的效果与效率。

组织绩效管理是一个管理个人绩效、团队绩效与组织绩效的完整体系，它可以看作组织、管理者与员工围绕组织战略目标明确管理内容，通过绩效管理的一般流程，即绩效计划与指标体系构建、绩效管理的过程控制、绩效考核与评估、绩效反馈与面谈、绩效考核结果的应用，采用科学的方法，通过对员工的工作表现和工作业绩以及综合素质的全面分析和评估，改善组织行为，充分调动员工的工作积极性，不断挖掘其潜力的一系列管理活动。因此，组织绩效管理与个人绩效管理一样，都是一个封闭的环。个人绩效、团队绩效与组织绩效的改善与提高来源于连续不断的反馈与控制。

绩效计划与指标体系构建是绩效管理实施的关键和基础所在。绩效计划制定得科学合理与否，直接影响着绩效管理整体的实施效果。而指标体系的构建可以使员工了解企业目前经营的重点，为员工日后工作提供指引。绩效管理的过程控制是指关注工作过程中的活动信息，及时给予员工或团队指导与帮助，而不是一味地强调结果与产出。绩效考核与评估是考察员工实际完成的绩效情况的过程，可以作为判断被考核者是否达到关键绩效指标要求的依据。根据考核结果上级与员工通过绩效反馈与面谈的方式进行信息交流，了解双方的想法和情况。绩效考核完成以后，根据考核结果及时调整绩效计划，确定培训需求等与组织的其他管理环节相衔接。根据组织绩效考核的流程与环节，以及组织绩效管理的整个体系，总结出以下六个关键的组织绩效管理能力评价指标。

（1）管理支持

这个指标可以从以下四个方面进行评价。首先，高层管理人员要加强对组织绩效管理理念的支持和宣传，统一组织思想，提高员工认识，建立自上而下的对组织绩效管理思想和理论的学习和实践。其次，管理者要根据组织发展所处阶段以及实际情况，定期调整组织绩效管理系统，积极借鉴其他企业的优秀组织绩效管理经验，将组织绩效管理与企业发展战略有机整合，围绕企业远景目标，调整企业的绩效管理系统，提高企业绩效管理能力。再次，在绩效管理的过程控制环节，管理者要对被考核者的工作进行指导和监督，对发现的问题及时予以解决，并随时根据实际情况对绩效计划进行调整；在绩效考核结果反馈环节，管理者要帮助被考核者认识到自己工作过程中的不足之处，指导被考核者在接下来的工作中进行绩效改进。最后，管理者要解决一些在组织绩效管理过程中出现的特殊情况，如员工投诉等。

（2）员工参与

这个指标可以从以下三个方面进行评价。首先，员工要树立良好的绩效管理观念，充分地认识组织绩效管理在企业发展中的重要地位和作用。其次，在组织绩效管理的各个环节中需要员工参与，具体表现在绩效目标制定及指标体系构建应与员工共同商定，而不是上级制定目标，员工单纯地接受要求并执行。最后制定的绩效目标及指标体系必须是员工认可的；绩效反馈与面谈需要主管和员工根据绩效考核结果，进行绩效改进并调整下一轮的考核计划；绩效考核结果的应用涉及员工的培训、奖金分配、职位调整等。最后，组织绩效管理需充分调动员工的积极性、主动性和创造性，良好的组织绩效管理需要员工的认可、支持和推动。

（3）沟通能力

有效沟通包括纵向沟通和横向沟通两个方面。纵向沟通主要指上级主管与下级员工之间的沟通，包括在绩效计划与指标体系构建环节，主管与员工对下一年应该履行的工作职责、各项任务的重要性等级和授权水平、绩效的衡量、经理提供的帮助、可能遇到的障碍及解决的办法等一系列问题进行探讨，并达成共识；在绩效管理的过程控制环节员工及时向主管反馈工作进程及所遇到的问题，主管通过与员工的沟通掌握相关信息，根据员工实际情况提供支持和帮助；在绩效反馈与面谈环节，主管与员工一起进行阶段性的绩效回顾、向员工传递企业对员工的要求与期望等。横向沟通指部门间的沟通，在组织绩效管理过程中，人力资源部与其他部门的沟通和交流尤为重要。企业员工对于组织绩效管理的理解与认可，不仅需要高层管理者与上级主管对组织绩效管理的支持和灌输，也需要人力资源部积极宣传，及时对其他部门的组织绩效管理问题进行答疑解惑，提供帮助。因此，沟通能力可以从上述两方面进行评价。

（4）激励能力

激励能力包括物质激励和非物质激励两个方面。物质激励主要包括将个人业绩与绩效工资以及奖金分配挂钩，绩效评价越高，所得工资越高，对考核成绩好的员工给予物质奖励，这其实是对员工优秀业绩表现的一种肯定和鼓励。根据双因素理论、马斯洛需求层次理论等相关激励理论，除了物质激励外，非物质激励也是一个非常重要的激励方式。与物质激励相比，非物质激励具有成本低、更符合激励的及时性、充分激发员工潜能、激励效果持续时间长等优点。因此，非物质激励也被很多公司用来激励员工。常见的非物质激励方法有公平激励、认可激励、成长激励、尊重激励等。例如，在绩效管理过程中对绩效表现好的员工及时给予口头上的赞美和鼓励，为绩效表现优秀的员工提供旅游的机会，为考核成绩好的员工提供较多的发展和晋升机会，对连续几次考核成绩很差的管理者实行降级惩罚，对调整岗位后考核成绩仍然很差的员工予以淘汰，等等。所以，企业组织绩效管理能力中的激励能力应该从上述两个方面进行综合考量。

（5）科学考核

科学考核主要包括以下内容：按照客观公正、民主公开、持续沟通、分层管理、逐级考核、员工个人发展与企业发展相结合的原则，建立科学的绩效管理体系，持续提升机构和员工绩效水平。首先，在正式实施绩效管理前，人力资源部应事先公开有关绩效管理的事宜，员工和团队的绩效考核应该严格按照与员工共同商定、得到员工认可的绩效计划、绩效指标体系以及绩效考核方法、考核工具和考核标准进行。在绩效管理的过程控制中，管理者对员工的日常工作表现进行记录，使用恰当的绩效考核工具对员工进行定期考评，加强绩效辅导，及时反馈考核结果，并根据考核结果与员工反馈对下一轮的考核计划和考核标准进行修订，以适应具体情况的变化。此外，还应该加强对考核工作的监督管理，逐步提高各级管理者的绩效管理能力。

（6）组织培训

组织培训包括两个方面的内容：一方面是对实施组织绩效管理者的培训，另一方面是根据绩效考核的结果分析对员工进行量身定制的培训。对实施组织绩效管理者的培训包括对组织绩效管理理念、制定绩效目标、构建绩效指标体系、考核流程、考核工具、考核方法、搜集与考核标准有关的信息、绩效面谈技巧等方面的培训。对员工的提升培训包括两个方面：一是对员工进行组织绩效管理理念及绩效管理体系的培训，让员工深入了解组织的绩效管理，有利于绩效管理的顺利进行，尤其是在员工刚入职时要进行这方面的培训。二是指根据绩效考核的结果分析，有针对性地安排一些培训项目，组织员工参加培训或接受再教育，及时弥补员工能力的欠缺。这样带来的结果是既满足了完成工作任务的需要，又可以使员工享受免费的学习机会，对企业、对员工都是有利的。组织绩效考核中的组织培训可以从以上两个方面来考虑。

2. 组织绩效管理水平诊断方法

组织绩效管理水平诊断方法主要包括专家访谈法和问卷调查法两种，以及一种辅助评价方法——PDCA 循环考核法。

（1）专家访谈法

专家访谈法是专家和受访者进行面对面沟通，加深对员工工作的了解以获取工作信息的一种工作分析方法。专家访谈法是一个互相沟通的过程。从理论上讲，它能有效地挖掘受访者内心深处最为真实的想法，更加有助于澄清深层次的问题。专家访谈法的运用过程包括设计访谈提纲、恰当进行提问、准确捕捉信息、及时收集有关资料、适当对被访者做出回应、做好记录等。开展访谈有以下目的：了解员工对组织战略、组织绩效管理的认识和认同程度；了解组织现在的绩效管理存在的问题；听取员工对绩效管理的建议。

（2）问卷调查法

问卷调查法是调查者运用统一设计的问卷向被选取的调查对象了解情况或征询意见的调查方法。这里说到的问卷调查法主要是指组织绩效管理水平检测矩阵。这种矩阵式的调查结构包括两个维度：第一个维度是组织绩效管理都具备的绩效计划与指标体系构建、绩效管理的过程控制、绩效考核与评估、绩效反馈与面谈、绩效考核结果应用的五个绩效流程维度。第二个维度可以是组织绩效管理的效果，如绩效计划的导向性、绩效管理实施方面的规范性、绩效考评的精确性、绩效考核结果应用的互动性与激励性等，也可以是上面所提到的组织绩效管理能力评价关键指标，包括管理支持、员工参与、沟通能力、激励能力、科学考核、组织培训六个方面。组织绩效管理水平检测矩阵还可以考察组织内部的协同性，也就是说，考察组织是否对资源进行了有效的配置，产生了 1+1>2 的效果。

除了上述所说的两种方法外，PDCA 循环也可以作为一种辅助评价方法与专家访谈法和调查问卷法一同用于组织绩效管理分析与评价中。PDCA 循环是一个逐步上升的循环系统，在循环中可以解决出现的问题，同时也会暴露管理中存在的新问题，并试图在下一个循环中得到有效的解决方法，其最终的目的是持续改进，这与组织绩效管理的目的是相似的。通过评估组织中是否形成完整的 PDCA 循环，可以间接反映组织的绩效管理能力，找出组织绩效管理存在问题的环节并加以改进。

3. 影响组织绩效管理水平的主要因素

影响组织绩效管理的主要因素，总结起来有以下四点，分别是组织绩效管理观念落后、组织绩效考核缺乏科学性、缺乏绩效反馈以及绩效沟通机制、没有充分发挥促进员工发展的作用。

（1）组织绩效管理观念落后

组织绩效管理观念落后主要表现在以下三个方面：一是企业对组织绩效管理在企业发展中的地位和作用认识不足，误认为组织绩效管理是人力资源部的责任，未认识到组织绩效管理实际是提高组织、团队及个人绩效的主要方式，在持续改进和提高组织、团队及个人能力中发挥着积极作用，是企业实现战略目标的重要途径。因此，企业的高层管理者应该充分重视组织的绩效管理，高层管理者带头建立自上而下的对组织绩效管理思想和理论的学习和实践。组织绩效管理不能仅仅依靠人力资源部，需要通过企业所有人员共同的重视和配合完成，以达到提升能力、提高绩效、实现组织战略与愿景的目标。二是未将组织绩效管理与组织绩效考核区分开来。提起绩效管理，很多员工的第一反应都是年度或季度"烦人"的绩效考核，这也反映出组织绩效管理观念落后、对组织绩效管理理念宣传不足的问题。事实上，组织绩效考核仅是组织绩效管理中的一个环节，而绩效考核前的绩效计划、绩效管理的过程控制、绩效考核后的绩效反馈和绩效面谈，以及根据考核结果与反馈调整下一年度（季度）的绩效目标、考核指标等，才是比单纯的组织绩效考核更为重要的事情。三是对组织绩效管理的目的、意义理解不足。有些员工认为绩效管理、绩效考核没有意义，平时工作都忙不完还要进行绩效考核，这是浪费时间。这反映了企业普遍缺乏对绩效管理知识的传播与学习，员工对于组织绩效管理的目的、意义理解不足。企业应该加强这方面的培训和宣传，从思想上统一全体员工对绩效管理的认识，端正员工对绩效管理的态度，有利于组织绩效管理的顺利进行。

（2）组织绩效考核缺乏科学性

一是组织绩效考核指标的设定不当。首先，组织绩效考核指标的设计应该结合企业现阶段的管理目标以及团队和个人的实际工作能力综合考虑。制定的组织绩效目标应该具有可行性和激励性。其次，应该设立差异化的绩效考核指标，根据工作内容的差异以及工作性质的不同设置不同的考核指标。最后，组织绩效考核指标要兼顾财务指标和非财务指标。除了产值、利润、资产收益率等财务指标外，还要重视非财务指标，如产品质量、服务态度、学习和创新等。非财务指标是完成财务指标的重要保障，也是企业长远发展的核心目标。对企业而言，提升产品质量、保障服务态度以及不断地学习和创新等对企业未来发展十分重要，可设定一些非财务指标强化这方面的要求，兼顾企业内部和外部的均衡发展。二是组织的绩效考核过程没有按照组织的绩效考核制度严格执行。企业的绩效考核制度是指导企业绩效管理工作的重要依据，虽然大部分企业都有绩效管理制度，但多数企业都将其束之高阁，日常的绩效管理仍然是我行我素，这就导致了组织绩效管理的混乱、做事缺乏依据不能服众、考核公平性差的现象。

（3）缺乏绩效反馈以及绩效沟通机制

首先，目前的多数组织不重视绩效管理的反馈。对于绩效管理的结果不进行公示和表彰，没有形成绩效的沟通反馈机制；实施绩效考核给员工带来的影响，以及员工对于实施的绩效考核制度的想法不能得到组织领导的重视。另外，在目前组织实施的绩效反馈机制中还存在断层现象。在现有的组织绩效考核中，一般是组织上层部门对中层进行考核，组织中层领导对员工进行考核。但是上层领导并不知道员工的状态，因而使组织在实施和发挥绩效考核的作用上失去了针对性。这样的反馈机制使得组织的绩效管理只追求短期业绩，没有真正促进员工的发展，不能与员工培训、职业发展相关联。其次，缺乏绩效辅导与沟通。绩效实施与管理过程是展现管理者管理水平和艺术的主要环节，是绩效管理循环中耗时最长、最关键的一个环节，这个过程的好坏直接影响绩效管理的成败。这个环节主要有两个方面的事情需要做：一方面是持续的绩效沟通；另一方面是绩效信息的收集。各级管理者应该持续帮助员工发现工作中存在的问题，协助员工及时改正不足，确保员工顺利实现目标。要针对员工存在的问题制定合理的改进方案，并确保有效实施。

（4）没有充分发挥促进员工发展的作用

组织绩效管理的意义之一就是通过绩效管理，改变员工的行为习惯，进而改善员工绩效，从而达到持续改进组织绩效的目的。但大多数的组织绩效管理仍然停留在管理的表层，一味注重形式，而忽略了形式背后组织绩效管理的真正目的。组织绩效管理应该从"以人为本"的角度出发，充分调动员工的积极性和创造性，积极规划员工在组织中的职业成长道路，注重员工个人的发展，将组织绩效管理目标定位于企业和员工多方受益、共同发展，实现员工与企业的双赢。

3.2 提升绩效管理能力的方法和工具

组织绩效管理是持续改进和提升个人绩效、团队绩效和组织绩效的重要途径，对实现企业的战略目标和远景规划有非常重要的意义。因此，提升组织的绩效管理能力对企业来讲十分必要。提升绩效管理能力包括三个方面：提升组织的绩效管理能力、提升员工的绩效管理能力以及提升管理能力的工具。

3.2.1 提升组织的绩效管理能力

企业整体绩效不仅取决于个人绩效水平的高低，还取决于组织绩效水平的高低。影响企业组织绩效的因素主要有两个方面：一是企业的工艺技术水平，也就是说，企业的技术生产水平或者服务水平。企业的工艺技术水平越高，组织效率越高，组织绩效越好。二是组织管理水平，它决定在全部作业时间中无效时间所占的比例。这一比例越低，组织绩效水平越高。因此，组织绩效管理的内容也应当包括两个方面：

1）改进工艺技术，提高企业的生产效率。包括两个方面：一方面是学习同行业优秀企业的生产经验，积极借鉴和引进其先进的生产技术，提高本企业的生产效率；另一方面是通过企业内部不断的学习和创新，改进技术生产水平和服务水平，从而达到改进工艺技术、提高组织效率的目的。在这个过程中，企业的知识管理非常重要，只有将企业发展过程中所探索到的知识不断地积累和传递下去，才能在量变的过程中产生质变，企业生产技术的提高来源于对过往知识的总结和在此基础上的不断创新。

2）改善组织管理，降低无效时间所占的比例。这里所谓的无效时间，是指因为组织管理不善做了无用功而导致的时间浪费。改善组织管理包括以下三点：根据企业所处发展阶段及发展情况，及时优化组织架构，合并或剔除不需要的部门或职位，扩大或增加符合企业战略发展方向、能形成企业核心竞争力的部门或职位；根据优化后的组织架构调整相关绩效薪酬管理方法，将员工绩效表现与工资奖金分配及员工在组织中的职位发展道路结合，使企业的绩效薪酬管理具有激励性；通过内外部培训、自学等学习方式提高管理岗位人员的管理能力，使其在人员管理方面能充分挖掘员工的工作潜能以及工作热情，并且通过高层学习带动，建立自上而下的学习型组织。通过不断提高组织管理水平，从而改善组织的绩效表现。

3.2.2 提升员工的绩效管理能力

提升员工的绩效管理能力中的"员工"指两种人：一种是企业各部门中的管理者，

另一种是企业人力资源部中的基层员工。这两种企业员工所要求具备的绩效管理能力是有差异的。

1．企业各部门管理者需要提升的绩效管理能力

（1）制定绩效计划的能力

在进行绩效管理之前，企业必须对工作标准进行明确的定义，并就这些工作标准与员工进行沟通。在制定工作标准时，需要遵循两个原则：这些标准是否与企业战略相关？这些标准中是否包含可度量或可定量的标准？在绩效周期开始的时候，管理者和员工必须就员工的绩效目标达成一致的契约。在与员工共同制定绩效目标时，除了目标本身还需要考虑在完成目标的过程中可能遇到的困难、管理者可以提供的帮助、为了完成目标是否需要学习新技能等问题，而管理者也需要向员工说明组织的目标、所处业务单元的目标、对员工的期望等。绩效计划中要充分体现的原则就是员工参与与正式承诺。管理者在与员工制定绩效目标时，管理者需要具备良好的目标管理能力以及沟通能力。

（2）绩效辅导能力

绩效管理实质上是对影响组织绩效的员工行为的管理，其管理的重心不是绩效考核的评价结果，而是在绩效考核过程中通过持续的沟通使得员工接受工作目标，正确执行绩效计划，认识绩效问题，不断地提高和改进。对绩效管理过程的控制比绩效考核结果更为重要。丰田 A3 报告之所以能成为丰田成功的关键所在，并不是在于 A3 的格式，而在于在报告形成的过程。通过回应者对 A3 作者的不断辅导、持续沟通和对工作现场的不断观察和深入了解，A3 作者逐渐认识到问题的本质，找到解决方法。虽然员工在最后交给管理者的是几张薄薄的 A3 报告，但员工对自己所负责的这个项目流程已经理解得非常透彻，可以说是这一领域的专家。同样，教练技术强调的也是绩效管理过程中绩效辅导的重要性。因此，在绩效管理过程中，管理者要及时掌握员工信息并给予适当的指导和帮助。在这一过程中，随时随地的沟通是非常必要的。

（3）对绩效考核工具的掌握和运用能力

如何进行绩效考核，即如何就员工的绩效表现进行评价，是绩效管理的重点和关键。绩效考核在整个绩效管理循环中发挥着重要作用，没有绩效考核，就没有考核结果，也就无法对员工过去的绩效表现进行总结，发现过去工作中存在的问题，以及找到改善绩效的方法。常用的绩效考核方法包括目标管理法、KPI、平衡计分卡、标杆管理法，以及基于素质和能力的绩效考核方法等。企业在进行绩效考核和评价时，可能会采用其中一种或几种方法，企业各部门管理者应该熟练掌握这些绩效考核工具，了解它们的核心思想、设计原则、使用方法、实施过程中的注意事项等，并能在实践中进行运用。

（4）绩效反馈和沟通技巧

有效的绩效反馈对组织绩效管理起着至关重要的作用。如果不将考核结果有效地反馈给员工，考核将失去极为重要的激励、奖惩和培训的功能，而且其公平性和公正性难以得到保证。首先，绩效反馈在考核者和被考核者之间架起了一座沟通的桥梁，使考核公开化，确保考核的公平和公正。其次，绩效反馈是提高绩效的保证。最后，绩效反馈可以排除目标冲突，有利于增强企业的核心竞争力。而大多数组织的绩效反馈都比较简单甚至直接忽略，这对绩效管理的效果大大打了折扣。而沟通对于整个组织绩效管理过程都至关重要，因此，管理者掌握良好的沟通方式和沟通技巧有利于绩效管理的顺利进行。沟通的方法有书面报告、管理者与员工的定期面谈、管理者参与的小组会议或团队会议，以及其他非正式的沟通方式。

（5）激励下属的能力

上级主管要学会灵活运用各种激励方法对员工进行激励。一是当员工优秀地完成了某项工作时，最需要得到的是上级主管对其工作的认可。这可以是一句赞美的话，一片掌声，一张卡片，一顿午餐等，认可的形式比较灵活，管理者可以实现对员工随时随地的激励。二是给予一对一的指导。指导意味着员工的发展，而管理者花费的仅仅是时间以及自己已有的工作经验和技巧，但这一低成本的花费传递给员工的信息是管理者很在乎他们。尤其是在公众面前的指导，也会对附近看得见、听得清所发生的事的其他人来说会起到一个自然的激励作用。三是适当地对下属进行授权。授权是一种十分有效的激励方式，授权可以让下属感到自己担当重任，感到自己受到了重视和尊重，在这种心理作用下，被授权的下属自然会激发起潜在的能力。

2．人力资源部基层员工需要提升的绩效管理能力

1）加强沟通。组织绩效管理需要受到企业自上而下的关注，推动绩效管理应该加强与公司各层人员之间的沟通，人力资源部需要花费多一些精力做这方面的沟通。

2）协助制定各部门考核指标以及协助考核方案设计，参与各部门考核方案的实施。

3）及时收集员工信息。通过绩效沟通了解各个部门、各个员工的实际工作绩效，收集、整理有关绩效考核的信息，建立并维护员工的信息数据库。

4）整理和分析考核信息，反馈各部门考核结果。通过绩效沟通和绩效考核了解企业各位员工的工作能力，合理对企业的人力资源状况进行评估，发现业绩优秀、具有潜力的员工，以及需要通过培训、轮岗等提升工作绩效的员工，并将绩效考核与评估结果应用于薪酬分配、职位变动、人力资源开发、职业生涯发展等。

5）收集考核中遇到的问题，提供有关建议。

3.2.3 能力提升工具

1．绩效看板

将绩效看板引入组织绩效管理中，选取关键的绩效监控指标，定期以展板形式进行宣传，帮助员工了解本组绩效指标完成情况及与其他组、对标组存在的差距，激励班组采取相应措施，确保指标的顺利完成。绩效看板可以分为三个基本维度：基本信息、管理现状、主要业绩及监控指标，具体指标可根据实际情况而定。看板中的基本信息是指各组的一些基本情况，管理现状是指目前业务的一些基本情况，主要业绩即监控的主要指标内容，包括目标值与完成值。通过各组的绩效指标看板，可以清晰地看到各组的基本情况及绩效指标的完成情况。对指标完成较好的组别，可以产生有效激励其工作积极性的效果，促进其继续保持良好的发展势头。对指标完成较差的组别，达到鞭策的效果，看到本组的绩效指标完成值与目标值的差距，选择排名靠前的组别进行对标。

2．A3 报告

A3 报告是日本丰田公司发明的，是在一张 A3 大小的纸上将问题、分析、措施及执行计划逐一列出，简单明了，能够有效且全面地分析问题，找到解决问题的根本方法。A3 的基本思想遵循一个公认的逻辑、清晰的格式和措辞，可以灵活运用。一页典型的A3 报告包括以下要素：标题、负责人、日期、背景、当前情况、目的/目标、分析、建议和对策、行动计划、跟踪。然而 A3 报告并不是这些要素简单的填写和罗列，通过持续的沟通、对工作现场的不断观察和深入了解，以及 PDCA（P—计划、D—试做、C—检查、A—实施）循环，让 A3 作者逐渐认识到问题的本质，找到解决方法，成为他所解决的这个问题的领域专家。

A3 没有一个固定的或"正确"的模板，实践者可以根据所要处理问题的实际情况以及上下文来调整格式。然而不管是什么格式的 A3 报告，要想让它真正发挥作用，必须有两种角色的参与：A3 作者/沟通者和回应者/教练。这两种角色之间要不断地互动，每个角色都要掌握一套技能。A3 报告是一个能够贯穿至底层员工，并影响整个企业运作的工作方式。因此，在企业内部培养具有 A3 思想的管理者和员工对于组织来说比A3 报告更为重要。

3. 成立绩效管理机构

企业推进绩效管理，必定意味着价值评判与价值分配的变化。为了确保组织绩效管理的严肃性、权威性，非常有必要在公司层面建立绩效管理机构。通过建立绩效管理机构，形成较完备的组织责任体系，可以动态监控绩效管理工作，加强协调，及时反馈沟通，推动组织绩效及员工个人绩效的持续提高。组织绩效管理是由整个企业来参与的，因此组织的绩效管理机构可以由总经理、行政部主管、考核专员组成。绩效管理组织的核心是总经理，其主要承担以下三项任务：一是赋予绩效考核专员的考核职责；二是发布企业绩效管理的决议；三是监督绩效管理的过程。成立专门的绩效管理机构体现了组织对于绩效管理的重视，从而引起员工的重视。

组织绩效管理机构的主要职责包括：

- 企业绩效管理制度及绩效奖惩方案设计、评估、执行；
- 企业年度目标、月度目标的制定；
- 内部流程的改进评审；
- 审核绩效考核结果，确保绩效考核的客观公正；
- 对绩效考核过程的信息来源进行审核；
- 根据绩效考核结果和绩效管理制度，决定奖惩；
- 听取各部门主观意见，改善绩效管理中出现的问题，纠正管理误差；
- 接收各部门绩效考核申述；等等。

案例分析　丰田的 A3 管理模式

提到"A3"，你首先想到的是什么？可能是生活中经常见到的 A3 纸张？也可能是某种汽车的车型代号？但你可能想象不到，在丰田公司，"A3"则是一种报告格式，其背后的撰写过程及管理方法是这个公司成功的秘密所在。在很多试图学习丰田运用 A3 的企业中，A3 的命运往往是不幸和短暂的。那么，A3 到底是什么？A3 有什么神奇的地方，使它比其他的报告格式更加有用？

A3（见图 1）的基本思想遵循一个公认的逻辑、清晰的格式和措辞，可以灵活运用。一页典型的 A3 报告包括以下要素：

- 标题——指出问题、主旨（议题）或事件。
- 负责人/日期——指出问题归哪个人负责及最新修改日期。

- 背景——介绍业务背景和此问题的重要性。
- 当前情况——描述当前所了解的情况。
- 目的/目标——确定期望获得的结果。
- 分析——分析造成现状和期望结果之间的差距和潜在原因。
- 建议和对策——提议处理问题、缩小差距或达到目标的一些整改措施或对策。
- 计划——行动计划，包括谁来做，做什么，什么时间做。
- 跟踪——建立跟踪/学习的流程，并计划遗留问题的解决。

1. 掌握实际情况：到现场去

当沟通者拿出一张空白的 A3 纸，准备为需要解决的问题撰写报告时，首先要写上责任人即 A3 作者的姓名以及报告撰写的日期，这一日期会随着日后报告的不断改进而修改。接下来进入报告的正文部分：什么是需要解决的真正问题，以及这一问题的背景是什么。

A3 作者在一开始会把这一问题想得很简单浅显、依据单薄，但在与回应者的不断沟通中，A3 作者会逐渐认识到，这些问题的答案并不是仅仅依靠于一些简单的数据或者传闻，而是藏于工作现场中。

现场是指员工为客户创造价值的地方。丰田认为，真正的改善只能建立在对一线工作环境的观察上。对于 A3 作者来说，到现场去这一要求始终贯穿于整个 A3 报告。到现场不但能收集报告各要素所需信息，对于报告的推进有重要作用，还能与工作参与者共享知识，更能加强责任人的意识。

如果回应者希望通过影响力，而不是依靠命令来引导沟通者，这就意味着需要深入更多繁杂的细节，并通过工作上的学习对沟通者进行指导。对于回应者来说，最有效的领导方法也是通过来自一线的实践，获得员工的信任。

2．目的与分析：寻找根本原因

在用 A3 的思维方式处理问题时，A3 作者首先要澄清两件事情：事情当前处于什么状态，以及未来需要变成什么状态。在搞清楚这两件事以后，A3 作者需要更深入地分析问题，找出目标与现状的差距，寻找差距存在的原因，以及为什么会发生问题。这就需要A3 作者再次回到现场，观察与从事这项工作，并与了解实际情况的人交谈。这里可以用到一个简单但是非常重要的工具"5 个为什么"。也就是说，当问题摆在面前后，通过一环一环地追问"为什么"，来找到隐藏在表面症状下的根本原因。

第 3 章 | 提升绩效管理能力

标题：要谈什么事？

负责人/日期

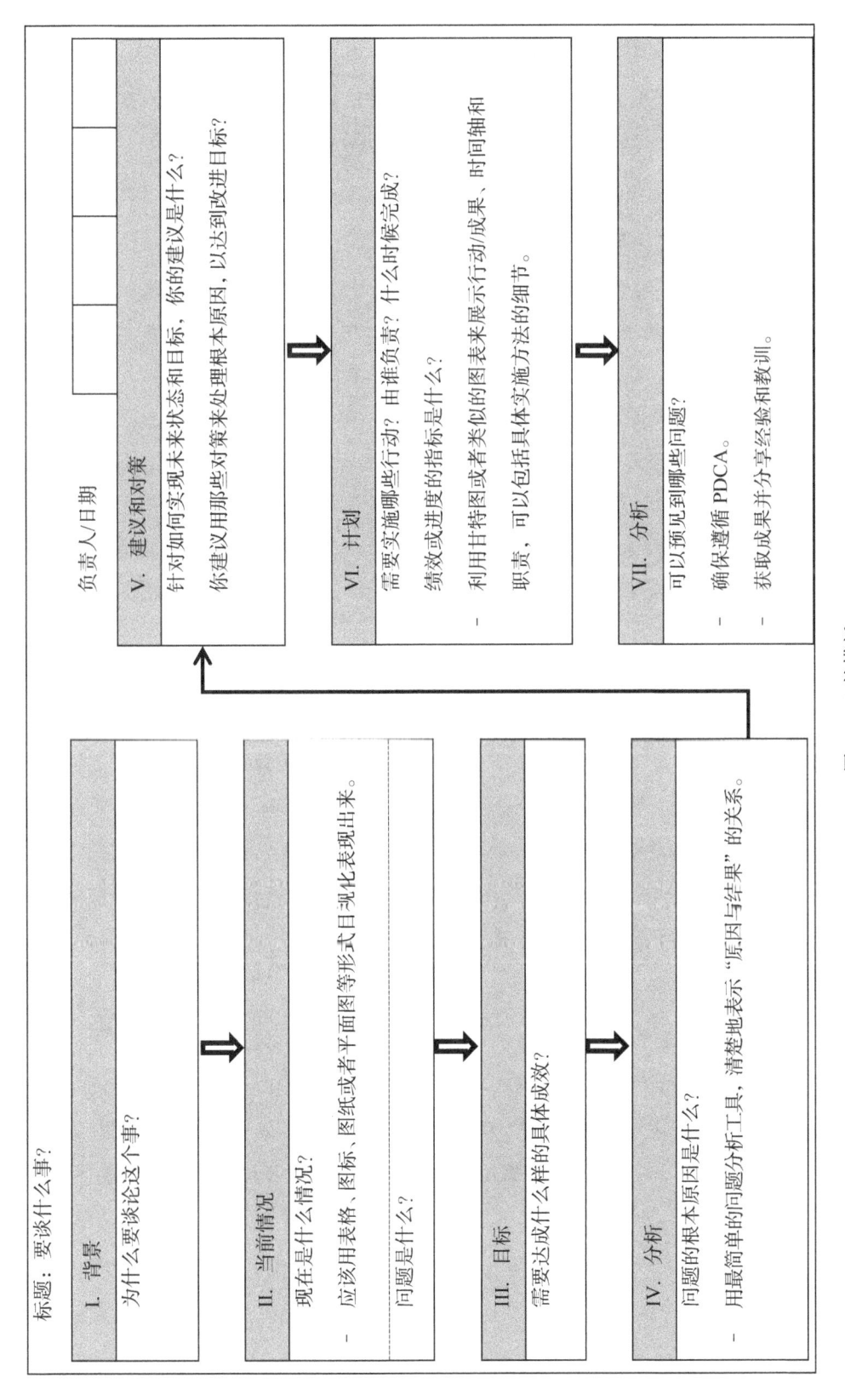

I. 背景
为什么要谈论这个事？

II. 当前情况
现在是什么情况？
- 应该用表格、图表、图纸或者平面图等形式目视化表现出来。
- 问题是什么？

III. 目标
需要达成什么样的具体成效？

IV. 分析
- 问题的根本原因是什么？
- 用最简单的问题分析工具，清楚地表示"原因与结果"的关系。

V. 建议和对策
- 针对如何实现未来状态和目标，你的建议是什么？
- 你建议用那些对策来处理根本原因，以达到改进目标？

VI. 计划
- 需要实施哪些行动？由谁负责？什么时候完成？
- 绩效或进度的指标是什么？
- 利用甘特图或者类似的图表来展示行动成果、时间轴和职责，可以包括具体实施方法的细节。

VII. 分析
- 可以预见到哪些问题？
- 确保遵循 PDCA。
- 获取成果并分享经验和教训。

图 1　A3 的模板

在这一阶段，回应者需要帮助沟通者掌握主要原则，防止跑偏，这将有助于沟通者在线索不是很清楚的情况下学习调查过程。但是对于回应者来说，更重要的是，要让沟通者掌握解决问题的能力，并能够应用这种问题解决的技能，解决以后所遇到的问题。

3．提出对策：基于多重方案的决策机制

A3 通常建议使用"对策"一词，而不是"解决方案"。"对策"指的是一种所建议的行动治理当前状况的方法，它可能随着新情况的出现而发生变化。"解决方案"则是指对问题永久性的解决，是一种在真实世界中很难出现的情况。

A3 作者在这一过程中可能创造出一个理想化的"解决方案"，一个改善流程与所发现的事实很难结合起来，并且难以让别人信服的方案。这时，在回应者与 A3 作者的不断交流中，A3 作者会开始意识到他的工作是去探寻更多机会和意见，从中做出更好的决策。必须是找到可行的备选方案，而不是简单地创造出方案。这一阶段仍需要 A3 作者去到现场，收集问题发生的原因，收集到的信息越多，A3 报告中所呈现的建议就越可靠。

需要注意的是，A3 作者在这时可能遇到第一波来自公司内部的抵抗。这就要求 A3 作者在做好自己报告的同时，也要处理好公司内部尤其是跨部门的人际关系。

无论 A3 作者对当前的计划方案多有信心，回应者应该鼓励 A3 作者为别人关于对策的评估准备多重对策。展示不同的备选方案，对获得他人的认可支持大有帮助，让适当的个人与跨职能团队参与进来，可以为后续方案的实施打下坚实的基础。事实上，准备多种备选方案，能够改善回应者与 A3 作者之间的对话质量，并激发更深层次的学习。同时，回应者要帮助 A3 作者在研究潜在对策时，继续改进他的思路，把矛盾降至可以被接受的水平。

4．计划和跟进：基于拉动的权力

PDCA 是 A3 流程背后的引擎。PDCA（P—计划、D—试做、C—检查、A—实施）是一个管理循环流程，作为一种科学的方法，不但包括计划将如何执行（谁去做、在什么时间做、用怎样的方法做、谁去监督），而且确定如何对行得通及行不通的执行方法进行检查。

过早地选取一个解决方案，会很容易锁定一个错误的选择，因为不成熟的解决方案往往包含不理性的分析或欠妥的判断，很少能反映出对能成功执行必要条件的共识。

对于 A3 作者来说，通过报告将精力集中于掌握事实，并确保认真考虑过各方建议和现场信息。通过 A3 作者和回应者的对话，只有当所有的解决选项都被评估后，才做出选择。如此，A3 可以防止经理们过早地做出错误的决定。

5. 总结与思考：培养 A3 的思想者

现在，目标已经达成，A3 作者接下来的任务是与其他人分享经验，沟通主要的实践方法，创建一个工作反省机制。这是一个能够贯穿至底层员工，并影响整个公司运作的工作方式。

对于回应者来说，此时，沟通者的 A3 已经漂亮地完成，并且取得了很大的进步，但重点是要将 A3 的思想建立起来。掌握持续改善技术或对策都很要紧，但是相对而言还是次要的。

下面是 A3 作者在书写 A3 报告时，所要考虑的部分关键问题：

1）问题是什么？你能否言简意赅地定义"暴露出来的问题"，即当前面对的实际业务矛盾？

2）你有没有去现场收集信息，了解清楚目前状况，而不是只依据数据和传闻？

3）是否明确了目标与现状的差距？

4）是否找到了差距主要组成部分的根本原因？

5）你是否通过与参与工作的每个人，包括流程的客户和利益相关者，进行有效沟通后，才生成了可行的备选方案？

6）你是否继续去现场收集新的信息和对策？

7）当前的 A3 是否反映了参与工作的相关人员的意见？对策获得了大家的支持吗？

8）你是否有意将评审作为一种方式，来与团队成员或其他人分享 A3 的收获？

（资料来源：约翰·舒克. 学习型管理：培养领导团队的 A3 管理方法[M]. 郦宏，武萌，汪小帆，等译. 北京：机械工业出版社，2010）

参考文献

[1] 刘耀中. 成功实施绩效管理的关键行为因素结构及其与组织承诺和组织绩效的相关研究[J]. 心理科学，2007，30(4):967-961.

[2] 朱霖. 提升铁路勘察设计企业绩效管理能力的思考[J]. 管理论坛，2006，5: 60-62.

[3] 傅志明. 轮组织绩效管理[J]. 生产力研究，2003(6)，222.

[4] 司马经子. A 市供电分局组织绩效管理流程评价[D]. 广州：华南理工大学，2014.

[5] 张河山. CG 公司绩效管理诊断与设计研究[D]. 广州：华南理工大学，2012.

第 4 章

绩效管理的基本流程

本章导读

绩效管理流程是一个循环,这个循环分为五步,即绩效计划与指标体系构建、绩效管理的过程控制、绩效考核与评估、绩效反馈与面谈、绩效考核结果的应用。

作为绩效管理流程的第一个环节,绩效计划是绩效管理实施的关键和基础所在。绩效计划制定得科学合理与否,直接影响着绩效管理整体的实施效果。绩效管理的过程控制需要管理者不断地对员工进行指导和反馈,即进行持续的绩效沟通。这种沟通是一个双方追踪进展情况、找到影响绩效的障碍及得到使双方成功所需信息的过程。绩效考核与评估是一个按事先确定的工作目标及其衡量标准,考察员工实际完成的绩效情况的过程。绩效反馈与面谈则使员工了解主管对自己的期望,了解自己的绩效,认识自己有待改进的方面,并且员工可以提出自己在完成绩效目标中遇到的困难,请求上级的指导。

绩效管理是一个循环的、动态的系统,绩效管理系统所包括的几个环节紧密联系、环环相扣,任何一环的脱节都将导致绩效管理的失败。所以,在绩效管理过程中,应重视每个环节的工作,并将各个环节有效地整合在一起。

4.1 绩效管理流程

绩效管理流程通常被看作一个循环,这个循环分为五步,即绩效计划与指标体系构建、绩效管理的过程控制、绩效考核与评估、绩效反馈与面谈、绩效考核结果的应用。

绩效管理的一般流程可以用图 4-1 表示。

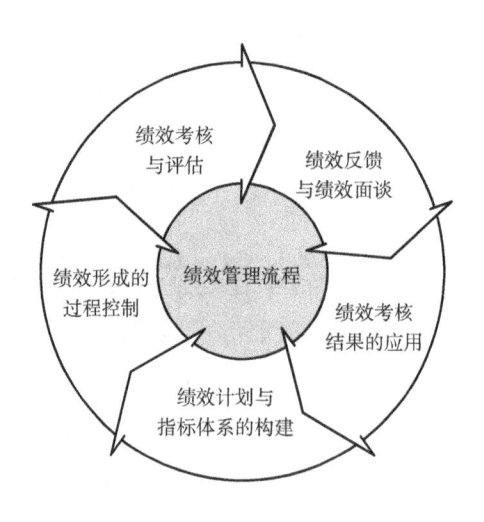

图 4-1 绩效管理流程

1. 绩效计划与指标体系的构建

绩效计划作为绩效管理流程的第一个环节,它是绩效管理实施的关键和基础所在。绩效计划制定得科学合理与否,直接影响着绩效管理整体的实施效果。在这个阶段,管理者和员工的共同投入与参与是进行绩效管理的基础。如果是管理者单方面布置任务,员工单纯地接受要求,绩效管理就变成了传统的管理活动,也就失去了协作性的意义。

有了明确的绩效计划之后,便要根据计划来构建指标体系。指标体系的构建可以使员工了解企业目前经营的重点,为员工日后工作提供指引。指标体系包括绩效指标和与之相对应的标准。绩效指标是指企业对工作产出进行衡量或评估的那些方面,而绩效标准是指在各个指标上应该分别达到什么样的水平。换句话说,指标解决的是企业需要关注"什么",才能实现其战略目标;而标准着重强调的是被评价的对象需要在各个指标上做得"怎样"或完成"多少"。绩效指标与绩效标准是相互对应的。

2. 绩效形成的过程控制

制定了绩效计划、构建了指标体系之后,被考核者就开始按照计划开展工作。绩效管理不仅关注最终任务完成情况、目标完成情况、结果或产出,同时还要关注绩效形成的过程。因为过分强调结果或产出会使企业管理者无法准确地获得个体活动信息,从而不能很好地对员工进行指导与帮助,而且更多时候会导致企业的短期行为。绩效形成过程中,管理者要对被考核者的工作进行指导和监督,对发现的问题及时予以解决,并随时根据实际情况对绩效计划进行调整。

在整个绩效期间内，管理者都需要不断地对员工进行指导和反馈，即进行持续的绩效沟通。这种沟通是一个双方追踪进展情况、找到影响绩效的障碍及得到使双方成功所需信息的过程。持续的绩效沟通能保证管理者和员工共同努力、及时处理出现的问题、修订工作职责，使上下级在平等的交往中相互获取信息、增进了解、联络感情，从而保证员工的工作能正常地开展，使绩效实施的过程顺利进行。

3. 绩效考核与评估

工作绩效考核可以根据具体情况和实际需要进行月考核、季考核、半年考核和年度考核。工作绩效考核是一个按事先确定的工作目标及其衡量标准，考察员工实际完成的绩效情况的过程。考核期开始时签订的绩效合同或协议一般都规定了绩效目标和绩效测量标准。绩效合同一般包括工作目的描述、员工认可的工作目标及其衡量标准等。绩效合同是进行绩效考核的依据。绩效考核包括工作结果考核和工作行为评估两个方面。其中，工作结果考核是对考核期内员工工作目标实现程度的测量和评价，一般由员工的直接上级按照绩效合同中的标准，对员工的每一个工作目标完成情况进行等级评定；而工作行为考核则是针对员工在绩效周期内表现出来的具体的行为态度进行评估。同时，在绩效实施过程中，所收集到的能够说明被考核者绩效表现的数据和事实，可以作为判断被考核者是否达到关键绩效指标要求的依据。

4. 绩效反馈与绩效面谈

绩效管理的过程并不是为绩效考核打出一个分数就结束了，主管人员还需要与员工进行一次甚至多次面对面的交谈。通过绩效反馈与面谈，使员工了解主管对自己的期望，了解自己的绩效，认识自己有待改进的方面；员工也可以提出自己在完成绩效目标中遇到的困难，请求上级的指导。

5. 绩效考核结果的应用

绩效考核完成以后，不可以将评估结果束之高阁、置之不理，而是要将其与相应的其他管理环节相衔接。这种衔接主要有以下几个管理接口。

（1）制定绩效改进计划

绩效改进是绩效管理过程中的一个重要环节。传统绩效考核的目的是通过对员工的工作业绩进行评估，将评估结果作为确定员工薪酬、奖惩、晋升或降级的标准。而现代绩效管理的目的不限于此，员工能力的不断提高和绩效的持续改进与发展才是其根本目的。绩效考核结果反馈给员工后，有利于员工认识自己的工作成效，发现自己工作过程中的不足之处。绩效沟通给员工带来的这种信息会使可能一直不能正确认识自己的员工真正认识到自己的缺点和优势，从而积极主动地改进工作。所以，绩效改进工作的成功与否，是绩效管理过程是否发挥效用的关键。

（2）组织培训

组织培训是指根据绩效考核的结果分析对员工进行量身定制的培训。对于难以靠自学或规范自身行为态度就能改进绩效的员工来说，可能真的在知识、技能或能力方面出现了"瓶颈"，因此企业必须及时认识到这种需求，有针对性地安排一些培训项目，组织员工参加培训或接受再教育，及时弥补员工能力的欠缺。这样带来的结果是既满足了完成工作任务的需要，又可以使员工享受免费的学习机会，对企业、对员工都是有利的。而培训和再教育也越来越成为企业吸引优秀员工加盟的一项福利。

（3）薪酬奖金的分配

企业除了基本工资外，一般都有业绩工资。业绩工资是直接与员工个人业绩相挂钩的。这种工资形式在业界很流行，它被形容为"个人奖励与业绩相关的系统，建立在使用各种投入或产出指标来对个体进行某种形式的评估或评价"。一般来说，绩效评价越高，所得工资越多。这其实是对员工追求高业绩的一种鼓励与肯定。

（4）职务调整

经过多次绩效考核后，员工的业绩始终不见有所改善。究其原因，如果确实是员工本身能力不足，不能胜任工作，管理者则将考虑为其调整工作岗位；如果是员工本身态度不端正的问题，经过多次提醒与警告都无济于事，管理者则会考虑将其解雇。这种职务调整在很大程度上是以绩效考核结果为依据的。

（5）员工职业发展开发

根据绩效评价的结果，针对员工在培养和发展方面的特定需要，制定培训开发计划，以便最大限度地发展他们的优点，使他们的缺点最小化。例如，可以提高培训效率，降低培训成本；在实现组织目标的同时，帮助员工发展和执行他们的职业生涯规划。

（6）人力资源规划

为组织提供总体人力资源质量优劣程度的确切情况，获得所有人员晋升和发展潜力的数据，以便为组织的未来发展制定人力资源规划。

（7）正确处理内部员工关系

坦率公平的绩效评价可以为员工在提薪、奖惩、晋升、降级、调动、辞退等重要人力资源管理环节提供公平客观的数据，减少人为的不确定因素对管理的影响，进而保持组织内部员工的相互关系于可靠的基础之上。

4.2 绩效管理系统中各环节的有效整合

绩效管理是一个循环的、动态的系统。绩效管理系统所包含的几个环节紧密联系、环环相扣，任何一环的脱节都将导致绩效管理的失败。所以在绩效管理过程中应重视每个环节的工作，并将各个环节有效地整合在一起，力求做到完美。

绩效计划是主管与员工合作，对员工下一年应该履行的工作职责、各项任务的重要性等级和授权水平、绩效的衡量、经理提供的帮助、可能遇到的障碍及解决的办法等一系列问题进行探讨，并达成共识的过程。因此绩效计划在帮助员工找准路线、认清目标方面具有一定的前瞻性。它是整个绩效管理系统中最基本的环节，也是必不可少的环节。

持续的绩效沟通就是经理和员工共同工作，以分享有关信息的过程。这些信息包括工作进展情况、潜在的障碍和问题、可能的解决问题的措施及经理如何才能帮助员工等。由此来看，绩效管理就是一种双向的交互过程，而且这种交互沟通必须贯穿于绩效管理的整个过程。通过沟通，企业要让员工很清楚地了解绩效考核制度的内容、制定目标的方法、衡量标准、努力与奖酬的关系、工作业绩、工作中存在的问题及改进的方法。当然，企业更要聆听员工对绩效管理的期望与呼声，这样绩效管理才能达到预期目的。

绩效考核本身也是一个动态的、持续的过程，所以企业不能孤立地进行绩效考核，而应将绩效考核放在绩效管理系统中考虑，重视考核前期与后期的相关工作。绩效计划和持续的沟通是绩效考核的基础，只有做好绩效计划和沟通工作，绩效考核工作才能顺利进行。因为只要平时认真执行绩效计划并做好绩效沟通工作，考核结果就不会出乎考核双方的意料，考核最终产生分歧的可能性会很小，这也就减少了员工与主管在考核方面的冲突。

绩效反馈和绩效考核结果的应用是绩效考核的后继工作。绩效考核的一个重要目的是发现员工工作中的绩效问题并进行改进，所以考核工作结束后，要针对考核结果进行反馈，分析问题，提供工作改进的方案供员工参考，帮助员工改进绩效。另外，在考核中还应将当前评估与过去的绩效联系起来，进行纵向比较，只有这样才可能得出客观准确的结论。

管理者和员工就当期绩效提出绩效改进计划后，整个绩效管理又回到起点——再计划阶段。此时，绩效管理的一轮工作就基本完成了。企业应在本轮绩效管理的基础上进行总结，制定下一轮的绩效管理工作计划，使得绩效管理能持续地进行下去，达到企业绩效再上一个台阶的目的。

　　这些环节的整合，使绩效管理过程成为了一个完整的、封闭的环。绩效计划属于前馈控制阶段，持续的绩效沟通属于过程控制阶段，而绩效考核、绩效反馈与绩效改进的实施则属于反馈控制阶段。其中，制定绩效改进计划是前馈与反馈的联结点。这三个阶段的整合形成了一个完整的绩效管理循环，也只有当这个环是封闭的，绩效管理才是可靠的和可控的，同时也是自身不断提升和改善的保证。因为连续不断的控制才会有连续不断的反馈，连续不断的反馈才能保证连续不断的提升。

第 5 章
绩效计划与指标体系的构建

本章导读

　　作为一种闭环管理,绩效管理由绩效计划制定、绩效计划实施与过程控制、绩效考核与评价、绩效反馈四部分组成。作为绩效管理流程的第一个环节,绩效计划是绩效管理实施的关键和基础所在。绩效计划制定得科学合理与否,直接影响绩效管理整体的实施效果。

　　绩效计划是关于工作目标和工作标准的契约,是绩效双方在充分沟通的基础上就绩效目标和绩效标准达成的一致认识,是对企业战略目标的细化和分解,并已成为企业控制其战略目标落实且得以实现的主要手段。可以说,绩效计划就是企业战略目标的分解体系,其主要功能是支持和监控企业战略目标的实现。

　　绩效计划的制定遵循战略相关性和可测量性两个原则。在绩效计划中,不仅管理者要向员工清楚地表达组织对员工的期望,也要允许员工向管理者表达自己对这份任务的看法。只有进行充分的双向沟通,计划的可行性和客观性才能得到保障。

　　从表现形式上看,绩效计划主要包括工作计划和绩效指标两种形式。但在企业管理实践中,绩效指标成为绩效计划的主要表现形式和主要内容,可以说绩效计划制定的关键和重点就是绩效指标体系的构建。就企业整体而言,其绩效指标不是孤立、零散的,而是具有层次性和内在逻辑关系的指标体系。完整意义上的绩效指标体系不仅包括绩效指标,还包括针对绩效指标的评价依据,即绩效标准。

　　从绩效评价的发展历程看,随着绩效评价思想和方法的发展,绩效指标的内容逐步从早期的单一财务指标发展到今天的关注企业平衡发展的多维度指标体系。平衡计分卡的设计思想就是当前绩效指标内容多样化的反映。

5.1 绩效计划

绩效计划是一个确定组织对员工的绩效期望并得到员工认可的过程。绩效计划必须清楚地说明期望员工达到的结果及为达到该结果所期望员工表现出来的行为和技能。通常，人力资源部对监督和协调绩效管理过程负有主要责任。各职能部门的经理人员也必须积极参与，特别是要参与制定绩效计划的目标。更重要的是，如果能让员工也参与其中，员工会更容易接受绩效计划并产生满意感。绩效计划的制定是一个自下而上的目标确定过程，通过这一过程将个人目标、部门或团队目标与组织目标结合起来。因此，计划的制定也应该是一个员工全面参与管理、明确自己的职责和任务的过程，是绩效管理的一个至关重要的环节。因为只有员工知道了组织或部门对自己的期望是什么，他们才有可能通过自己的努力达到期望的结果。

5.1.1 设定绩效计划的原则

在进行绩效管理之前，企业必须对工作标准进行明确的定义，并就这些工作标准与员工进行沟通。正如前面我们谈到的，这些标准应该以与岗位有关的需求为基础，而这些需求是通过工作分析得出的，它反映了岗位的职责和特征。当工作标准被正确制定的时候，这些标准会帮助企业将它的战略目标反映到对岗位的需求上，这种需求再传递给员工相应的工作水平、完成时间等相关信息。

在制定工作标准时，需要遵循两个原则：这些标准是否与企业战略相关？这些标准中是否包含可度量或可定量的标准？

战略的相关性指的是工作标准与组织战略目标的相关程度。例如，如果我们制定了一条工作标准——保证其销售的产品中25%～30%是在过去五年内研制生产的，那么，销售人员在进行销售的过程中就需要按这条原则来指导自己的工作。

可测量性指的是工作目标是可以被清晰测量的，可以根据具体的标准来将工作绩效与所列标准相比较，从而确定工作完成得好坏。例如，我们不能将目标设定为"尽可能地扩大市场份额"，这样的目标无法测量，因为我们无法定义达到什么程度才是尽可能大的市场份额；我们只能给以具体的数字或比例，如"占有北京市2/3市场份额"或"将现有市场份额扩大到目前的1.5倍"等，这样才能给员工以有效的行动指南。当工作标准以专业的、可计量的语句来表述时，依照此标准对员工进行的绩效考核就是较为公正的。目标的可测量性不是要求所有目标都必须是可量化的，但至少应该包括这部分目标。

5.1.2 绩效计划的内容

在绩效周期开始的时候，管理者和员工必须就员工工作的目标达成一致的契约。在员工的绩效目标契约中，至少应该包括以下几个方面的内容：

- 员工在本次绩效周期内所要达到的工作目标是什么（量化和非量化的）？
- 如果一切顺利的话，员工应该何时完成这些职责？
- 达到目标的结果是怎样的？
- 如何判别员工是否取得了成功？这些结果可以从哪些方面去衡量，评判的标准是什么？
- 工作目标和结果的重要性如何？
- 从何处获得关于员工工作结果的信息？
- 员工的各项工作目标的权重如何？
- 员工在完成工作时可以拥有哪些权力？可以得到哪些资源？
- 员工在达到目标的过程中可能遇到哪些困难和障碍？
- 经理人员会为员工提供哪些支持和帮助？
- 绩效周期内，经理人员将如何与员工进行沟通？
- 员工工作的好坏对部门和公司有什么影响？
- 员工是否需要学习新技能以确保完成任务？

因为形成绩效计划的过程是一个双向沟通的过程。双向沟通意味着在这个过程中管理者和被管理者双方都负有责任。设定绩效计划不仅仅是管理者向被管理者提出工作要求，也不仅仅是被管理者自发地设定工作目标，而是双方需要进行互动与沟通。

在这个过程中，管理者要向被管理者解释和说明以下内容：

- 组织整体的目标是什么？
- 为了完成这样的整体目标，我们所处的业务单元的目标是什么？
- 为了达到这样的目标，对被管理者的期望是什么？
- 对被管理者的工作应该制定什么样的标准？完成工作的期限应该如何制定？
- 被管理者在开展工作的过程中有何权限与资源？

同时，被管理者应该向管理者表达以下内容：

- 自己对工作目标和如何完成工作的认识；
- 工作中可能会遇到的困难与问题；
- 需要组织给予的支持与帮助。

绩效计划中要充分体现的原则就是员工参与与正式承诺。社会心理学家有一个重要发现，就是当人们亲身参与了某项决策的制定过程时，他们一般会倾向于坚持立场，并且在外部力量作用下也不会轻易改变立场。而这种坚持产生的可能性主要取决于两种因素：一是他在形成这种态度时卷入的程度，即是否参与态度形成的过程；二是他是否为此进行了公开表态，即做出正式承诺。从这一点来看，让员工参与绩效计划的制定过程并就契约上的内容与管理者达成一致，形成正式承诺，对于整个绩效管理的顺利实施都有重要的意义。

之所以要对目标达成一致意见，是因为绩效计划的主要目的就是让组织中不同层次的人员对组织的目标达成一致的见解。简单地说，绩效计划可以帮助组织、业务单元和个人朝着一个共同的目标努力，所以管理者和员工是否能对绩效计划达成共识是问题的关键。如果所有的管理者与员工的意见都能达成共识，组织整体的目标与全体员工的努力方向就会取得一致，这样才能在全体员工的一致努力下共同达成组织的目标。

5.1.3 设定绩效计划的步骤

1. 准备阶段

绩效计划通常是管理者和员工进行双向沟通后所得到的结果，这种计划的设定需要经过一些必要的准备，对管理者和员工来说均是如此，否则就难以得到理想的结果。这些准备包括以下内容。

1）组织战略目标和发展规划。绩效计划来源于组织战略的落地。制定绩效计划就是为了提升员工和组织的整体绩效，最终实现组织的战略。如果绩效计划所设定的目标方向与组织战略背道而驰，则不仅无益于组织的发展，还会给组织带来严重的影响，甚至使其走向绝境。

2）年度企业经营计划。组织的战略是面向长远发展方向的，这可能会让员工感觉比较遥远，而遥远的目标总是难以让人觉得现实和具有强烈的影响力，这时就需要结合企业的年度经营计划来制定绩效计划。因为年度经营计划是以一年为周期的，属于短期计划，这样的目标更加真实，更加接近实际，从而使得绩效计划在确定员工方向方面的作用更加突出。

3）业务单元的工作计划。这个计划是直接从企业年度经营计划中分解出来的，它直接与业务单元的职能相联系，从而也和各单元员工的绩效标准结合得更加紧密。

4）团队计划。团队这种形式的采用使得小单元内的目标责任更加明确和具体，这也更有利于个人绩效计划的设定。

5）个人的职责描述。个人的职责描述规定了员工在自己的职责上应该干什么，而绩效计划指出了这些任务完成应该达到的标准，两者是紧密相连的。

6）员工上一个绩效周期的绩效考核结果。如果员工在上一个绩效考核周期内，所有绩效计划表上所列的目标都达到标准，这一期的绩效计划就需提出新的目标；如果上一期的目标没有完成或没有全部完成，就应该将它们转到当期的绩效计划里来，作为继续考核的标准。这也体现了绩效管理的连续性，它并不是走走样子，而是真正要实现目标。

除了上述的信息需要被好好准备以外，对于绩效计划的沟通方式也需要认真斟酌，这主要是看组织的文化氛围是什么样的、所面对的员工有什么样的特点及要达成的工作目标有何特点。如果目标设定关系到全体员工，不妨召开全公司的大会；如果只是一个团队的任务，就开一个团队会议。在传递目标期望时，可以开门见山，直接与员工谈工作；也可以先请员工谈谈自己的看法和目标，再引出组织的期望。沟通的方法没有定论，只要适合就是最好的。

2. 绩效计划沟通阶段

在这个阶段，管理者和员工要进行充分的交流和沟通，以便和员工就其在这个绩效周期内的工作目标和计划达成共识。这个阶段需要注意以下几个问题。

1）营造良好的沟通环境。环境的选定很重要。轻松愉悦的环境容易让双方从心理上得到放松，减轻抵触和敌意。很多公司的管理者都喜欢选择咖啡厅或和员工一起进餐的时间与员工沟通，这是一个很不错的方法。除了轻松的环境之外，还要注意不要选择嘈杂的场所。有的管理者选择自己的办公室，但在这样的环境中，谈话常会被电话或来访的人员所打断，沟通效果可想而知。

2）把握沟通原则。在这种沟通中，管理者要将自己放在一个和员工同等的地位上来讨论问题，不能高高在上，将自己的意志强加于员工；应该将员工看成是他们所从事的职位上的专家，多听取他们的意见。当然，管理者有责任在沟通的过程中确保目标设定的方向和组织战略保持一致，同时也有责任调动员工的工作积极性，鼓励他们朝着共同的目标奋斗。

3）保持沟通过程顺畅。首先需要回顾一下会前面所准备的信息，然后在组织经营目标的基础上，每个员工需要设立自己的工作目标和关键业绩指标。所谓关键业绩指标，是指针对工作的关键产出来确定评估的指标和标准。注意，这些标准必须是具体且可衡量的，并且应该有时间限制。在制定计划的阶段中，管理者有必要向员工承诺提供解决问题和困难的支持与帮助。绩效计划制定完成后并不代表着就不需要改动了，而是必须依据变化着的环境和组织战略的调整来修改绩效计划。

4）沟通形式要多种多样。每月或每周同每名员工进行一次简短的情况通气会；定期召开小组会，让每位员工汇报他完成任务和工作的情况；每位员工定期进行简短的书面报告；出现问题时，根据员工的要求进行专门的沟通。

5.2 构建绩效指标体系

5.2.1 绩效指标的分类

从不同的角度看，绩效指标有多种分类方式，常见的分类有硬指标与软指标、"特质、行为、结果"三类绩效指标、结果指标与行为指标三类。

1. 硬指标与软指标

硬指标指的是那些可以以统计数据为基础，把统计数据作为主要评价信息，建立评价数学模型，以数学工具求得评价结果，并以数量表示评价结果的评价指标。使用硬指标可以免除个人经验和主观意识的影响，具有相当的客观性和可靠性。借助于电子信息技术，硬指标可以有效地提高评价的可行性和效率。但是，当评价所依据的数据不够可靠，或者当评价的指标难以量化时，硬指标的评价结果就难以保证客观和准确。同时，硬指标往往比较死板，缺乏灵活性。

软指标指的是主要通过人的主观评价方能得出评价结果的评价指标。实践中，人们用专家评价来指代这种主观评价的过程。因此，又将软指标评价称为专家评价。所谓专家评价，就是由评价者对系统的输出做出主观的分析，直接给评价对象进行打分或做出模糊判断（如很好、好、一般、不太好、不好等）。这种评价指标完全依赖于评价者的知识和经验，容易受主观因素的影响。所以，软指标的评价通常由多个评价主体共同进行。运用软指标的优点在于这类指标不受统计数据的限制，可以充分发挥人的智慧和经验。

随着信息技术的发展和模糊数学的应用，软指标评价技术获得了迅猛的发展。通过评价软指标并对评价结果进行科学的统计分析，我们能够将软指标评价结果与硬指标评价结果共同运用于各种判断和推断之中，以提高绩效评价结果的科学性和实用性。

2. "特质、行为、结果"三类绩效指标

杨杰、方俐洛、凌文辁等在《对绩效评价的若干基本问题的思考》一文中阐述了"特质、行为、结果"三类绩效指标。三者的适用范围和不足如表 5-1 所示。

表 5-1 特质、行为、结果三类绩效指标比较一览表

	特质	行为	结果
适用范围	• 适用于对未来的工作潜力做出预测	• 适用于评价可以通过单一的方式或程序化的方式实现的岗位	• 适用于评价那些可以通过多种方法达到绩效标准或绩效目标的岗位
不足	• 没有考虑情景因素，通常预测效度较低 • 不能有效地区分实际工作绩效，使员工容易产生不公平感 • 将注意力集中在短期内难以改变的人的特质上，不利于改进绩效	• 需要对那些同样能够达到目标的不同行为方式进行区分，以选择真正适合组织需要的方式。这一点比较困难 • 当员工认为其工作重要性较小时意义不大	• 结果有时候不完全受被评价对象的控制 • 容易诱使评价对象为了达到一定的结果而不择手段，使组织在获得短期效益的同时丧失了长期利益

从表 5-1 中可以看出，特质类指标关注的是员工的素质与发展潜力，在选拔性评价中更为常用。行为类绩效指标关注的是绩效实现的过程，适用于通过单一方式或程序化的方式达到绩效目标的职位。结果类指标更多地关注绩效结果或绩效目标的实现程度。

如果按照这种分类设计绩效指标，比较好的解决办法是折中，即将评价的维度冠以"特质"标签，而对维度的定义和量表锚点的选择则采取任务与行为定向的方法。然而，这种对工作行为采取"特质"的操作性定义的方法并不能完美地解决问题本身，只是其与单纯依靠特质或单纯依靠行为相比而言更优而已。

3. 结果指标与行为指标

在评价各级员工已有的绩效水平时，通常采用的绩效指标有两类：结果指标与行为指标。

结果指标一般与公司目标、部门目标及员工的个人指标相对应，如成本降低 30%、销售额提高 3%等。行为指标一般与工作态度、协调能力、合作能力、知识文化水平、发展潜力等指标相对应。

由于企业的中高层员工能够更加直接地对企业的关键绩效产生影响，在企业的各个管理阶层中，越是处于金字塔顶层的员工，其绩效评价中的结果指标越多，行为指标就

越少；而越是处在金字塔底层的员工，其结果指标会越少，行为指标会越多。具体如图 5-1 所示。

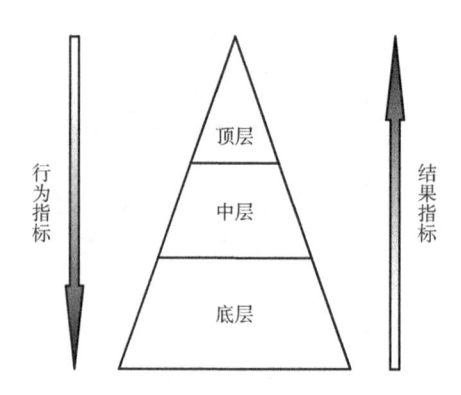

图 5-1　行为指标与结果指标在企业金字塔中的变化

不过，结果指标通常只反映部门和员工过去的工作绩效。如果只关注结果指标，则容易使企业忽略那些影响其长期发展的因素。因此，在设计绩效评价指标时，要将结果指标与行为指标结合使用。

5.2.2　如何建立有效的绩效指标体系

1. 绩效指标体系的设计原则

绩效指标体系的设计需要考虑两个方面的问题：绩效指标的选择和各个指标之间的整合。因此，要建立一个良好的绩效指标体系，需要遵循以下五项原则。

（1）定量指标为主、定性指标为辅的原则

由于定量化的绩效评价指标便于确定清晰的级别标度，提高评价的客观性，因此在实践中被广泛使用。财务指标一直以来之所以被国内外企业用做关键绩效指标之一，其易以量化的特点不可忽视。

不过，这个原则并不能适用于所有的职位。它只是提醒我们要注意尽可能地将能够量化的指标进行量化。同时，对于一些定性的评价指标，也可以借助相关的数学工具对其进行量化，从而使评价的结果更加精确。

（2）少而精原则

绩效指标要通过一些关键绩效指标反映评价的目的，而不需要做到面面俱到。设计支持组织绩效目标实现的关键绩效指标，不但可以帮助企业把有限的资源集中在关键业务领域，同时可以有效缩短绩效信息的处理过程，乃至整个评价过程。

另外，少而精的评价指标易于被一般员工所理解和接受，也可以促使评价者迅速了解绩效评价系统，掌握相应的评价方法与技术。所以，在构建绩效评价指标体系的时候，要选取最有助于企业战略目标实现的指标，以引导企业和员工集中实现企业的绩效目标。

（3）可测性原则

评价指标本身的特征和该指标在评价过程中的现实可行性决定了评价指标的可测性。绩效评价指标设置指标的级别标志和级别标度就是为了使绩效指标可以测量。同时，评价指标代表的对象也是不断变化的。在选择绩效指标时，要考虑获取相关绩效信息的难易程度，很难收集绩效信息的指标一般不应当作为绩效评价指标。

（4）独立性与差异性原则

独立性原则强调，评价指标之间的界限应该清楚明晰，避免发生含义上的重复。差异性原则指的是，评价指标需要在内涵上有明显的差异，使人们能够分清它们之间的不同之处。要做到这一点，首先在确定绩效评价指标的名称时要讲究措词，明确每一个指标的内容界限，必要时还需要通过具体明确的定义，避免指标之间的重复。

例如，"沟通协调能力"与"组织协调能力"中都有"协调"一词，但实际上应用的人员类型是不同的，这两种协调能力的含义也是不同的。"沟通协调能力"往往可以运用于评价普通员工；而对于拥有一定数量下属的中层管理者，则可以通过评价他们的"组织协调能力"来评价他们在部门协调与员工协调中的工作情况。如果在一个人身上同时评价这两种"协调能力"，则容易引起混淆，降低评价的可靠性和准确性。

（5）目标一致性原则

这一点是选择绩效指标时应遵循的最重要原则之一。它强调各个评价指标所支持的绩效目标应该具有一致性。针对企业的战略目标建立的评价指标体系，要保证各个绩效指标的确能够支持战略目标在各个层面上的子目标，从而保证企业战略目标的实现。

不仅如此，绩效评价指标之间的目标一致性还强调绩效指标的完整性。评价指标应该能够完整地反映评价对象系统运行总目标的各个方面，这样才能够保证总目标的顺利实现。

2. 绩效指标的选择依据

绩效评价的目的和被评价者所承担的工作内容与绩效标准是绩效评价指标的选择依据。另外，从评价的可操作性角度考虑，绩效指标的选择还应该考虑取得所需信息的便利程度，从而使设计的绩效评价指标能够真正得到科学、准确的评价。因此，绩效指标的选择依据包括以下几个方面。

（1）绩效评价的目的

绩效评价的目的是选择绩效评价指标的一个非常重要的依据。能够用于评价某一岗位绩效情况的绩效评价指标往往很多，但是绩效评价不可能面面俱到，否则就失去了操作性，进而使评价丧失意义。因此，根据绩效评价的目的，对可能的绩效评价指标进行选择是非常重要的。

（2）被评价者所承担的工作内容和绩效标准

每名被评价者的工作内容和绩效标准都是通过将企业的总目标分解成分目标落实到各个部门，再进行进一步的分工而确定的。每个员工都应有明确的工作内容和绩效标准，以确保工作的顺利进行和工作目标的实现。绩效指标就应体现这些工作内容和标准，从时间、数量、质量上赋予评价指标一定的内涵，使绩效评价指标的名称和定义与工作内容相符，使指标的标度与绩效标准相符。这样的绩效评价指标才能够准确地引导员工的行为，使员工的行为与组织的目标相一致。

（3）取得评价所需信息的便利程度

为了使绩效评价工作能够顺利进行，我们应该能够方便地获取与评价指标相关的统计资料或其他信息。因此，所需信息的来源必须稳定可靠，获取信息的方式应简单可行。只有这样，绩效评价指标体系才是切实可行的，同时在进行绩效评价时才能有据可依，避免主观随意性，使绩效评价的结果易于被评价对象所接受。

3. 绩效指标之间的关系

绩效评价指标之间的关系主要表现为系统性和目标一致性。

（1）系统性

企业本质上是一个以共同目标为基础，将员工联系在一起的相互联系、相互制约的系统。其内部的每一个职位所担负的工作任务也构成了一个子系统，企业通过每一个子系统之间的相互协作和影响来实现企业的战略目标。

总之，系统评价理论对于绩效评价指标体系的设计起到了重要的指导作用。我们在进行指标体系设计时应充分考虑到评价对象和评价指标本身所具有的系统特征，从而设计出科学合理的绩效评价体系，以实现绩效评价的目的。

（2）目标一致性

目标一致性是系统的基本特征之一。绩效评价体系及绩效指标之间的目标一致性就是系统性在绩效评价中的体现。目标一致性运用于绩效评价活动时有两层含义：一是绩效指标之间的目标一致性；二是绩效评价过程中的目标一致性。

1）绩效指标之间的目标一致性。绩效评价体系是一个有机的系统。各个绩效评价指标之间存在着相关性，并相互影响和作用。例如，销售部门设定的月销售额指标会对生产部门的月产量及产品质量提出相应要求，而研发部门的新产品开发能力又会对生产部门的产品质量和销售部门的销售额产生影响。

为了保证评价指标之间的目标一致性，在设计评价系统中的各个指标时，一般可以采用系统分解或层次分析的方法。但是，反映各自评价目的的评价指标组成的评价系统，不一定能顺利地促进部门和企业绩效目标的实现。因此，企业有必要对各个指标之间的相关性进行检验，以确保评价系统整体目标的一致性。

2）绩效评价过程中的目标一致性。绩效评价过程中的目标一致性表现为被评价对象的绩效目标、绩效评价的目的与绩效评价指标体系之间的一致性关系。这三个方面之间的关系如图5-2所示。

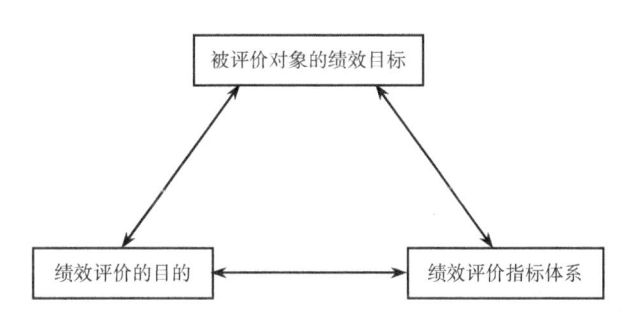

图5-2 绩效指标、评价目的与绩效目标之间的一致性关系

1. 绩效指标体系的框架

绩效目标、绩效指标与绩效标准显然都是有层次的。绩效指标体系的层次性表现为企业、部门和职位三个层面的绩效指标。

为了实现企业的战略目标，需要将战略目标在企业内部层层分解，建立"目标阶梯"，形成企业、部门和职位三个层面的绩效目标系统。管理者需要借助绩效考核指标来了解各层绩效目标的实现情况。绩效指标就像是电梯上的楼层指示灯一样，显示绩效目标的实现程度。这些都要求参照企业绩效目标的层次设立相应的绩效评价指标。

因此，企业的绩效考核指标也包含企业层面、部门层面和职位层面三个层面。企业层面的绩效指标主要依据企业的关键绩效领域和企业的战略目标或企业层面的绩效目标来制定。将企业层面的绩效指标向下逐层分解，就可以得到部门和职位层面的绩效指标。

5. 提取绩效指标的方法

绩效指标主要来源于两个方面：部门和员工的工作任务、企业的战略目标。而从中提取评价指标的方法主要有工作分析法、个案研究法、业务流程分析法、专题访谈法、经验总结法和问卷调查法六种。

（1）工作分析法

工作分析是人力资源管理的基础工作之一，也是组织与工作系统管理的重要基础。它是确定完成各项工作所需履行的责任和具备的知识及技能的系统工程。工作描述、任职资格、工作成果的计量与激励，以及员工的职业发展问题，都是工作分析关注的焦点。其中，工作描述和任职资格是工作分析的两个直接成果。

在以提取绩效评价指标为目的的工作分析中，首先需要分析某一职位的任职者需要具备哪些能力，以及该任职者的工作职责；然后，确定以什么指标来衡量任职者的能力和工作职责，并指出这些能力的相对重要性。这样，就可以明确各个职位的绩效评价指标。

（2）个案研究法

个案研究法是指对某一个体、群体或某一组织在较长时间内连续进行调查研究，并从典型个案中推导出普遍规律的研究方法。例如，根据评价目的与对象，选择若干个具有典型代表的任务或事件为调研对象，通过系统的观察、访谈分析确定评价要素。

常见的个案研究法有典型任务（事件）研究与资料研究两大类。典型任务研究是以典型人物的工作情境、行为表现、工作绩效为直接对象，通过对他们的系统观察、分析研究来归纳总结他们所代表的群体的评价要素。资料研究以表现典型任务或事件的文字材料为研究对象，通过对这些资料的对比分析和总结，归纳出评价要素。

（3）业务流程分析法

该方法指的是通过分析被考核人员在业务流程中承担的角色、责任及同上下级之间的关系来确定衡量其工作绩效的指标。此外，如果流程存在问题，还应该对流程进行优化或重组。

（4）专题访谈法

该方法是研究者通过面对面的谈话，用口头沟通的途径直接获取有关信息的研究方法。研究者通过分析汇总访谈所获得的资料，可以获取许多信息。专题访谈法有个别访谈和群体访谈两种。个别访谈气氛轻松、随便、活跃，可快速获取信息。群体访谈以座谈会的形式进行，具有集思广益、团结民主等优点。

（5）经验总结法

经验总结法指众多专家通过总结经验，提炼出规律性的研究方法。它一般可分为个人总结法和集体总结法两种。个人总结法是请人力资源专家或人力资源部的工作人员回顾自己过去的工作，通过分析最成功或最不成功的人力资源决策来总结经验，并在此基础上总结出评价员工绩效的指标目录。集体总结法是请若干人力资源专家或企业内部有关部门的主管（6~10人）集体回顾过去的工作，列出长期以来用于评价某类人员的常用指标，并在此基础上提出绩效评价指标。

（6）问卷调查法

问卷调查法就是设计者根据需要，把要调查的内容设计在一张调查表上，写好填表说明和要求，分发给有关人员填写，收集和征求不同人员意见的一种方法。该方法让被调查者根据个人的知识与经验，自行选择答案。调查的问题应设计得直观、易懂，调查数目不宜过多，应尽可能减少被调查对象的回答时间，以免影响调查表的回收率和调查质量。

例如，研究者通过访谈法把评价某职务人员的绩效评价指标归纳为40个指标，为了从这40个指标中筛选出关键的评价指标，可以用问题或表格的形式进行问卷式的民意调查。

问卷调查法按答案的形式可以分为开放式问卷和封闭式问卷两大类。开放式问卷没有标准化答案，被调查者可以按照自己的意愿自由回答。封闭式问卷分为是非法、选择法、排列法和计分法四种。

- 是非法。问卷列出若干问题，要求被调查者做出"是"或"否"的回答。
- 选择法。被调查者必须从并列的两种假设提问中选择一项。
- 排列法。被调查者要对多种可供选择的方案按其重要性进行排序。
- 计分法。问卷列出几个等级分数，要求被调查者进行判断选择。

6. 建立绩效指标体系的基本步骤

建立企业绩效指标体系需要遵循以下四个基本步骤。

（1）通过工作分析与业务流程分析确定绩效评价指标

这一步的本质意义在于，企业首先需要根据企业规模、行业特点和绩效评价目的等，选择适当的方法，提取各个层面的评价指标，建立初步的绩效指标体系。

进行工作分析和业务流程分析是建立健全绩效指标体系的有效方法，但这种方法并不适用于所有的企业。工作分析和业务流程分析需要以健全的组织结构和较高的管理水平为基础展开工作。同时，由于这种分析需要较多的资料，对操作者的专业素质要求较高，执行成本也比较高。这种方法一般适用于规模较大、发展趋于稳定又亟待建立系统的绩效指标体系的企业。

（2）粗略划分绩效指标的权重

这是指结合企业的战略目标和各个层次的绩效目标，按照对绩效目标的影响程度对绩效指标进行分档。例如，可以按照非考核不可、非常需要考核、需要考核、需要考核程度低和几乎不需要考核五个档，对初步的评价指标进行筛选。

（3）通过各个管理阶层员工之间的沟通，确定绩效评价指标体系

确定了绩效指标的重要程度之后，需要让绩效评价的利益相关各方参与确定最终的绩效评价指标体系。职位层面的绩效指标需要基层员工与其上级讨论确定，部门的绩效指标需要部门管理者与企业的高层管理者讨论决定。让利益相关者参与绩效指标体系的建立，可以增强企业员工对绩效指标及绩效评价的认可，有利于绩效管理的展开。

（4）修订

为了使确定好的指标更趋合理，还应对其进行修订。修订分为两种。一种是考核前修订，即通过专家调查法，将所确定的考核指标提交给领导、专家及咨询顾问，征求他们的意见，进而进行修改和补充。另一种是考核后修订，即根据考核及考核结果的应用等情况进行修订，使考核指标体系更加理想和完善。

7. 设定绩效考核指标权重的方法

确定绩效考核指标权重的方法有很多，企业常用的方法主要有以下五种。

（1）主观经验法

主观经验法是一种主要依靠历史数据和专家直观判断确定权重的简单方法。这种方法需要企业有比较完整的考核记录和相应的评估结果，它是决策者个人根据自己的经验对各项评价指标重要程度的认识，或者从引导意图出发对各项评价指标的权重进行分配，也可以是集体讨论的结果。此方法的主要优点在于决策效率高，成本低，容易为人所接受，适合专家治理型企业和规模比较小的企业；主要缺点是所获得数据的信度和效度不高，而且有一定的片面性，对决策者的能力要求很高。

（2）等级序列法

等级序列法是一种简单易行的方法，通常需要一个评价小组对各种评价指标的相对重要性进行判断。

首先，让每个评价者根据评价要素的重要性从大到小进行排序。例如，要对营销人

员的六项考核要素进行权重分配,就要求其分别对这六项指标从最重要到最不重要进行排序。等级序列法得到的资料是次序量表资料。这种资料可以用以下公式转换成等距量表资料,以比较各种考核指标的顺序及差异程度:

$$P=(\sum FR-0.5N)/nN$$

式中　P——某评价指标的频率;
　　　R——某评价指标的等级;
　　　F——对某一评价指标给予某一等级的评价者的数目;
　　　N——评价者数目;
　　　n——评价指标数目。

求出各评价指标的 P 值后,查正态分布表,将 P 值转换成 Z(数理统计中,正态分布对应的一个固定值。——编者注)值,从而区分出不同考核要素之间重要性的具体差异。

最后,把各评价指标之间的 Z 值转换比例,就可以得出每个指标的权重值。

(3)对偶加权法

对偶加权法是将各考核要素进行比较,然后再将比较结果汇总比较,从而得出权重的加权方法。

如表 5-2 所示,将各考核要素在首行和首列中分别列出,将行中的每项要素与列中的每项要素进行比较。其标准为:行中要素的重要性大于列中要素的重要性得 1 分,行中要素的重要性小于列中要素的重要性得 0 分。比较结束后,对各要素的分值进行统计,即可得出各考核要素重要性的排序。

表 5-2　对偶加权法示例

考核要素	A	B	C	D	E
A	—	1	0	1	1
B	0	—	0	1	1
C	1	1	—	1	1
D	0	0	0	—	1
E	0	0	0	0	—

在比较对象不多的情况下,对偶加权法比等级序列法更为准确可靠。与等级序列法一样,这种方法得到的结果也是次序量表资料,只有把它转化为等距量表资料,才能分辨出不同指标间的相对重要性。

其方法是,先求出与其他指标相比,认为某指标更重要的人数,然后把人数转换成比率，再查正态分布表，将 P 值转化为 Z 值，从而区别出不同考核要素之间重要性的具体差异。最后，与等级序列法一样，把每个评价指标的 Z 值转换成比例，就可以得到每个指标的权重值。

（4）倍数加权法

该方法首先要选择出最次要的考核要素，以此为1。然后，将其他考核要素的重要性与该考核要素相比较，得出重要性的倍数，再进行处理。例如，对营销人员考核要素的加权，表5-3中的六项要素中，假设智力素质是最为次要的，其他要素的重要性与智力素质相比，重要性倍数关系也如表5-3所示。六项合计倍数为14.5，故各项考核要素的权重分别是 1.5/14.5、2/14.5、1/14.5、3/14.5、5/14.5 和 2/14.5，最后换算成百分数即为各考核要素的权重。

表5-3 倍数加权法示例

考核要素	与智力素质的倍数关系
品德素养	1.5
工作经验	2
智力素质	1
推销技巧	3
销售量	5
信用	2

倍数加权法的优点在于它可以有效地区分各考核要素之间的重要程度。另外，它也可以不选用最次要的考核要素，而选用最具代表性的考核要素为基本倍数。

（5）权值因子判断表法

权值因子判断表法的基本操作步骤分述如下。

1）组成专家评价小组，包括人力资源专家、评价专家和其他相关人员。根据评价对象和目的的不同，可以确定不同构成的专家小组。

2）制定评价权值因子判断表，如表5-4所示。

表5-4 权值因子判断表

评价指标	1	2	3	4	5	6	评分值
1	×	4	4	3	3	2	16
2	0	×	3	2	4	3	12
3	0	1	×	1	2	2	6
4	1	2	3	×	3	3	12
5	1	0	2	1	×	2	6
6	2	1	2	1	2	×	8

3）由各专家分别填写评价权值因子判断表。填写方法：将行因子与列因子进行比较。如果采取的是 4 分值，那么非常重要的指标为 4 分，比较重要的指标为 3 分，重要的指标为 2 分，不太重要的指标为 1 分，不重要的指标为 0 分。

4）对各专家所填的判断表进行统计，将统计结果折算为权重，如表 5-5 所示。

表 5-5　权值统计结果表

评价指标	评价者								评分总计（分）	平均评分（分）	权重	调整后权重
	1	2	3	4	5	6	7	8				
1	15	14	16	14	16	16	15	16	122	15.25	0.254 17	0.25
2	16	8	10	12	12	12	11	8	89	11.125	0.182 54	0.20
3	8	6	5	5	6	7	9	8	54	6.75	0.112 50	0.10
4	8	10	10	12	12	11	12	8	83	10.375	0.172 92	0.20
5	5	6	7	7	6	5	5	8	49	6.125	0.102 08	0.10
6	8	16	12	10	8	9	8	12	83	10.375	0.172 92	0.15
合计	60	60	60	60	60	60	60	60	480	60	1.000 01	1.00

指标权重能够反映企业重视的绩效领域，对于员工的行为有很明显的引导作用。因此，权重的设计应当突出重点目标，体现出管理者的引导意图和价值观念。同时，权重的设计还直接影响着评价的结果。因此，运用上述办法初步确定的指标权重，还必须经过相关部门的审核与讨论，确保指标权重的分配与企业整体指导原则相一致，同时确保指标层层分解下去。

8. 绩效指标体系设计中应该注意的问题

有效的绩效评价指标是绩效考核取得成功的保证，因此它也成为建立绩效考核体系的中心环节。在企业绩效考核指标设计中，应注意解决以下六个方面的问题。

1）指标设立的原则是简单、明确、清晰。即每项指标的具体目标或控制点程度等（如财务指标、利润率或成本比例、能耗水平和物耗水平）都应当是准确的、清楚的。

2）指标的有效性。不能提倡"指标越多越客观"或"定量指标比定性指标更客观"等做法，应该提倡用最少的指标控制最大的绩效结果的成本收益原则，在素质指标、基本技能指标、管理技能指标、发展潜力指标之间寻找平衡点，以求简化绩效考核体系。

3）在量化指标和定性指标之间寻求基本的平衡。在绩效考核中，是定量指标好还是定性指标好，这没有绝对的答案。

4）绩效考核指标之间保持内在的相关性和一定的互补性。在设计绩效考核指标时，目的要明确，使目标之间可以相互对应或一一对应。

5）重视绩效考核指标及其结构"本土化"问题。即应该结合企业自身的实际状况设计合适的绩效指标体系。

6）国内企业与国外企业在设计绩效指标时存在差别。国内企业因为没有完善的管理制度与体制,它无法对绩效产生的过程进行监控,所以更多地关注绩效结果;国外企业由于能够对绩效过程进行比较有效的监控,所以它在关注绩效结果的同时,也关注绩效产生的过程。

5.2.3 与绩效指标对应的绩效标准

制定绩效指标与绩效标准往往是同时进行的。一般来说,绩效指标是指企业要从哪些方面对工作产出进行衡量或评估,而绩效标准是指企业在各个指标上应该分别达到什么样的水平。也就是说,指标解决的是企业需要评价"什么"才能实现其战略目标的问题,而标准关注的是被评价的对象需要在各个指标上做得"怎样"或完成"多少"的问题。绩效指标与绩效标准是相互对应的。本节之所以将绩效指标与绩效标准分开来阐述,主要是为了使读者对这两个不同的概念有一个更加清楚的认识。

1. 绩效标准的分类

一个完整的绩效指标与其标准一般包括四个构成要素,即指标名称、指标的操作性定义、等级标识及等级定义。其中,等级标识和等级定义往往合而为一,形成了与绩效指标对应的绩效标准。等级标识是用于区分各个等级的标识性符号;等级定义规定了与等级标识对应的各等级的具体范围,用于揭示各等级之间的差异。表5-6展示了一个完整的绩效评价指标与其标准。

表5-6 绩效指标与标准的四个要素示例

指标名称	销售收入增长率				
指标的操作性定义	该绩效周期里,销售收入较上一周期增长的百分比				
等级标识	A	B	C	D	E
等级定义	>20%	15%~20%	10%~15%	5%~10%	<5%

根据实践经验,我们将绩效评价标准分为描述性标准和量化标准两种。

（1）描述性标准

描述性标准常见于特质指标、行为指标之后,在对整体性绩效结果的评价中运用得较多。描述性标准在特质指标中的应用主要是用来区分被评价者能力或者特质差异的行为因素,需要借助行为指标和相应的描述性标准区分优劣。而描述性标准在行为指标中应用的结果就是行为特征标准。

关键事件法和行为锚定等级评定法中需要建立大量的行为标准。不过，建立行为标准不是容易的事情。首先，工作行为的观察者需要了解评价对象所从事的工作。其次，在长期跟踪、观察并记录评价对象的工作行为后，观察者还要从大量的记录中整理出具有代表性的、典型的工作行为。所谓典型的工作行为，就是能够体现绩优者与绩差者差异的一系列行为。最后，观察者需要通过简洁明了、规范的语言详细描述筛选出的各种工作行为，尽量使其能够成为衡量员工日常工作行为的尺度。只有这样，才能形成有效的行为标准。

在评价整体性结果时，对整体性结果的分级描述是相对粗糙的，如对员工整体工作状态的判断就可以采用勉强、普通、能干、可嘉、优秀等级别（见表 5-7）。

表 5-7 整体性判断描述定义

绩效等级	状态描述
勉强	• 在职时间应该有更好的表现 • 由于其无能，对其他同人（包括你本人）已带来一些士气上的问题 • 对工作缺乏兴趣，或调任其他工作会较好 • 拖累了其他人的工作 • 很可能该员工明知其工作做不好 • 如果继续留他，工作会一直落后，整个部门会受很大影响 • 错误连续发生，有些一错再错
普通	• 该员工的工作大体不坏，能达到最起码的要求，许多方面也能有正常的表现 • 该员工的绩效并不是真的很糟，但是如果你手下人都像他一样，你就麻烦了 • 你很想看到他能再进步，但同时你又挑不出什么毛病 • 他或许属于那种需要督促的人，在紧盯之下能把工作完成 • 你可能需要密切监督，能夫掉这一层的话，他该是属于能干的 • 他表露出上进心但还需要充实工作知识 • 你可能需要帮他把工作一步一步地安排好，在这种情况下工作通常都能完成 • 某些时候你的其他部属得扶他一把 • 除非你不断督促检查，否则你没有信心交由他去完成工作
能干	• 他做事完整，令人满意。正是你所期望的一位有资格有经验的人所表现的 • 你不会再要求他有什么重大的改进；如果有，那对整个部门的效益是件好事，如果没有，你也无话可说 • 如果你的手下都能像他一样，那么整体的工作表现该是令人满意的 • 你很少听到与其工作有关的人埋怨他 • 错误极少，也很少有重复的现象 • 工作的质与量均很好

续表

绩效等级	状态描述
能干	• 不在不重要的事情和问题上花费时间 • 采用他的意见时，你觉得很放心 • 只需要适度的督导，通常能按时做好工作 • 工作有关的各方面几乎都曾经历过，而且都证明其能力很强
可嘉	• 你把他当作手下重要的一员，并且在其工作范围内交付任何事情都觉得很放心 • 该员工即使在其工作中最困难与复杂的事务上仍有超过要求的表现；他能面对具有挑战性的目标自行开展并完成工作。正常情况下，应考虑晋升该员工 • 你所得比你想要的多 • 你发现他做的比你希望的要多 • 他能承接额外的工作而不致妨碍到其他工作 • 他经手的每份工作都完整无缺 • 该员工决策与行动的效果比预期的要高 • 时常有额外的贡献 • 偶尔需要督导或追踪 • 时常超越目标 • 自行预做计划，设想可能的问题并采取适当的行动 • 能掌握全局，设想不局限于小节，朝着部门整体的目标努力 • 表现出来的知识，通常需在该项工作上有相当长的经验才能获得 • 公认是其所任工作上的专家 • 当有较高职位（相同或相关的工作）出缺时，他应是首先被考虑的人选
优秀	• 其表现显示他对工作了解的程度远远超出指定的范围，因为他对部门工作各方面都具有丰富的知识，常有外人求助于他 • 很少或完全不用督导 • 几乎可以说他是永远抱着务必尽善尽美的心态工作。注意，使用本项等级时，一定要考虑到量和质两方面，同时在你用他时也就代表了你确实认清了在该员工所任的职务上对公司最具价值的是什么

由于等级描述比较简单，其中又会涉及多个绩效角度，如知识、经验、行为、态度、结果等，它们相互交叉、影响，因果关系模糊，判断起来具有相当的难度，同时也缺乏客观性。因此，在评价整体性结果时，最好采用分要素的描述性标准，如表5-8所示。

表 5-8　分要素的描述性定义

项　目	评价等级定义
计划与组织管理	定义：有效地利用人、财、物，有计划地安排和组织工作 1级：缺乏预先制定的工作计划，解决问题准备不足 2级：有计划，但缺乏系统性，导致工作执行不利 3级：能有效地计划和组织下属工作 4级：对工作的执行和可能遇到的问题有计划性解决方案，并能够组织实施 5级：具有系统、准确、迅速解决问题的工作行为特征，并进行有效的工作分解，以较佳的方式达成工作目标
目标管理	定义：建立工作目标，制定合理的行为规范与行为标准 1级：目标设置模糊、不现实，实现标准不明，没有明确的时间要求 2级：仅设置总体目标，细化分解不足，制定标准不恰当，时间要求不合理 3级：多数情况下，目标设置合理现实，但会出现目标设置标准忽略现实要求的情况 4级：总是设置具有现实性的目标，但有时目标设置过难 5级：设置目标合理、有效，计划性、时间性强
管理控制	定义：组织协调各种工作关系，领导群体实现目标 1级：回避群体控制，批评多但不提建议 2级：面临困难易放弃，管理思想和工作风格不易为他人接受 3级：保持必要的指示、控制，获得他人的协作，对他人表现出信任 4级：善于激励，能对下属及同事的行为产生影响，以管理者的身份体现其影响力 5级：善于控制、协调、干预，使群体行为趋同于目标的实现
管理决策	定义：设计决策方案，并对方案进行迅速评估，以适当的方法采取行动 1级：较少制定、做出决策或表现出决策的随意性 2级：决策犹豫，忽略决策的影响信息 3级：做出日常的、一般性决策，在较为复杂的问题上采取中庸决策策略 4级：决策恰当，一般不会引起争议 5级：善于综合利用决策信息，经常做出超出一般的决策，且大多数情况是正确的选择
沟通合作	定义：交流沟通，与人合作 1级：缺乏沟通方式，不善交流，难于表达自己的思想、方法 2级：交流、沟通方式混淆，缺乏中心议题，不易于合作 3级：沟通清楚，易于接受，表现出互相接受的合作倾向 4级：善于沟通，力求合作，引人注意 5级：有很强的沟通愿望和良好的沟通方式，使合作成为主要的工作方式、方法

（2）量化标准

在绩效评价中，量化标准往往紧随结果指标之后。量化标准能够精确描述指标需要达到的各种状态，被广泛应用于生产、营销、成本控制、质量管理等领域。在设计量化标准时，需要考虑两个方面的问题：一是基准点的位置，二是等级之间的差距。

1）基准点的位置。基准点本质上是企业为被评价对象设定的期望其实现的基本标准。基准点的位置就是基本标准的位置，而不是传统考核中考核尺度"中点"的位置。传统考核中，无论五级尺度法还是七级尺度法，我们都习惯把尺度的中点作为"基准点"。实际上，基准点多处于考核尺度的最高等级和最低等级之间的某个位置，向上和向下均有运动的空间。也有部分特殊指标，如人身伤亡、火灾等重大恶性事故等，它们所对应的基准点可能在最高等级，因为企业对这类事情的期望就是"根本不要发生"。

实践中，很多企业所谓的"称职水平"实际上是考核尺度的"中点"位置的水平，这和我们所倡导的基准点的称职水平是不同的。当一个人的绩效水平达到基准点时，我们才说这个人称职。

2）等级之间的差距。绩效标准的等级差距存在两种：一是尺度本身的差距，二是每一尺度差所对应的绩效差距。不过，这两个差距是结合在一起来描述绩效状态水平的。

尺度差距实质上是标尺的差距。它可以是等距的，也可以是不等距的。图5-3给出了不同差距的状态。

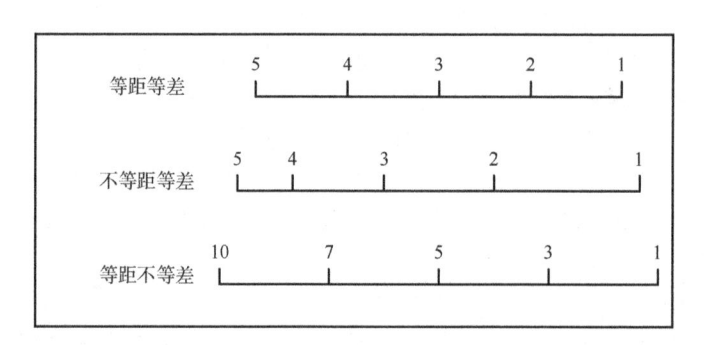

图 5-3 标尺差距

绩效标准做成等差还是不等差，要根据具体情况确定。一般来说，绩效标准的上行差距应越来越小，而其下行差距越来越大。这是因为，从基准点提高绩效的难度越来越大，边际效益下降；而在基准点以下，人们努力的边际效益比较大。通常，为了控制员工绩效，要增加他们达不到基准点时所承受的压力，也可以把基准点以上的差距加大，而把基准点以下的差距缩小。表5-9是指标及指标标准等级差距的实际案例。

表 5-9　指标与指标标准分级

1. 等级划分：绩效指标的评估等级按七级划分：7 级为最高，1 级为最低
2. 绩效指标说明
1）销售总量：各类品种销售量之和
2）销售收入：各类品种销售收入之和
3）资产利润率：利润额/量化资产额
4）总成本费用：生产成本+销售成本+管理费用+财务费用
5）净利润：以事业部为单位的内部利润
6）货款回收率：回款数额/实际商品发出价值额
7）产品合格率：合格产品量/全部生产量
8）市场覆盖率：实际供货市场/目标供货市场
9）市场占有率：实际销售量/市场销售总量
10）设备利用率：设备运行/设备能力
11）安全生产：以人身伤残事故次数计算。重大事故定义为人员因事故致伤、致残，使之暂时或永久丧失劳动能力
3. 绩效标准说明
1）销售总量：以 85 000 吨为 4 级，每增加 3%，提升一个等级；每减少 2%，降低一个等级
2）销售收入：以 5.4 亿元为 4 级，每增加 2%，提升一个等级；每减少 1%，降低一个等级
3）资产利润率：以目标规定数额为 4 级，每增加 3%，提升一个评价等级；每减少 2%，降低一个等级
4）总成本费用：以目标规定数额为 4 级，每减少 5%，提升一个等级；每增加 3%，降低一个等级
5）净利润：以目标规定数额为 4 级，每增加 3%，提升一个等级；每减少 2%，降低一个等级
6）货款回收率：以目标规定数额为 5 级，每增加 0.5%，提升一个等级；每减少 0.5%，降低一个等级
7）产品合格率：以目标规定数额为 5 级，每增加 0.5%，提升一个等级；每减少 0.5%，降低一个等级
8）市场覆盖率：以目标规定数额为 7 级，每减少 0.5%，降低一个等级
9）市场占有率：以目标规定数额为 4 级，每增加 1%，提升一个等级；每减少 0.5%，降低一个等级
10）设备利用率：以 80% 为 4 级，每增加 3%，提升一个等级；每减少 2%，降低一个等级
11）安全生产：以目标规定数额为 7 级，每发生一次重大人身事故，降低一个等级

2．制定绩效标准的步骤

如上所述，每个绩效指标都有与其相对应的绩效标准。因此，绩效标准的制定应该紧随绩效指标之后。绩效标准分为描述性标准和量化标准，而这两类标准的制定过程存在较大的差异。

（1）描述性标准的制定步骤

描述性标准往往基于实际发生的事情或行为，因此需要企业对日常发生的工作行为或事件有清晰的了解。下面，我们借助行为标准的制定过程来说明如何建立描述性标准。

制定行为标准需要五个基本步骤：① 对不同绩效水平员工的工作行为进行长期而连续的观察和详细的记录；② 分析、整理收集的行为资料，分辨造成员工之间绩效差异的一系列关键行为或代表性行为；③ 将选择的行为分配到已有的行为指标下；④ 运用凝练明了的陈述句对筛选出的一系列行为进行详细、客观地描述；⑤ 对各个行为指标下的行为分等分级，建立具有参照性的行为标准。

（2）量化标准的制定步骤

与描述性标准相比，量化标准的制定比较简单。量化标准要基于企业的历史数据和战略目标（或绩效目标）来制定。其基本步骤与绩效指标的制定类似，具体有五个步骤：① 以公司层面、部门层面和职位层面的绩效目标和绩效指标为依据，初步确定各个层面的量化考核标准；② 参考企业最近几年的绩效标准，对上述绩效标准进行调整；③ 将调整后的各级量化考核标准分发给各级管理者和相关员工；④ 各级管理者及其下属就各级量化考核标准进行讨论，并在取得一致意见的基础上对考核标准做出调整，然后将调整意见与调整后的绩效考核标准提交给有关部门；⑤ 企业汇总各级量化标准，形成最终的量化考核标准。

3. 设计绩效标准时应注意的问题

（1）考核标准的压力要适度

考核标准要使大多数人经过努力可以达到，绩效标准的可实现性会促使员工更好地发挥潜能。不过，考核标准又不能定得过高，不能可望而不可即，这样容易使员工产生沮丧和自暴自弃的情绪。实践表明，员工在适当的压力下可以取得更好的绩效。因此，考核标准的水平要适度；标准产生的压力以能提高劳动生产率为限。

（2）考核标准要有一定的稳定性

考核标准是考核员工工作绩效的权威性尺度。因此，绩效标准需要具有相当的稳定性，以保证标准的权威性。当然，这种权威性必须以标准的适度性为基础。一般来说，绩效标准一经制定，其基本框架不应改变。不过，为了使绩效标准及时反映和适应工作环境的变化，需要对其进行不断的修订。但是修订往往只是部分的、对某些条款的变动，而不需要做大幅度的变动。

对于新创立的公司来说，由于缺乏经验，绩效标准不够完善，所以经常修订标准往往是不可避免的。此时，吸取同行业其他公司的经验，参照国际的、国内的先进标准，是建立绩效考核体系的有效途径。

（3）制定的绩效标准应符合 SMART 原则

SMART 原则是制定绩效标准、绩效目标的常用原则。

以上只是对绩效指标与绩效标准的总体概述，在实际应用中不可生搬硬套。实际上，规模较大的企业一般都有自己独立的绩效管理体系和方法。当前比较流行的绩效管理方法有目标管理、平衡计分卡、KPI、标杆管理等。每一种绩效管理思想对绩效指标与绩效标准的设计都有独特的要求。实践中，我们应该将这些绩效指标与绩效标准的设计理论和方法与企业的绩效管理系统结合起来。

案例分析　A 公司的考核怎么了

A 公司成立仅四年，为了更好地进行各级人员的评价和激励，公司在引入市场化用人机制的同时，建立了一套绩效管理制度。对于这套方案，用人力资源部经理的话说，是细化传统的德、能、勤、绩几项指标，同时突出工作业绩的一套考核办法。其设计的重点是将德、能、勤、绩几个方面内容细化延展成考核的 10 项指标，并把每个指标都量化出 5 个等级，同时定性描述等级定义，考核时只需将被考核人实际行为与描述相对应，就可按照对应成绩累计相加得出考核成绩。

但是，在年度绩效考核中却出现了一个奇怪的现象：原先工作比较出色和积极的员工考核成绩却常常排在多数人后面，一些工作业绩并不出色的人却排在前面。还有就是，一些管理干部对考核结果大排队的方法不理解并产生抵触心理。

综合各方面情况，目前的绩效考核还是取得了一定的成果，各部门都能够很好地完成。不过，让公司高层管理者头疼的是，对于考核排序在最后的人员不知如何落实处罚措施。对这些人降职和降薪无疑会伤害一批像他们一样认真工作的人，但是不落实却容易破坏考核制度的严肃性和连续性。

另外，在本次考核中，统计成绩工具比较原始，考核成绩统计工作量太大，人力资源部就三个人，却要统计总部 200 多人的考核成绩，平均每个人有 14 份表格，统计、计算、平均、排序发布，最后还要和这些人分别谈话。在整个考核的一个半月中，人力资源部几乎都在做这个事情，其他事情都耽搁了。为此，人力资源部的负责人建议公司引入一种人力资源软件。那么，公司是否有必要采纳人力资源部的建议呢？

为了彻底弄清楚问题的症结，张总经理决定请车辆设备部、财务部和工程部的负责人到办公室深入了解一些实际情况。

车辆设备部李经理和财务部王经理来到了总经理办公室。当总经理简要地说明了原因之后，车辆设备部李经理首先快人快语回答道："我认为本次考核方案需要尽快调整。它不能真实反映我们的实际工作。例如，我们车辆设备部主要负责公司电力机车设备的维护管理工作，总共只有20个人，却管理着公司近60台电力机车。为了确保它们安全无故障地行驶在600公里的铁路线上，我们的主要工作就是按计划到基层各个点上检查和抽查设备维护的情况。在日常工作中，我们不能有一次违规和失误。因为任何一次失误都是致命的，也会造成重大损失，但是在考核业绩中有允许出现'工作业绩差的情况'。因此，我们的考核就是合格和不合格之说，不存在分数等级多少。"

财务部王经理紧接着说："对于我们财务部门，工作基本上都是按照规范和标准来完成的。平常填报表和记账等都要求万无一失，这些如何体现出创新的最好一级标准？如果我们没有这项内容，评估我们是按照最高成绩打分还是按照最低成绩打分？还有一个问题，就是在本次考核中我们沿用了传统的民主评议的方式。我对部门内部人员评估没有意见，但是实际上让其他人员打分是否恰当？因为我们财务工作经常得罪人，让被得罪的人评估我们财务，这样公正吗？"

听完各个部门负责人的看法，张总想，难道公司的绩效管理体系本身设计得就有问题？问题到底在哪里？考核内容指标体系如何设计才能适应不同性质岗位的要求？公司是否同意人力资源部提出的购买软件方案？目前能否有一个最有效的办法解决目前的问题？……

第 6 章

绩效形成的过程控制

本章导读

传统意义的考核中，组织往往单纯地依赖定期的、既成的绩效评估方法，考核更多的只是关注结果和形式，忽略了对各种过程的控制和督导，是一种只问结果不问过程的考核管理方式，而员工改善绩效的动力仅仅是来自利益的驱动和对惩罚的惧怕。这种不问过程的考核，如过于强调近期绩效、根据自我感觉感情用事、误解或混淆绩效目标、缺少足够清晰的绩效记录资料等自然会带来诸多弊病，不仅让前期的绩效计划付诸东流，还使后期的绩效评估面谈无法进行，更使下至普通员工上至高层领导都对绩效考核充满疑惑，最终使整个绩效管理失控。

从绩效考核到绩效管理，其核心是管理思想的转变，是从简单提供考核结果作为评价依据到有效控制绩效形成过程，专注绩效改善与提升的转变。所以，我们不仅要注重绩效考核的结果，也要对绩效形成的过程进行严格的把关控制。在绩效控制中，注意进行持续有效的沟通，记录真实有效的绩效信息，及时进行双向反馈，对员工提供必要的指导及根据需要调整绩效目标，否则，绩效考核只能是一些数字和表格。缺乏对绩效管理过程的有效控制，为了考核而考核，势必难以在组织内部形成绩效责任意识。

6.1 绩效管理过程控制的重要性与存在的误区

6.1.1 过程控制对绩效管理的重要性

有人认为，"绩效是一系列与组织目标相关的行为；绩效是在特定的时间内，特定的工作职能或活动产生的产出记录"。也有人认为，"绩效是员工所做的工作中对实现企业的目标具有效益和贡献的部分。绩效以性质来分，包括量化的和不可量化的；以效益来分，包括近期的和远期的；以形态来分，包括有形的和无形的"。还有不少人认为，"绩效是员工在实现组织或部门目标的过程中，对于组织和部门的贡献度，以及在过程中表现出来的行为"。

将绩效与任务完成情况、目标完成情况、结果或产出联系起来的观点在许多管理学的文献中受到了质疑，这是因为一部分产出或结果可能是由个体所不可控制或不能控制的因素决定的；而且过分强调结果或产出，会使企业管理者无法准确地获得个体活动信息，从而不能很好地对员工进行指导与帮助，更多时候会导致企业的短视行为。

曾经有管理学者将管理定义为"管理就是管过程"，这种定义其实相当有道理。对应于绩效管理，将绩效看作"管理过程"的观点也是有道理的，这是因为，一方面，许多工作结果并不一定是由员工的行为直接产生出来的，也可能有与工作没有紧密关系的其他因素发挥了影响，如员工的工作情绪对员工生产效率的影响；员工所做的每一件事未必同他的目标任务有直接关联等。另一方面，对工作结果的一味追求可能会忽略产生结果过程中那些个体无法控制的原因。尽管其行为也要受到外界因素的影响，相比而言，行为更是在个体直接控制之中的。

以上阐述要说明的是，绩效管理过程与结果一样，都是不容易忽视的。福尔尼斯（Fournies）对来自世界各地的2万名经理人做了一项调查，请经理们列出员工无法按要求完成所分配任务的原因，排在前八位的原因是：

1）员工不知道该做什么。

2）员工不知道怎么做。

3）员工不知道为什么做。

4）员工以为自己正在做（缺乏反馈）。

5）员工有他们无法控制的障碍。

6）员工认为管理者的方法不会成功。

7）员工认为自己的方法更好。

8）员工认为有更重要的事情要做。

答案出乎意料，又在情理之中。绩效管理问题更多地出在前期的任务分配和中期的任务指导上，而不是后期的评估上。此项调查中，前两个原因在所有回答中占据的比例高达99%。虽然大部分经理自认为已经为员工布置了任务，进行了基本的任务指导，但效果并不理想——员工仍然缺少明确的努力方向和信息反馈。

绩效管理实质上是对影响组织绩效的员工行为的管理，其管理的重心不是绩效考核的评价结果，而是在绩效考核过程中通过持续的沟通使得员工接受工作目标，正确执行绩效计划，认识绩效问题，不断地提高和改进。而整个组织应该采用一种积极的手段，如对绩效信息进行有效地收集和整理，以保证绩效管理系统的正常运作。企业应该明确，绩效考核的过程控制是每个管理者和每个员工的责任，只有大家都参与其中，才能保证绩效考核的顺利完成。

6.1.2 绩效管理过程控制的一些误区

绩效管理不仅需要有前期的绩效计划、绩效指标的确立和后期的绩效反馈，其间的绩效控制也起着承上启下的重要作用。没有对绩效管理的过程做周密、认真地控制，前期所做的绩效计划必然付诸东流，绩效反馈也就无从谈起。但在现阶段，许多实施绩效管理的企业仅仅是做一些绩效计划，在绩效实施过程中又急功近利，缺乏记录，沟通不足，导致缺乏控制，从而使绩效管理以失败告终。

1. 过于强调近期绩效

如果一个管理者不是收集整个评估阶段的资料，发生在早期的事情就会被其淡忘，这样管理者将会把测评的着眼点放在近一两个月员工的绩效表现上。这不是说管理者有忘记几个月之前发生的事情的倾向。事实上，员工自己也是更容易记得发生在一两个月之内的事而非九个月前的事，或者他们把"遥远的"过去看得已不相干。毫无疑问，这种倾向会导致不准确的评估。

另外，如果碰巧员工在绩效评估将要结束时遇到一些困难，而管理者在年初没有对他们的绩效给予足够的重视，这也是引起评估不准确的原因。在这两种情况下，管理者过分强调了某个特定时间，这会产生误导。这当然不是员工想记录的平衡状况。

能够抵消这种心理倾向的唯一方法是管理者在一年中认真地做记录，然后根据记录对员工进行评估，而不是仅仅通过员工近期的表现来评估。对于管理者来说，具有挑战性的事情是知道自己要寻找什么，以及采取一种严密的方法在整个评估周期内收集并记录信息。

2. 根据自我感觉，感情用事

管理者自己的感觉与员工的绩效或行为是相关联的。一般情况下，管理者都会对员工的能力和工作努力程度有一个整体感觉，这是没有错的。但是，这些感觉从其本质来讲是不可靠的，严格意义上讲是站不住脚的，在对员工的反馈中没有太多用处。管理者应该说出这样的话，"我不认为你在工作中尽了全力，这有证据，事实上你并没有达到我们年初制定的工作标准。"

必须有足够的证据去支持感觉，否则，员工将对管理者做出的结论产生质疑，尤其是员工甚至不知道考核者在说什么时。事实上，即使自我感觉是正确的，它也不会带来任何益处。有时，通过证据，员工的一些不正确的自我感觉会自然被事实所修正。

3. 误解或混淆绩效标准

即使已经制定了一套清晰的绩效标准，管理者也明白对每位员工的期望是什么，但是员工可能不理解这些标准，因为管理者没有把标准正确地解释给员工。在这种情况下，员工很容易误解或混淆绩效标准。

如果在绩效考核的过程中，没有将用来评估员工的标准对员工进行很好的解释说明，那么年末的评估结果即使是正确的，也会被认为是不公平的。有些员工感觉被欺骗，大多数员工不可能很好地完成工作，因为没有一个明确的目标来指引他们。好的管理者在一年中要对其员工进行培训、指导、监督，并使其能力得到提升。为员工制定出明确的目标和清晰的标准，使他们把目标牢记在心，这些并不难做到，只是需要多做一些工作而已。

4. 缺少足够的、清晰的绩效记录资料

很显然，管理者若不是希望靠直觉和记忆进行评估，那么充分的证明文件将是必不可少的。出现没有书面证明的错误大都是因为以下两个原因。

1）一些管理者没有时间和精力去关心那些琐事，因为发生在一年里的绩效评估远不如最近发生的事重要。从这方面说，绩效评估与别的工作一样需要注意细节并进行认真记录。

2）一些管理者对绩效评估过程是一个整体这一点并不清楚，他们不愿意对员工的不佳表现做记录，即使他们会毫不犹豫地去和员工谈他工作中所出现的问题。他们总是想："为什么要记下来？为什么要让它一直留在员工记录中？只要员工不离开这个企业，它将会一直伴随着员工？"问这些问题就相当于问绩效评估是否有必要进行。

我们对这些问题的意见是，事实上对员工优缺点做出准确记录的绩效记录会比那些有意识地忽略缺点的记录更公平、更准确，它也是制定员工职业发展规划所必需的。

在根据绩效评估暂停一个员工的工作之前，管理者应该考虑这个结果可能会对组织内其他员工产生的影响。显然，如果不严格区分符合要求的绩效表现和不符合要求的绩效表现，那么对其他员工是不公平的。毫无疑问，如果一个员工因"不能胜任"工作而

被解雇，然后以此与公司对簿公堂，一个准确的绩效记录是非常重要的。假设一个管理者发现应该对某个员工的行为给予纪律处分，如果绩效记录中只有这个员工在过去三四年中"很有效"或"很成功"的记录，那么管理者应该如何让处分合理化呢？

不完整的绩效记录文件也能阻碍一个员工的晋升。如果组织中有一个晋升的机会，那么部门管理者会查看每个候选人的材料。如果员工的特点没有被清晰和准确地记录在文件中，那么他可能不会被考虑。

5. 没有足够的时间进行讨论

如果只是制作一些表格，然后逐字地读给员工或把表格发下去，说："请阅读这些表格并填好。"当然，这种绩效评估不会花很多时间，省时省力，但效果可想而知。如果绩效管理或评估系统希望成功地发展员工，管理者就需要去帮助他们提高当前的工作水平，应该腾出足够的时间去深入地讨论员工的绩效表现，并就评估的含义与员工进行双向对话，而不是仅仅给员工一个评估的结果。

6. 管理者说得太多

有人会说，绩效评估讨论的要点是让员工知道自己做得如何，所以就应该是管理说得多一些。事实上，如果管理者想充分利用讨论并从中得到更多东西，他不只需要说，还需要听。讨论是一个了解绩效问题产生根源的机会，并使评估更有激励作用。管理者需要知道员工的感觉，需要仔细倾听员工心声，所以管理者需要具备良好的访谈和演讲技能。

如果管理者说得太多，他对员工能了解多少呢？绩效评估过程也同样如此。如果你说得太多，你就只是在做总结。如果你能够让员工给予回应，你可能会发现员工只是勉强同意或接受你的意见，其实他并不愿意去听。你可以让员工对他自己的行为做出解释，然后你们可以一起制定让双方都满意的计划。因此，绩效管理需要员工的参与，让员工说得更多，而不是更少。

7. 缺少后续行动和计划

作为一个管理者，如果他已经做好了每件事，但没有后续行动和计划，也很难实现目标。绩效控制是环环相扣的，为管理别人的绩效（或当一个人正在考虑他自己的绩效时）制定一项提高绩效的计划（最好是书面形式）是非常重要的。同时，还应该制定另外一项计划去帮助员工提高他们的其他能力，使员工为将来的挑战做好充分准备。

6.2 如何对绩效形成的过程进行有效控制

6.2.1 持续的绩效沟通

持续的绩效沟通就是管理者和员工共同工作,以分享有关信息的过程。这些信息包括工作进展情况、潜在的障碍和问题、可能的解决措施及管理者如何才能帮助员工等。它是连接计划和评估的中间环节。

1. 持续绩效沟通的目的

管理者和员工通过沟通共同制定绩效计划,形成员工个人绩效合约,但这并不意味着后面的绩效计划执行过程就会完全顺利、不再需要沟通。管理者要考虑的问题有:员工会按照计划开展工作吗?计划是否足够周全,考虑到了全部需要考虑的问题?经理人员是否可以高枕无忧地等待员工的工作结果?很显然,答案是否定的。

市场的竞争是激烈的,市场的变化也是无常的。不论是工作环境,还是工作本身的内容、重要性等,它们都随着市场的改变而不断变化,这导致了绩效计划有可能过时甚至完全错误。除了客观原因所致以外,员工本身工作状态好坏、管理者监督指导力度大小等都有可能影响绩效结果的达成。我们进行绩效沟通,就是为了保持工作过程的动态性,保持它的柔性和敏感性,及时调整目标和工作任务。

沟通可以帮助我们应对变化,沟通还可以为我们提供信息。管理者不可能靠自己观察就收集到所有需要的信息。所有工作的进展情况如何,项目目前处于何种状况、有哪些潜在问题,员工情绪和精神面貌怎样,怎样才能有效地帮助员工,如果没有沟通,这些信息就很难既全面又准确地被掌握。

员工也需要获得信息。工作内容是否有所变动、进度是否需要调整、我所需要的资源或帮助能否得以满足、出现的问题该如何解决、目前的工作状况是否得到赏识,这些问题都应及时反馈给员工。没有反馈与沟通,员工的工作就处于一种封闭的状态,久而久之,他们就容易失去热情与干劲。

因此,我们说持续的绩效沟通可以使一个绩效周期里的每一个人,无论管理者或是员工,都可以随时获得有关改善工作的信息,并就随时出现的变化情况达成新的承诺。

2. 持续绩效沟通的内容

究竟需要沟通哪些信息,这取决于管理者和员工关注什么。管理者应该思考的是:"作为管理者我要完成自己的职责;我必须从员工那里得到什么信息;我的员工要更好地完成工作，他们需要我提供什么信息？"从这个基本点出发，管理者和员工可以在计划实施的过程中，试图就下列问题进行持续而有效的沟通：

- 目前工作开展的情况怎样？
- 哪些地方做得很好？
- 哪些地方需要纠正或改善？
- 员工是在努力实现工作目标吗？
- 如果偏离目标的话，管理者该采取什么纠正措施？
- 管理者能为员工提供何种帮助？
- 是否有外界发生的变化影响着工作目标？
- 如果目标需要进行改变，如何进行调整？

3. 持续绩效沟通的方式

内容和形式是决定一个事物的两个最主要的方面。采取何种沟通方式在很大程度上决定着沟通的有效与否。我们将沟通的方式分为正式沟通和非正式沟通两种。正式沟通又可以分为书面报告、管理者与员工的定期面谈、管理者参与的小组会议或团队会议、咨询和进展回顾。

（1）书面报告

书面报告是绩效管理中比较常用的一种正式沟通方式。它是指员工使用文字或图表的形式向管理者报告工作的进展情况，可以是定期的，也可以是不定期的。许多管理者通过这种形式及时地跟踪了员工的工作开展状况，但也有一些管理者并未真正了解这种方法的价值，而只是流于形式，不能起到实质性的作用，浪费了大量的人力和财力，得到了一大堆束之高阁的表格和文字。表6-1列举了书面报告的优缺点。

表6-1 书面报告的优缺点

优　　点	缺　　点
- 节约了管理者的时间 - 解决了管理者和员工不在同一地点的问题 - 培养员工边工作边总结、进行系统思考的习惯 - 提高员工的书面表达能力 - 可以在短时间内收集大量信息	- 信息单向流动，从员工到管理者 - 容易流于形式，员工厌烦写报告 - 适用性有限，不适合以团队为工作基础的组织，信息不能共享

对于表6-1中所列的这些缺点，我们通常可以采取一些其他措施来配合使用，以减少这种影响。例如，我们可以辅之以面谈、电话沟通等方式，使单向信息流变为双向沟

通；可以省去繁杂的文字叙述，而用简单的表格或图形来反映情况；可以采用现代化的网络设施，使信息在团队成员间得以共享。这样，就有效地配合了书面报告，弥补了其不足。

（2）管理者与员工的定期面谈

管理者与员工定期进行一对一的面谈是绩效沟通的一种常见方式。面谈前应该陈述清楚面谈的目的和重点内容，让员工了解与他工作相关的一些具体情况和临时变化，如市场竞争格局的变化让我们不得不修改一下我们一个月前拟订的工作目标。在面谈中，重点要放在具体的工作任务和标准上。例如，"最近我们上交给总经理的报告似乎总是不够理想，你觉得主要是哪里出了问题？看看咱们能不能找到一个解决方法？"要给员工充分的时间来说明问题，必要的时候，管理者可以给予一定的引导和评论。面谈的最终目的是要在管理者和员工之间就某一问题达成共识并找到解决方案。如果员工以一种对抗的态度来进行这次面谈，那就意味着这次面谈是失败的，还需要在随后的时间里再面谈一次，直到达到面谈目的为止。总结起来，管理者和员工定期面谈的优缺点如表6-2所示。

表6-2 定期面谈的优缺点

优　　点	缺　　点
• 沟通程度较深 • 可以对某些不便公开的事情进行沟通 • 员工容易对管理者产生亲近感，气氛融洽 • 管理者可以及时对员工提出的问题进行回答和解释，沟通障碍少	• 面谈时容易带有个人感情色彩 • 难以进行团队间的沟通

（3）管理者参与的小组会议或团队会议

书面报告不能提供讨论和解决问题的手段，而这一点对及早发现问题、找到和推行解决问题的方法又必不可少；一对一的面谈只局限于两个人之间，难以对公共问题达成一致意见。此时，有管理者参与的小组会议或团队会议就显示出了它的重要性。除了进行沟通外，管理者还可以借助开会的机会向员工传递有关公司战略的信息，传播企业文化的精神，统一价值观，鼓舞士气，消除误解等。这种形式的优缺点如表6-3所示。

表6-3 团队会议的优缺点

优　点	缺　点
• 便于团队沟通 • 缩短信息传递的时间和环节	• 耗费时间长，难以取得时间上的统一性 • 有些问题难以在公开场合进行讨论 • 容易流于形式，走过场 • 大家对会议的需求不同，对信息会有选择性的过滤

怎样才能进行一次有效的会议沟通呢？如果做到以下几点，就应该能够把握并用好这种沟通形式。

1）会议之前必须进行充分的准备。包括：会议的主题是什么，会议以何种程序进行，会议在何时、何地召开，与会者需做哪些准备等。

2）会议过程的组织。包括：会议开始时做好议程和会议的规则的介绍；当员工讨论偏离会议主题时，要含蓄地将议题引回来；鼓励员工多说话，不要随意打断或做出决策；在会议上就做出会后的行动计划并与员工取得共识；布置相应的职责和任务。

3）做好会议记录。包括：记录会议上谈话的关键点，在会议结束前将记录要点重申一遍，看是否有遗漏或错误；记录行动计划和布置任务的细节，明确任务完成时间、任务负责人和任务完成质量；等等。

（4）咨询

有效的咨询是绩效管理的一个重要组成部分。在绩效管理的实践中，进行咨询的主要目的是，员工没能达到预期的绩效标准时，管理者借助咨询来帮助员工克服工作过程中遇到的障碍。管理者在进行咨询时应该做到以下五点：① 咨询应该是及时的。也就是说，问题出现后立即进行咨询。② 咨询前应做好计划，咨询应该在安静、舒适的环境中进行。③ 咨询是双向的交流。管理者应该扮演"积极的倾听者"的角色，这样能使员工感到咨询是开放的，并鼓励员工多发表自己的看法。④ 不要只集中在消极的问题上，谈到好的绩效时，应具体并说出事实依据；对不好的绩效应给予具体的改进建议。⑤ 要共同制定改进绩效的具体行动计划。

咨询过程包括三个主要阶段：① 确定和理解。确定和理解所存在的问题。② 授权。帮助员工确定自己的问题，鼓励他们表达这些问题，思考解决问题的方法并采取行动。③ 提供资源。即驾驭问题，包括确定员工可能需要的其他帮助。

（5）进展回顾

绩效进展回顾应该是一个直线管理过程，而不是一年一度的绩效回顾面谈。工作目标的实现对组织的成功是至关重要的，应该定期对其进行监测。在绩效管理实践中，人们主张经常进行回顾。对一些工作来讲，每季度进行一次会谈和总结是合情合理的。但对其他短期工作或新员工而言，应该每周或每天进行反馈。在进展回顾时应注意下面几个问题：① 进展回顾应符合业务流程和员工的工作实际；② 将进展回顾纳入自己的工作计划；③ 不要因为其他工作繁忙而取消进展回顾；④ 进展回顾不是正式或最后的绩效回顾，进展回顾的目的是收集信息、分享信息并就实现绩效目标的进一步计划达成共识；⑤ 如果有必要，可以调整所设定的工作目标。

在工作开展的过程中，管理者和员工不可能总是通过正式的渠道进行沟通。无论是书面报告、一对一的面谈还是小组会议，都需要事先计划并选取一个正式的时间和地点。然而事实上，在日常的工作中，随时随地都可能发生着沟通，非正式的交谈、吃饭时的闲聊、郊游或聚会时的谈话，还有"走动式管理"或"开放式办公"等，这些都可以随时传递关于工作或组织的信息。专家认为，"就沟通对工作业绩和工作态度的影响来说，非正式的沟通或每天都进行的沟通比在进行年度或半年期业绩管理评估会议上得到的反馈信息更重要"。可见，非正式的沟通更加普遍。正如有的员工声称，他们对与经理喝咖啡时十几分钟的闲聊比任何长时间的正式会议都满意。这种沟通方式的优缺点如表6-4所示。

表6-4 非正式沟通的优缺点

优　点	缺　点
• 形式多样，时间地点灵活 • 及时解决问题，办事效率高 • 提高员工满意度，起到很好的激励作用 • 增强员工与管理者之间的亲近感，有利于沟通	• 缺乏正式沟通的严肃性 • 并非所有情况都可采用非正式沟通

6.2.2 绩效信息的收集和分析

绩效信息的收集和分析是一种有组织地、系统地收集有关员工工作活动和组织绩效的方法。所有的决策都需要信息，绩效管理也不例外。没有充足有效的信息，就无法掌握员工工作的进度和所遇到的问题；没有有据可查的信息，就无法对员工工作结果进行评价并提供反馈；没有准确必要的信息，就无法使整个绩效管理的循环不断进行下去并对组织产生良好影响。

1. 信息收集与分析的目的

管理者收集信息并不是无目的的，并不是为了显得很忙或为了打发时间。收集信息是为了解决问题或证明问题。解决问题首先需要知道存在什么问题，以及什么原因导致了这一问题，两者都需要由所收集到的信息来提供答案；证明问题需要有充足的事实证据和可靠的资料数据，这也要由收集到的信息来提供。总结起来，我们进行信息的收集与分析有以下目的：

- 提供一份以事实为依据的员工工作情况的绩效记录，为绩效评价及相关决策做基础。
- 及时发现问题，提供解决方案。
- 掌握员工行为、态度的信息，发现其长处和短处，以便有针对性地提供培训与再教育。
- 发生法律纠纷时为组织的决策辩护。

2．收集信息的内容

并非所有的数据都需要收集和分析，也不是收集的信息越多越好。因为收集和分析信息需要大量的时间、人力和财力，如果像收藏家一样怀着强烈的热情投入到信息的海洋中去，反而会被湮没，抓不住最有价值的信息。

那么，究竟何种信息具有收集和分析的价值呢？

我们强调的主要是与绩效有关的信息，而绩效管理只是能使企业不断进步的一个环节而已。因此，在收集信息的过程中，我们要考虑收集信息的目的（见图 6-1）。围绕这些目的，我们要收集的信息包括：目标和标准达到（或未达到）的情况、员工因工作或其他行为受到的表扬和批评情况、证明工作绩效突出或低下所需要的具体证据、对你和员工找到问题（或成绩）原因有帮助的其他数据、你同员工就绩效问题进行谈话的记录，问题严重时还应让员工签字。

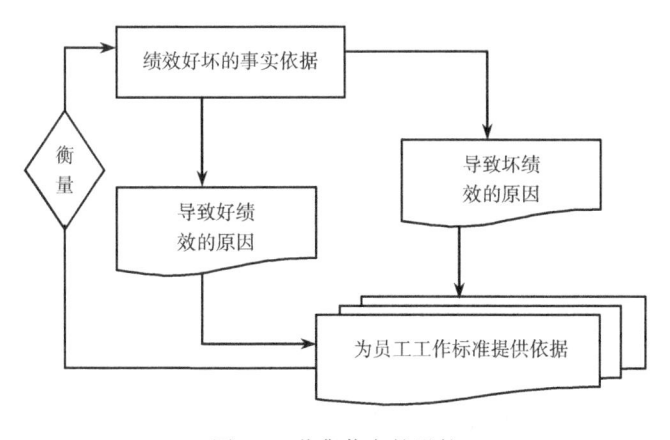

图 6-1　收集信息的目的

3. 收集信息的渠道和方法

信息收集的渠道可以是企业中的所有员工，有员工自身的汇报和总结，有同事的共事与观察，有上级的检查和记录，也有下级的反映与评价。如果企业中所有员工都具备了绩效信息反馈的意识，则能给绩效管理带来极大的帮助与支持，各种渠道畅通，信息来源全面，便于做出更真实客观的绩效考核，使企业的绩效管理更加有效。

信息收集的方法包括观察法、工作记录法、他人反馈法等。观察法是指主管人员直接观察员工在工作中的表现并将之记录下来的方法。工作记录法是指通过工作记录的方式将员工工作表现和工作结果记录下来。他人反馈法是指管理者通过其他员工的汇报和反映来了解某些员工的工作绩效情况，如通过调查客户的满意度来了解售后服务人员的服务质量。我们提倡各种方法的综合运用，因为单一的方法可能只会了解到员工绩效的一个或几个方面，不能全面了解员工。例如，有些员工的态度并不能从每次检查或表面上的观察中得知，这时候就需要通过与他共事的员工的反馈，这种方法得到的结果往往更真实可信。方法运用得正确有效与否直接关系到信息质量的好坏，并最终影响到绩效管理的有效性。

6.2.3 提供绩效目标实现过程中的反馈

很多企业在绩效管理过程中缺乏反馈，导致从高层到员工对绩效管理的有效性产生怀疑，进而导致继续推行绩效管理存在诸多障碍。在绩效控制中，有效的反馈对员工发展很必要，它既反馈员工工作中的不足及错误行为和习惯，也反馈员工积极的工作行为和习惯。因此，绩效反馈既能改变员工的不足，又能强化员工的优点。向员工提供定期持续的反馈，规划员工发展与训练活动的方法，让员工具有更强烈的工作动机和工作积极性。同时，为员工提供有关升迁、员工发展策略与训练方面的相关信息也是必不可少的。

6.2.4 提供指导和支持

指导是管理者为鼓励员工努力工作、克服困难和问题、推进员工职业发展所采取的行为。主管的成功在很大程度上取决于他对下属指导和管理的成功。

根据需要，可以与员工进行绩效改进的讨论。当员工出现不能令人满意的绩效或消极的工作行为（如旷工、迟到、磨洋工等）时，管理者需要与员工进行绩效改进讨论，并予以必要的指导。对员工进行指导和与员工讨论的内容主要包括以下几个方面：

- 与员工沟通，让员工认识到所存在的问题，并正视所存在的问题。
- 与员工讨论解决问题的方法和途径。
- 共同选择解决问题的最佳方法和途径。
- 制定解决问题的行动计划。

同时，在实际管理中，鼓励和支持员工的绩效改进行动在实际工作中经常以表6-5的形式出现。

表6-5 鼓励和支持员工的绩效改进行动的表现形式

工作中的关键事件	判定	发生日期	采取的管理措施（表扬、批评、建议等）	措施采取日期	措施的效果和下属的现状
	□ 优 □ 劣				
	□ 优 □ 劣				
	□ 优 □ 劣				
	□ 优 □ 劣				

注：此表为绩效考核和绩效面谈的重要信息来源，是整个绩效管理过程中最基础的数据来源。

表6-5其实也是对绩效信息有效收集的一种很好的方式，在对员工的工作进行绩效考核记录的同时，也可以对员工工作中的不足提出建议，这对于公司绩效的有效提高和员工能力的快速成长都是大有裨益的。而且从另一个角度讲，对于管理者本身而言，履行这项绩效管理职能也有助于改良其工作方式，使公司的工作氛围更加融洽。

如果员工的绩效问题不能通过指导和讨论来解决，管理者则需要考虑采用组织正式的行为校正措施和制度来解决存在的问题。

6.2.5 根据需要调整绩效目标

为了应对变化的市场，及时抓住机会，满足客户需求，企业有时需要在年度内调整公司的业务战略，这会影响部门和员工业务绩效目标发生变化。绩效管理本身是一个动态过程。当公司业务战略发生变化时，有必要适当改变员工的绩效目标，以确保绩效计划的可获得性和现实相关性。

案例分析　盛强公司员工的绩效"闷包"

又到年末，盛强公司除了忙着做当年的会计决算和来年的财政预算外，经理和员工们又开始了一年一度的被称为"表演"的绩效考核。

盛强公司与许多公司相似，人员绩效管理主要体现在绩效考核上。本来，盛强公司管理决策者想通过绩效考核对员工绩效进行区分，以此给予员工合理的回报和奖励，调动员工的积极性。然而事实上，目前的绩效考核结果却并不尽如人意。员工觉得考核结果未能反映出自己的工作业绩，因而牢骚满腹。当然，牢骚归牢骚，表还是要填的。

盛强公司是一家IT行业的民营企业，成立于1995年，现有员工115人。盛强公司的设备和软件产品主要用于连接计算机网络系统，为用户提供方便快捷的信息传输途径，帮助用户降低成本开销，提高工作效率，有效地缩短用户与其客户、商业伙伴和公司职员之间的距离。

章经理是盛强公司产品研发部经理，直接管理15名技术人员。由于平时项目较多，十多个人看上去总是忙忙碌碌的，章经理更觉得每天要做的事情总是满满的。到了年底考核，章经理又将忙于填写15份内容差不多的绩效考核表。由于人力资源部已经催了很多次，他必须在这个周末前完成这些表格，否则下周一又要接到人力资源部经理的催"债"电话。

这次，章经理灵机一动，想了一个"好"办法。他把表格发给每位员工，让员工自己在上面打分，然后派人收齐，在上面签上名，再交给人力资源部。问题解决了，纸面上的工作都按人力资源部的要求完成了。人力资源部也没有不满意。这时，章经理心想，每个人都结束了表演并回到"现实中的工作"中去了。

忙碌一时的绩效考核工作就这样"完成"了。考核结束后，考核结果的书面材料在人力资源部束之高阁，绩效考核也变为一种填表游戏，成为一种形式主义的"表演"，员工绩效处于"闷包"之中。员工不知道组织和上司如何评价自己，不知道自己哪些方面做得好、哪些方面做得不好，以及怎样改进和提高。

事实上，这种填表游戏在一段时间内仍影响着员工的情绪。小吴是一位毕业于名牌大学计算机专业的硕士生，进盛强公司研发部工作已近三年，他越来越觉得这种考核没有意思，增薪或减薪、晋升或转岗都是在考核中打"闷包"。说是通过考核来体现，但是怎么体现，员工就只能猜测了。因此，尽管小吴也觉得没意思，但考核结束后的一段时间内心情总不可能平静下来。老孙则与小吴的心情不同。老孙其实并不老，40多岁，只是该部门的员工大多是 30 岁。老孙当初进盛强公司产品研发部时也很年轻,但岁月如梭,毕竟年龄不饶人。以前年年这样考核,老孙也就糊里糊涂地应付过来了,没觉得有什么压力,但随着年龄增大,他反而很在意这种形式化的考核,担心这种考核影响自己的奖金和用工期限。

在这个案例中,章经理面临着什么问题?他的这种貌似迅捷的解决方法会带来哪些负面问题?这种绩效考核方法缺失什么?如果你是章经理,你会怎么做?整个公司绩效考核的过程控制应该做哪些改进,才能让小吴和老孙的情绪稳定下来并安心工作?

第 7 章

绩效考核与评估

本章导读

绩效评估就方法而言可以有两种不同的分类方式。第一类，按照评估的相对性或绝对性，可以分为相对评估法和绝对评估法。相对评估法主要包括简单排序法、交替排序法、配对比较法和强制分布法；绝对评估法主要包括自我报告法、业绩评定表法、因素考核法和360°考核法等。第二类，按照评估标准的类型，可以分为特征导向评估方法、行为导向评估方法和结果导向评估方法。特征导向评估方法主要有图解特征法，行为导向评估方法主要包括行为锚定法和行为观察法，结果导向评估方法有产量衡量法和目标管理法。

在绩效评估过程中，往往会因为各种主观和客观因素而导致绩效考核的效果不佳。主观因素是由人为因素直接造成的，经过培训可尽量避免和改善，它主要包括考核目的不明确，绩效考核受到抵触，因考核者心理、行为而出现的偏差（如晕轮效应、趋中效应、近期效应、对比效应）等；客观因素是考核系统因素导致的，主要包括考核缺乏标准、考核方式单一、考核缺乏高层管理者的支持、考核过程形式化、考核缺乏沟通、考核结果无反馈、考核与人力资源管理的其他环节脱钩等。在考核的实施过程中，可以从前馈控制、过程控制、反馈控制及正确利用考核结果四个角度为提升绩效考核的公正性和公平性提供支持。

绩效管理作为一个闭环的管理系统，它在应用过程中是可以持续改进的，仅仅着眼于考核的结果是远远不够的。很多公司正是因为存在着认识上的误区，使得公司的绩效管理始终处于一个较低的层面，为了考核而考核，不仅浪费了大量的人力和物力，而且难以培养绩效意识，进而导致整个管理出现恶性循环。

7.1 绩效考核技术

尽管绩效管理的思想日益得到重视,但是在这个循环的过程中,如何进行绩效考核,即如何就员工的绩效表现进行评价,依然是绩效管理的重点和关键。绩效考核在整个绩效管理循环中发挥着重要作用,没有绩效考核,就没有考核结果,也就无法对员工过去的绩效表现进行总结,发现过去工作中存在的问题,以及找到改善绩效的方法。

明确绩效考核的重要性,有助于员工和管理者正视绩效考核,并以积极的态度参与这项工作。另外,绩效考核是与组织的战略相连的,它的有效实施将有利于把员工的行为统辖和导向到战略目标上来。整个绩效考核体系的有效性还对组织整合人力资源、协调控制员工关系具有重要意义。不准确或不符合实际的绩效考核可能不会起到真正的积极的激励效果,反而会给组织人力资源管理带来重重障碍,使员工关系紧张、团队精神遭到损害。因此,不论是管理者还是员工,都应该看到绩效考核的意义所在。因为,绩效考核可以确认以下事情:

- 确认员工以往的工作为什么是有效的或无效的。
- 确认应如何对以往的工作方法加以改善以提高绩效。
- 确认员工工作执行能力和行为存在哪些不足。
- 确认如何改善员工的行为和能力。
- 确认管理者和管理方法的有效性。
- 确认和选择更为有效的管理方式和方法。

考核不仅仅对员工有意义,更重要的是它对管理者的意义。这个意义体现在以下方面:

- 考核是直线管理者不可推卸的责任,员工的绩效就是管理者的绩效。
- 认真组织考核不仅体现了管理者对员工、自身和组织的负责精神,而且反映了管理者自己的工作态度。

绩效评估的方法,可以有两种不同的分类方式。第一类,按照评估的相对性或绝对性,可以分为相对评估法和绝对评估法。相对评估法主要包括简单排序法、交替排序法、配对比较法和强制分布法;绝对评估法主要包括自我报告法、业绩评定表法、因素考核法和 360°考核法等。第二类,按照评估标准的类型,可以分为特征导向评估方法、行为导向评估方法和结果导向评估方法。特征导向评估方法主要是图解特征法,行为导向评估方法主要包括行为锚定法和行为观察法,结果导向评估方法有产量衡量法和目标管理法。

一个组织采用的评估方法，很可能是同一类型中不同方法的组合，如图解特征法和目标管理法的结合；也可能是几个不同类型方法的组合，如同时使用绝对评估法和行为观察法。

7.1.1 相对评估法

相对评估法是指在对员工进行相互比较的基础上对其进行排序，提供一个员工工作的相对优劣的评价结果。排序的主要方法包括简单排序法、交替排序法、配对比较法和强制分布法，其中最常用的是强制分布法。

大部分的绩效考核工具要求考核者依据某些优胜标准来考核员工绩效。然而，使用员工比较系统，员工的绩效是通过与其他员工的绩效相比较来考核的。换句话说，员工比较系统用的是排序而不是评分。排序形式有多种，如简单排序、配对比较或强制分布。简单排序要求考核者依据工作绩效将员工从最好到最差排序。交替排序法是依次在所有的被考核者中找到绩效最好的和最差的。配对比较法则是考核者将员工进行相互比较。赢得最多"点数"的员工接受最高等级。强制分布法要求考核者在每个绩效程度档次上（如"最好"、"中等"和"最差"）都分配一定比例的员工。强制分布法类似于在曲线上划分等级，一定比例的员工得 A，一定比例的员工得 B 等。

1. 简单排序法

在使用简单排序法进行绩效考核时，考核者只要简单地把一组中的所有员工按照总业绩的顺序排列起来即可。例如，部门中业绩最好的员工被排列在最前面，最差的被排在最后面。这种方法的主要问题是，当个人的业绩水平相近时难以进行准确排序。

作为简单排序法的一种演变，平均比较法将每个员工的工作业绩与其他员工的工作业绩进行简单比较，在对比过程中"赢"的次数最多的员工，就在绩效考核中被排列在最高的位置上。而有些人力资源管理者对这样一种考核方法持有疑义，他们的观点是员工所要达到的是他们的任务目标，而不是他们取得的目标要比工作小组中的其他人更好。这种考核方法的使用事实上已超出了个人绩效领域，因此应在一个更广泛的基础上进行考虑。

2. 交替排序法

通常来说，根据某些工作绩效考核要素将员工从绩效最好的人到绩效最差的人进行排序，要比绝对地对他们的绩效进行考核容易得多，因此交替排序法也是一种被运用得非常普遍的工作绩效考核方法。其操作方法如下：

1）将需要进行考核的所有下属人员的名单列出来，然后将不是很熟悉因而无法对其进行考核的人的名字画去。

2）用表 7-1 所示的表格来显示在被考核的某一特点上，哪位员工的表现是最好的，哪位员工的表现是最差的。

表 7-1　运用交替排序法进行员工绩效考核

考核所依据的要素：_____

针对你所要考核的每种要素，将所有员工的姓名都列出来。将工作绩效考核绩效最高的员工姓名列在第 1 行的位置上，将考核绩效最差的员工姓名列在第 20 行的位置上。然后将绩效次好的员工姓名列在第 2 行的位置上，将绩效次差的员工姓名列在第 19 行的位置上。将这一交替排序继续下去，直到所有的员工都被排列出来。

1. _____	11. _____
2. _____	12. _____
3. _____	13. _____
4. _____	14. _____
5. _____	15. _____
6. _____	16. _____
7. _____	17. _____
8. _____	18. _____
9. _____	19. _____
10. _____	20. _____

3）在剩下的员工中挑出最好的和最差的。以此类推，直到所有必须被考核的员工都被排列到表格中为止。

很显然，运用交替排序法进行绩效考核的最大优点就是简单实用，考核结果令人一目了然，但这种方法容易对员工造成心理压力，在感情上也不易被员工接受。

3. 配对比较法

配对比较法使排序型的工作绩效法变得更为有效。其基本做法是，将每一位员工按照所有的考核要素（"工作数量"、"工作质量"等）与所有其他员工进行比较，根据配对比较的结果，排列出他们的绩效名次，而不是把各被考核者笼统地排队。假定需要对 5 位员工进行工作绩效考核，那么在运用配对比较法时，首先，列出一张像表 7-2 所示那样的表格，其中要标明所有需要被考核的员工姓名及需要考核的所有工作要素；其次，将所有员工根据某一类要素进行配对比较，再用"+"（好）和"-"（差）标明谁好一些、谁差一些；最后，将每位员工得到的"好"的次数相加。在表 7-2 中，员工玛丽的工作质量是最高的，而阿特的创造性却是最强的。

表 7-2 配对比较法对员工绩效考核表

	就"工作质量"要素所做的考核 被考核员工姓名：						就"创造性"要素所做的考核 被考核员工姓名：					
比较对象		A 阿特	B 玛丽	C 曲克	D 蒂恩	E 琼斯	比较对象	A 阿特	B 玛丽	C 曲克	D 蒂恩	E 琼斯
A 阿特			+	+	−	−	A 阿特		−	−	−	−
B 玛丽		−		−	−	−	B 玛丽	+		−	+	+
C 曲克		−	+		+	−	C 曲克	+	+		−	+
D 蒂恩		+	+	−		+	D 蒂恩	+	−	+		−
E 琼斯		+	+	+	−		E 琼斯	+	−	−	+	
		2+	4+	2+	1+	1+		4+	1+	1+	2+	2+

配对比较法的缺点是，一旦下级人数过多（大于 5 人），操作起来就比较麻烦，因为配比的次数将按公式 $[n(n-1)]/2$（其中 n=人数）增长。5 个下级的配比需要 10 次，10 个下级就要配比 45 次，50 个下级就要配比 1 225 次。而且这种方法只能评比出下级人员的名次，不能反映他们之间的差距，也不能反映他们的工作能力和品质的特点。

4．强制分布法

该方法需要考核者将被考核者按照绩效考核结果分配到一种类似于正态分布的标准中。这种方法是基于这样一个有争议的假设，即所有小组中都有同样优秀、一般、较差表现的员工分布。可以想象，如果一个部门全部是优秀员工，则部门经理可能难以决定应该把谁放在较低等级的小组中。

强制分布法与"按照一条曲线进行等级评定"的意思基本相同。使用这种方法就意味着要提前确定按照一种什么样的比例将被考核者分别分布到每一个工作绩效等级上去。例如，我们可能会按照表 7-3 中所列的比例原则来确定员工的工作绩效分布情况。

表 7-3 确定员工的工作绩效分布情况的比例原则

绩效等级	比例
绩效最高的	15%
绩效较高的	20%
绩效一般的	30%
绩效低于要求水平的	20%
绩效很低的	15%

这种方法的优点是有利于管理控制，特别是在引入员工淘汰机制的公司中，它能明确的筛选出淘汰对象。由于员工担心因多次落入绩效最低区间而遭解雇，因而这种方法具有强制激励和鞭策功能。当然，它的缺点也同样明显，当一个部门员工的确都十分优秀时，如果强制进行正态分布划分等级，可能会带来多方面的弊端。

从以上介绍的四种基本的比较方法中可以看出，相对评估法的优点是成本低、实用，评定所花费的时间和精力非常少，而且这种绩效考核法有效地消除了某些评定误差，如避免了宽厚性错误及评定者的趋中性错误。当然，相对评估法也有其缺点。首先，因为判定绩效的评分标准是模糊的或不实在的，评分的准确性和公平性就可能受到很多质疑。其次，没有具体说明一个员工必须做什么才能得到好的评分，因而不能充分地指导或监控员工行为。最后，公司用这样的方法不能公平地对来自不同部门的员工的绩效进行比较，如 A 部门排在第六名的员工可能比 E 部门的第一名做得更好。

7.1.2　绝对评估法

绝对评估法是指对每个员工自己的工作绩效进行评估，而不是在对员工进行相互比较的基础上评出员工的绩效结果。绝对评估法主要包括自我报告法、业绩评定表法、因素考核法和 360°考核法等。

1. 自我报告法

自我报告法是利用书面的形式对自己的工作进行总结及考核的一种方法。这种方法多适用于管理者的自我考核，并且测评的人数不宜太多。自我考核是自己对自己一段工作结果的总结，让被考核者主动地对自己的表现加以反省和考核。

自我报告法通常让被考核人填写一份员工自我鉴定表（见表 7-4），对照岗位要求，回顾一定时期内的工作状况、列出将来的打算、举出在这段时间内 1~3 件重大贡献的事例及 1~3 件失败的事例，并给出相应的原因，对不足之处提出有待改进的建议。这种方法一般在每年年终进行，要求大家集中在一起，预先不清楚集中的目的，且要求没有助手参加，自己独立完成总结。

表 7-4 员工自我鉴定表

姓名		学历		专业	
部门		入本部门日期		现任岗位	
项目					
目前工作	本月（年）你所实际担任的工作？					
	执行工作时，你曾感到有什么困难？					
工作目标	本月（年）你的工作目标是什么？					
目标实现	本月（年）你的目标实现程度。					
原因	你的目标实现（或不能实现）的原因。					
贡献	你认为本月（年）对公司较有贡献的工作是什么，你做到了什么程度。					
工作构想	在你担任的工作中，你有什么更好的构想，并请具体说明。					

2. 业绩评定表法

业绩评定表法是一种被广泛采用的考核方法，它根据所限定的因素来对员工进行考核。采用这种方法，主要是在一个等级表上对业绩的判断进行记录。这个等级被分成几类（通常是一个 5 级或 7 级的量表），它常常采用诸如优秀、一般和较差这些形容词来定义。当给出全部等级时，这种方法通常可以使用一种以上的业绩考核标准。业绩评定表法受到欢迎的原因之一就是它简单、迅速的特点。

考核所选择的因素有两种典型类型：与工作有关的因素和与个人特征相关的因素。如表 7-5 所示，与工作有关的因素是工作质量和工作数量，而涉及个人因素的有可靠性、积极性、适应能力和合作精神等特征。考核者通过指明最能描述出员工及其业绩的每种因素的比重来完成这项工作。

表 7-5 员工业绩评定表

员工姓名_____
工作头衔_____
部　　门_____
基层主管_____
考核时期_____
从_____到_____

考核说明：
1. 每次仅考虑一个因素，不允许因某个因素给出的考核结果而影响其他因素的考核
2. 考虑整个考核时期的业绩，避免集中在近期的事件或孤立事件中
3. 以满意的态度记住一般员工应履行的职责。高于一般水平或优秀的考核，表明该员工与一般的员工有明显的区别

考核因素 \ 考核等级	较差，不符合要求	低于一般，需要改进，有时不符合要求	一般，一直符合要求	良好，经常超出要求	优秀，不断地超出要求
工作量：考虑完成的工作量，生产率达到可接受的水平了吗？					
工作质量：在进行任务指派时要考虑到准确、精密、整洁和完成情况					
可靠性：在进行任务指派时要考虑到其以往完成工作的准确、精密、整洁和完成情况					
积极性：该员工实现工作承诺的信任程度					
适应能力：考虑是否具备对需求变化和条件变化的反应能力					

合作精神：考虑为了他人及与他人共同工作的能力。如果让你加班，是否愿意接受？

未来成长和发展的潜力：
□当前工作的最好或接近最好的业绩
□这个工作中最高或接近最高的业绩，但在另一工作中有成长的潜力。例如，……
□经过进一步培训和实践能取得进步
□没有明确的限定

员工声明：　　我同意□　　　　不同意□　　　　这个考核
评论：

员工	负责人	审查人
日期	日期	日期

有些公司为考核人对给定的每一因素做出考核提供了一定灵活运用的空间。当考核

者做出最高或最低的考核时,要求具明理由,即使被要求这样做,这种做法也会特别受到鼓励。例如,如果对一名员工的积极性考核为不满意,则考核者需提供这种较低考核结论的书面意见。这种书面要求的目的在于避免出现草率的判断。

表7-5中对每种因素和每一等级也做出了定义。为了得到一个对工作质量较优秀的考核,一个人必须不断地超额完成其工作要求。对各种因素和等级定义得越精确,考核者就会越完善地考核员工的业绩。当每个考核者对每个因素和等级都按同样的方法解释时,则会取得整个组织考核上的一致性。

许多绩效考核的业绩评定表还提供了对员工成长潜力的考核。表格包含与一个人未来成长和发展潜力有关的几个类别。考核的结果从当前工作的最好或接近最好的业绩一直排列下去,没有明显的界限。虽然在对过去业绩或将来潜力同时做出考核方面有些欠缺,但这种做法还是经常被采用。

3. 因素考核法

因素考核法是将一定的分数按权重分配给各项绩效考核指标,使每项绩效考核指标都有一个考核尺度,然后根据被考核者的实际表现在各考核因素上评分,最后汇总得出的总分就是被考核者的考核结果。此法简便易行,而且比排队更为科学。

例如,我们可以对被考核人设定四个绩效考核指标,即出勤、能力、成绩及组织纪律总分为100分,运用因素考核法划分权重并制定如下标准,以此为基础对员工绩效进行考核。

1)出勤。占30%,分为上、中、下三个等级。出勤率100%为满分(30分),病事假一天扣1分,旷工一天扣20分,迟到或早退一次扣15分,旷工一天以上或缺勤30天以上者不得分。

2)能力。占20%,分为上、中、下三等。技术高、能独立工作、完成任务好、胜任本职工作的评为上,低于这个技术水平的评为中或下。在考核阶段内,若有一个月未完成下达任务的扣10分。

3)成绩。占30%,分为上、中、下三等。协调性好、积极主动工作、安全生产、完成任务好的评为上,较差的评为中,再差的评为下。在工作、生产中出现一次差错造成损失的或安全、质量方面发生事故经公司研究做出处理者一次扣10分,情况严重者不得分;若有一个月未完成下达任务的扣15分,病事假每天扣0.5分。

4)组织纪律。占20%,分为上、中、下三等。工作服从分配、遵守规章制度、讲究文明礼貌、能团结互助的评为上,否则评为中或下。违反公司规章制度或因工作失职经公司处理者一次扣 10 分。

各考绩因素的上、中、下三个等级的比例均分别控制在 25%、60%、15%。

4．360°考核法

360°考核法同其他考核方法一样，也是基于事先设定的指标和标准进行评估。但是，360°考核法通过多方绩效信息的反馈、补充和比较，能更准确地做出评价。为避免理解上的歧义，很多时候我们将其称为 360°反馈。

工作往往具有多面性，而不同的人观察到的方面也是不同的。许多公司已经将各种考核方法所得到的信息综合使用，制定了全方位（360°）考核和反馈体系。

正如这种方法的名称所示，360°反馈为了给员工一个最准确的考核结果，它尽可能地去结合所有方面的信息，这些方面包括上司、同事、下属、客户等。360°考核系统最初仅仅是为了发展的目的，特别是为管理发展和职业发展所用，但这种方法正在逐步被运用于绩效考核和其他管理中。

表 7-6 列出了一组有关 360°考核的争论。尽管 360°考核既可以为发展服务，也可以为管理服务，但多数企业在开始使用时往往只是为了管理的需要。在考核过程中，员工可能会担心别人利用考核的机会联合对付他，这种担心是可以理解的，但如果企业在开始使用时只是为了发展的需要（与报酬、晋升等无关联），员工则会逐渐习惯这种方式并认真参与考核。

表 7-6　有关 360°考核的争论

支持
- 由于信息是从多方面收集的，因此这种方法比较全面
- 信息的质量比较好（回答的质量比数量重要）
- 由于这种方法更重视内部或外部客户和工作小组这些因素，因此它使全面质量管理得以改进
- 由于信息反馈来自多人而不是单个人，因此减少了存在偏见的可能
- 来自同事和其他方面的反馈信息有助于员工自我发展

反对
- 综合各方面信息增加了系统的复杂性
- 如有员工感到别人与考核人联合起来对付他，参与考核的人可能受到胁迫，而且会产生怨恨
- 有可能产生相互冲突的考核，尽管各种考核在其各自的立场是正确的
- 需要经过培训才能使系统有效工作
- 员工会做出不正确的考核，为了串通或仅仅是对系统开个玩笑

尽管在 360°考核的应用和使用范围中还存在这样或那样的争论，但与传统绩效考

核工具相比，它具有以下优势，了解它们有助于我们正确选择考核工具。

（1）比较公平公正

单纯由直线经理对下属进行考核可能会有两个弊端：一是滥用权力，打击报复"异己分子"或有意拔高"溜须拍马者"；二是主观性强，虽然直线经理对员工任务完成情况的判断较准确，但对其他方面的判断则不一定准确，而且容易出现晕轮效应。360°考核的关键在于针对具体的考核指标选择合适的信息反馈者，因为不同的评价人所能提供的绩效信息是有限的，如业绩指标由上级进行确认完成情况，服务或其他部门的情况由相关部门负责人进行评价，而类似合作意识、责任心等方面的情况则由与被评价人有密切工作关系的相关人员进行评价。

因此，考核得到的加权平均值使我们从统计学的角度相信它是减少了个人主观因素的、比较客观的结果，是对员工自身特点拟合度更高更可信的数据。实施360°绩效考核，从程序上看，被考核者不仅有同样的机会自述，而且有同等的权利考核他人，员工参与性高、感觉好。

（2）加强了部门之间的沟通

360°绩效考核程序包含直线主管介绍员工岗位职责，员工与其他部门工作联系的内容、特点、职责、成绩和困难，以及员工为克服这些困难所付出的努力，因此这种方式增进了整个企业内员工的相互了解，促进了员工在以后的工作中能从对方的角度出发考虑问题，化解矛盾，相互配合。

（3）人力资源部据此开展工作较容易

从360°绩效考核中获得的较客观公正的考核结果，使人力资源部依据它实行的奖惩措施较易推行，如采用360°考核结果发放年终奖的做法较能获得大多数员工的支持，领导也较满意。

采用360°考核来提取员工绩效信息，由于参与考核的主体较单一考核主体更为复杂，因此需要采取相应的措施来保证考核信息的质量。英特尔公司建立了360°考核体系后，它还建立了以下保障措施以使考核信息的质量达到最优和可接受程度达到最大。

1）确保匿名。确保员工不会知道其他任何人对他的考核（不包括上司）。

2）使信息反馈者富有责任感。上司应该与每个参与考核的人员进行讨论，让每个人知道他是否正确使用了考核标准、是否做出了可靠考核，以及其他人是如何参与考核的。

3）防止对系统"开玩笑"。有些人试图通过给谩骂分或低分来帮助或伤害某个员工，小组成员有可能串通一气统一打高分，上司应该查出这些明显的"作弊"行为。

4）使用统计程序。使用加权平均法或其他数量方法进行综合考核。上司应该慎用主观的方法，因为它有可能对系统造成破坏。

5）辨认和鉴别偏见。检查是否存在年龄、性别、种族或其他方面的偏见。

表7-7是美国通用电气使用360°考核法的考核表。考核内容被分解为多个项目，分别描述了每个项目应该达到什么样的标准，上级、同级、下属及其他考核者依据这些标准对被考核者的每一个项目做出评价。

表7-7 通用电气研发中心360°考核表

项目	考核评定标准	上级	同级	下属	其他
工作目标	• 清楚简单地使他人理解公司研发中心的工作目标，使他人清楚地了解组织的方向 • 激励他人致力于完成公司研发中心的工作目标，以身作则 • 想得远，看得广，向想象挑战 • 如果必要，需完善公司的工作目标，以反映不断加剧的变化影响公司的业务				
主人翁精神	• 在公司的所有活动中使命感，用积极的态度使他人了解公司碰到的挑战 • 用专业技能有效地影响公司及研发中心的行为和业务决策，无论成败，都敢于承担责任				
以客户为中心	• 听客户发表意见，把令客户满意作为工作的最先考虑，包括令公司内部的客户满意 • 通过多元化意识展示对业务的全面掌握和认识 • 打破壁垒，发展业务之间、功能之间、团队之间的相互影响的关系 • 做出的决策要反映公司的全球观及客户观 • 将速度作为一种竞争优势				
责任心	• 坚持公司道德的最高标准；服从并宣传通用电气和研发中心的所有政策——"做正确的事情"				
廉洁正直	• 言行一致，受到他人的完全信任 • 实现对供应商、客户、管理层和雇员的承诺 • 表现自己坚持信仰、思想及合作的勇气和信心，表现自己对防止环境受到危害有不可推卸的责任				
鼓励最佳表现	• 憎恨/避免"官僚"，并努力实现简明扼要 • 不断寻求新方法改进工作环境、方式和程序 • 努力改进自己的弱项，为自己的错误勇于承担责任 • 为最佳表现确定富有挑战性的标准和期望，承认并奖励取得的成就 • 充分发挥来自不同文化、种族、性别的团队成员的积极性				

续表

项目	考核评定标准	上级	同级	下属	其他
刺激变化	• 创造真正的积极变化，把变化看作机遇 • 积极质疑现状，提倡明智的试验和冒险				
团队工作	• 迅速实施加以改进的好的工作方法 • 提倡发表不同看法，因为这些看法对积极变化非常重要 • 发挥既是一名团队领导，又是一名团队成员的积极作用 • 尊重团队成员的才智和贡献；创造一种人人可以参与的环境 • 将团队的目标和组织与其他团队的目标联系起来 • 热情支持团队，即使团队陷入困境当中，对团队的错误承担责任 • 解决问题时不疏远团队成员				
自信	• 承认自己的力量和局限，从团队成员那里寻求坦率的反馈 • 境况不佳时也能保持性情不变 • 公开诚实地和大家一起探讨问题，超越传统的边界分享信息，易于接受新思想				
沟通	• 向团队成员和供应商解释通用电气和研发中心的工作目标及挑战 • 本着公开、坦率、清晰、全面及持续的态度进行沟通，欢迎不同意见 • 和大家一起探讨开展一个项目、计划或程序的最佳做法 • 积极倾听，对团队成员显示真正的兴趣				
授权	• 敢于将重要任务交给下属去做，而不是只让下属做不喜欢做的事 • 给下属与责任相匹配的权利，并给他们完成工作必需的资源保证 • 促进下属和同事独立发展的能力，恰当的时候应将功劳归于他们 • 充分利用团队成员（文化、种族、性别）的多样性来取得成功				
发展技能	• 使工作/任务利于雇员的个人发展与成长，和团队成员一起分享知识和专业技能 • 确定富有挑战性的目标，以促进提高现有水平，开发新技能 • 给下属的表现和职业发展不断提供坦率的教导和信息反馈，并用书面形式记载结果 • 尊重每个人的尊严，信任每个人				

5. 工作标准法（劳动定额法）

制定工作标准或劳动定额，然后把员工的工作与工作标准相比较以考核员工绩效，是绩效考核方法之一。工作标准确定了员工在某一工作的岗位上正常的或平均的生产产出。工作标准一般是确定每小时生产多少或生产单位产品所需时间。这种工作标准使企业可以支付员工计件工资，但是制定工作标准并不是一项简单的工作。时间研究可以用来制定特定岗位上员工的产出标准。一种建立在随机抽样基础上的统计技术——工作抽样也可以用来制定工作标准。

现代组织很少单独采用工作标准法进行绩效考核。在某些情况下，生产标准仍作为考核程序的一部分，这时一般支付员工计件工资；生产数量仅仅是员工绩效产出的一部分；其他的一些方面也应被列为考核的指标。当根据员工之间互相比较的结果确定薪金和晋升时，单独地以计件工作记录作为绩效标准就不科学了。除此之外，越来越少的工作能单独用生产水平来衡量。因为一个员工的生产量至少部分地依赖于其他员工的绩效。如果生产线停了或协同工作的其他人表现不佳，个人的生产就不可避免地受到影响。许多现代工作并不是仅仅承担每小时生产多少的任务，相反，它们与别人的职责或任务有联系，而这些却是无法直接衡量的。因此，其他绩效考核方法被用得越来越多。

6. 自我考核法

美国的丹尼逊提出自我考核的八个因素，即工作质量、工作数量、创造性、独立性、工作态度、业务知识、交际能力及表达技巧，每个要素又按优劣程度分为八个等级。通过一些具体标准，每个自评者可以为自己在这八个等级中选择一个合适的等级。这种办法也可以用来考核别人，在具体等级的考核上，既可以依据调查结果，也可以由群众直接考核。

7. 短文法

短文法是指考核者书写一篇短文以描述员工绩效，并特别举出优缺点的例子。短文法主要适用于以员工开发为目标的绩效考核。由于这种方法迫使考核者关注于讨论绩效的特别事例，它能够减少考核者的偏见和晕圈效应。而且由于考核者需要列举员工表现的特别事例，而不是使用评级量表，因此也能减少趋中和过宽误差。

这种绩效考核方法也存在一个明显的弱点，那就是考核者必须针对每一位员工写出一篇独立的绩效考核短文，这样所花费的时间对考核者而言是难以忍受的。另外，短文法不适用于估价目标，因为没有通用的标准，短文法描述的不同员工的成绩无法与增长和提升相联系。这种方法最适用于小型组织，而且主要目的是开发员工技能和激发员工潜能。

8. 面谈考核法

面谈制度是一项十分重要的方法，它被广泛应用于人力资源管理的各个环节。例如，企业规定上级管理者定期与下级面谈,听取下级意见,进行指导教育。除此之外,还有不定期的面谈申诉规定、用于绩效考核的面谈、录用新员工时的面谈测验及晋升考核中的面谈答辩等。

录用时的面谈测验主要是为了了解书面测验无法反映出来的对本企业的适应性情况。为了减少人对人考核时的主观性,通常由多数考核者(3~5人)同时与录用对象进行面谈,然后综合各人的考核评语。为了防止面谈内容发生偏颇,一般都会预先拟订面谈考核所需的各种表格,详细列出要考核的内容(考核因素),逐条进行考核。在有限的时间内,为了尽可能准确地做出考核,还可以采取"集体面谈"形式,即由考核者提出某一个话题,使一组被考核者展开自我讨论,考核者则从旁边观察被考核人在讨论中表现出的能力和特点,记入考核表。当考核者认为一个话题的讨论不能完全反映情况时,可以引导或更换到其他话题,直到足以做出考核为止。晋升中的面谈答辩一般由多个上级管理者组成考核团来进行,但这种考核的结果并不具有决定性作用,因为晋升主要由长期以来日常考核评语的积累效果所决定。

7.1.3 特征导向评估方法

1. 图解式考核法的应用

特征导向评估方法主要是图解式考核法。图解式考核法也称图尺度考核法。图解式考核法主要是针对每一项评定的重点或考核项目,预先订立基准,包括依不间断分数程度表示的尺度和依等级间断分数表示的尺度。前者称为连续尺度法,后者称为非连续尺度法。在实际运用中,常以后者为主。

利用图尺度考核表不仅可以对员工的工作内容、责任及行为特征进行考核,而且可以向考核者展示一系列被认为是成功工作绩效所必需的个人特征(如合作性、适应性、成熟性、动机等),并对此进行考核。

表7-8就是一种典型的图尺度考核表。它列举出了一些绩效构成要素(如"质量"和"数量"),也列举出了跨越范围很宽的工作绩效等级(从"不令人满意"到"非常优异")。在进行工作绩效考核时,首先针对每一位下属员工从每一项考核要素中找出最能符合其绩效状况的分数,然后将每一位员工所得到的所有分值进行加总,即得到其最终的工作绩效考核结果。

当然,许多企业不仅仅对一般性绩效考核指标(如"数量"和"质量")进行考核,它们还将作为考核标准的工作职责进行进一步分解。例如,表7-9所显示的是对行政秘书职位的绩效考核表。在这里，工作的五种主要职责标准都是从工作说明书中选取出来的，并被放在了优先考虑位置。这五种职责的不同重要性都是以百分比的形式反映出来的。表中还有一个空白地方，这是留给考核人做一般性说明用的，在对秘书报告工作的及时性及遵守工作规章的情况等这些"一般性绩效"进行考核时，它将十分有用。

表7-8　图尺度考核表1

员工姓名：		职　　位：
部　　门：		员工薪酬：

绩效考核目的：□年度例行考核　□晋升　□绩效不佳　□工资调整　□试用期结束　□其他

员工到现职时间：

最后一次考核时间：　　　　　　　正式考核日期时间：

说明：请根据员工所从事工作的现有要求仔细地对员工的工作绩效加以考核。请核查各代表员工绩效等级的小方框。如果绩效等级不合适，请以 N 字样说明。请按照尺度表中所标明的等级来核定员工的工作绩效分数，并将其填写在相应的用于填写分数的方框内。最终的工作绩效结果通过将所有的分数进行加总和平均而得出

考核等级说明	
O：杰出（Outstanding）。在所有各方面的绩效都十分突出，并且明显地比其他人的绩效优异得多	U：不令人满意（Unsatisfactory）。工作绩效水平总的来说无法让人接受，必须立即加以改进。绩效考核等级在这一水平上的员工不能增加工资
V：很好（Very good）。工作绩效的大多数方面明显超出职位的要求，工作绩效是高质量的并且在考核期间一贯如此	
G：好（Good）。一种称职的和可信赖的工作绩效水平，达到了工作绩效标准的要求	N：不做考核（Not rated）。在绩效等级表中无可利用的标准或因时间太短而无法得出结论
I：需要改进（Improvement needed）。在绩效的某一方面存在缺陷，需要进行改进	

员工绩效考核要素	考核尺度		考核的事实依据或评语
1. 质量：所完成工作的精确度、彻底性和可接受性	O □ V □ G □ I □ U □	100~91 分 90~81 分 80~71 分 70~61 分 60 分及以下	分数
2. 生产率：在某一特定的时间段中所生产的产品数量和效率	O □ V □ G □ I □ U □	100~91 分 90~81 分 80~71 分 70~61 分 60 分及以下	分数

续表

员工绩效考核要素	考核尺度			考核的事实依据或评语
3. 工作知识：时间经验和技术能力，以及在工作中所运用的信息	O V G I U	☐ ☐ ☐ ☐ ☐	100～91分 90～81分 80～71分 70～61分 60分及以下	分数 ☐
4. 可信度：某一员工在完成任务和听从指挥方面的可信任程度	O V G I U	☐ ☐ ☐ ☐ ☐	100～91分 90～81分 80～71分 70～61分 60分及以下	分数 ☐
5. 勤勉性：员工上下班的准时程度、遵守规定的工间休息、用餐时间的情况以及总体的出勤率	O V G I U	☐ ☐ ☐ ☐ ☐	100～91分 90～81分 80～71分 70～61分 60分及以下	分数 ☐
6. 独立性：完成工作时不需要监督和只需要很少监督的程度	O V G I U	☐ ☐ ☐ ☐ ☐	100～91分 90～81分 80～71分 70～61分 60分及以下	分数 ☐

表7-9　图尺度考核表2

工作内容与责任：		被考核职位：行政秘书
A. 打字速写	权重：30%	考核等级：1☐ 2☐ 3☐ 4☐ 5☐
以每分钟60个单词速度按照适当的格式准确地将来自以下各个方面的指令打印成文件：口头指示、录音内容、手写笔记或正式笔记、总经理的手写材料、手写会议纪要等；打印通知、会议议程、工作日程和其他内容材料；打印商业协会调查；汇总和打印经营报告和其他各种报告，包括文本和表格；打印从报纸杂志上摘选下来的文章，整理和打印信件、备忘录、文件副本及其他要求打印的文件		评语：

续表

B. 接待	权重：25%	考核等级：1□2□3□4□5□
当面或通过电话核定已经签订的合同，热心地帮助来电话者和来访者；回答打进来的电话，转移消息、提供信息或将电话转给某人；接待来访者，提供信息或直接将客人引到相应的办公室或个人处；作为主人在客人等待期间提供临时服务，操纵自动应答设施；与来电话者和来访者保持一种合作态度		评语：
C. 计划安排	权重：20%	考核等级：1□2□3□4□5□
对工作日程进行有效管理，包括对约见、会议、施行及其他此类活动的安排；对工作日程进行安排；为总经理、董事会成员和其他人员约见面人员；为办理出差补贴做好准备；协助进行年度会议的安排；为保证在职培训计划的实施，在房间内、课间供应咖啡，以及在饮食方面提供必要的服务；对组织各项设施的使用进行计划安排；为外部发言人、咨询专家安排好交通、旅程及相应的费用		评语：
D. 文件与资料管理	权重：15%	考核等级：1□2□3□4□5□
创建并维护一个合适的文件管理系统，能够按照要求迅速地放置和取出文件，制定文件空间分配计划，分别在文件管理系统中为回函、会议记录、报告、规定及其他相关文件做出妥当的安排；将资料放进文件夹中的适当地方；从文件夹中查找并取出需要的资料；对文件进行挑选、装订和剔除，必要时进行文件汇总或销毁；保存和保护某些重要文件；将文件资料整理成可直接使用的形式		评语：
E. 办公室一般服务	权重：10%	考核等级：1□2□3□4□5□
以一种受欢迎的方式和既定的程度来履行办公室相关职责；通过邮谍中心处理邮件，寄送文件和邮品；抓阅外来邮件并分类对文件进行复制；掌握一定的现金；从相关的报纸和杂志中摘取与组织有关的文章；负责公告栏的书写；完成其他预定的工作		评语：
该员工是否能够按照要求报告工作并坚持在工作岗位上？□是　　□否 如果不是，请予以解释		
该员工是否听从指挥并遵守工作规章制度？□是　　□否 如果不是，请予以解释		

续表

该员工在工作中是否能与同事自觉保持协调一致并主动进行配合？ □是 □否	
如果不是，请予以解释	
该员工是否具备顺利完成工作所必需的知识、技术、能力和其他方面的资格要求？ □是 □否	
如果不是，请予以解释	
请说明员工需要采取何种特定的行动来改善其工作绩效	
请根据以上各方面情况总结该员工的总体工作绩效水平	

此份报告是根据本人对工作及员工行为的观察和了解而得出的		本人的签名只说明我已经看到这份工作绩效考核表，但这并不意味着我同意上述的结论	
考核者姓名：	日期：		
审查者姓名：	日期：	员工姓名：	日期：

我们可以为每一个必备的特征给定一个 5 级或 7 级的评定量表，量表上的分数用数目或描述性的词或短评加以规定，用以表示不同的绩效水平。表 7-10 给出了一个按 5 级划分的用于考核员工特征的考核量表。

表 7-10　图尺度考核表 3

员工姓名：	部门：	职位：	考核人：

用下列评定量表按每一品质考核该员工：
5=优秀，你所知道的最好的员工
4=良好，符合所有的工作标准，并超过一些标准
3=中等，符合所有的工作标准
2=需要改进，某些方面需要改进
1=不令人满意，不可接受

A. 衣着和仪表	1＿＿2＿＿3＿＿4＿＿5
B. 自信心	1＿＿2＿＿3＿＿4＿＿5
C. 可靠程度	1＿＿2＿＿3＿＿4＿＿5
D. 机智和圆滑	1＿＿2＿＿3＿＿4＿＿5
E. 态度	1＿＿2＿＿3＿＿4＿＿5
F. 合作	1＿＿2＿＿3＿＿4＿＿5
G. 热情	1＿＿2＿＿3＿＿4＿＿5
H. 知识	1＿＿2＿＿3＿＿4＿＿5

2. 图解式考核法的优缺点

图解式考核法的优点是实用而且开发成本小，人力资源经理也能够很快地开发出这种图解形式，因此许多组织都使用图解式评定量表。

当然，此种方法也有缺点。图解式评定量表也有很多问题，量表不能有效地指导行为，也就是说，评定量表不能清楚地指明员工必须做什么才能得到某个确定的评分，因而他们对被期望做什么一无所知。例如，在"态度"这一项上，员工被评为"2"这个级别时，可能很难找出如何改进的办法。

除此之外，图解式的评定量表也不能提供一个良好机制以提供具体的、非威胁性的反馈。因为多数负面反馈一般集中在具体行为上，而不是评定量表所描述的、定义模糊的个人特征。例如，如果告诉员工他们不可靠，大部分员工会很生气，感到被冒犯；如果用行为的条件给出反馈："上周有6位客户向我投诉你没有回他们的电话"，那么员工感觉会好一点。

与图解式评定量表相关的另一个问题是评定的准确性。由于评定量表上的分数未被明确规定，所以很可能得不到准确的评定。例如，两位评定者可能用不同的方式来解释"平均"标准，这样未被明确规定的绩效标准会导致评定失误的增加，还有可能提供偏见产生的各种现成机制。也有一些人认为，图解式评定量表做出的评定只不过是"主观判断的说法"，并认为这种评定量表不应用于晋升决策，因为在这样一个主观的过程中可能存在潜在的偏见。

7.1.4 行为导向评估法

行为导向评估法主要包括行为锚定法、行为观察法和以关键事件为基础的绩效考核。

1. 行为锚定法

行为锚定法是传统业绩评定表和关键事件法的结合。使用这种方法可以对源于关键事件中有效和非有效的工作行为进行更客观的描述。熟悉一种特定工作的人能够识别这种工作的主要内容，然后请他们对每项内容的特定行为进行排列和证实。此种方法的特点是需要大量的员工参与，所以它可能会被部门主管和下属更快地接受。

在行为锚定法中，不同的业绩水平会通过一张等级表进行反映，并且根据一名员工的特定工作行为被描述出来。假设进行员工绩效考核所选择的一个考核要素是"吸收和解释政策的能力"，那么对于这个考核要素中最积极的考核结果可能是"可以期望该员工成为组织中其他人新政策和政策变化的信息来源"；而针对这个考核要素最消极的考核结果可能是"即使对员工重复解释后，该员工也不可能学会什么新东西"。在最消极和最积极的层次之间可能存在几种层次。行为锚定法对各种行为进行了举例，而不仅仅是为检查诸如最积极业绩提供一个可能。

特定的行为可以被指出来，所以这种方法更便于在考核中进行讨论。发展这种方法可以克服其他考核方法的弱点。有关行为锚定有效性的报告褒贬都有，并无法完全确认它在克服考核者误差或取得心理测验有效性方面比其他方法更优越。这种方法的一个特定缺陷是，使用的行为是定位于作业上而不是定位于结果上。这给部门经理提出了一个潜在的问题，即他们不是必须对实现期望目标的员工进行考核，而是必须对正在执行作业的员工进行考核。

行为锚定法的目的在于通过一个如表 7-11 所示的那样一种等级考核表，将关于特别优良或特别劣等绩效的叙述加以等级性量化，从而将描述性关键事件考核法和量化等级考核法的优点结合起来。因此，其倡导者宣称，它比我们所讨论过的所有其他种类的工作绩效考核工具都具有更好和更公平的考核效果。

表 7-11 客户服务行为锚定等级考核表

△7	● 把握长远盈利观点，与客户达成伙伴关系
△6	● 关注客户潜在需求，起到专业参谋作用
△5	● 为客户而行动，提供超常服务
△4	● 个人承担责任，能够亲自负责
△3	● 与客户保持紧密而清晰的沟通
△2	● 能够跟进客户回应，有问必答
△1	● 被动的客户回应，拖延和含糊回答

开发一项行为锚定式考核量表的过程是相当复杂的，我们可以将这个过程简要概括如下：行为锚定式考核量表开始于工作分析；使用关键事件技术；然后，事件或行为依据维度加以分类；再后，为每一维度开发出一个考核量表，用这些行为作为"锚"来定义量表上的评分。运用行为锚定等级考核法进行员工绩效考核，通常要求按照以下几个步骤来进行行为锚定式考核量表的设计。

1）用工作分析的关键事件技术得出一系列有效和无效的工作行为。

2）工作分析者将这些行为分类为个人行为大致能表征的工作维度或工作者特征，然后这些特征被分析者归类和加以定义。

3）在不知道所分配的维度的情况下，与主题有关的专家们评论行为清单。换言之，把每一维度的名称和定义告知这些专家，要求他们将所有的行为按正确的维度加以分类，如果大部分专家（通常 80%或更多）分配给同一行为的维度与工作分析者分配给它的维度相同，则该行为被保留下来。

4）"保留"下来的行为由第二组与主题有关的专家加以评审。这些人依照一项工作绩效去评定每种行为的有效性。例如，如果使用一个 7 级量表，"7"将标志着该行为代表一个极其有效的绩效水平；"1"标志着极其无效的绩效。

5）分析者计算出被给予每一行为的有效性评分的标准偏差，如果该标准偏差反映评分有较大的可变性（专家们在该行为多么有效上意见不一），那么该行为就被舍弃，然后为剩下的每一行为计算出评定的平均有效性。

6）建立最终的员工绩效考核体系。分析者为每个特征构建一个评定量表，量表中列出该特征的名称和定义。对行为的描述被放置在量表上一个与它们的平均有效性评分相对应的位置上。

尽管使用行为锚定等级考核法要比使用其他的工作绩效考核法（如图尺度考核法）花费更多的时间。但是许多人还是认为，行为锚定等级考核法有以下十分重要的优点。

1）工作绩效的计量更为精确。由于是由那些对工作及其要求最为熟悉的人来编制行为锚定等级体系，行为锚定等级考核法应当能够比其他考核法更准确地对工作绩效进行考核。

2）工作绩效考核标准更为明确。等级尺度上所附带的关键事件有利于考核者更清楚地理解"非常好"和"一般"等各种绩效等级上的工作绩效到底有什么差别。

3）具有良好的反馈功能。关键事件可以使考核人更为有效地向被考核人提供反馈。

4）各种工作绩效考核要素之间有着较强的相互独立性。将众多的关键事件归纳为 5~6 种绩效要素（如"知识和判断力"），使得各绩效要素之间的相对独立性很强。在这种考核方法下，一位考核者很少会有可能仅仅因为某人的"知觉能力"所得到的考核等级高，就将此人的其他所有绩效要素等级都评定为高级。

5）具有较好的连贯性。相对来说，行为锚定等级考核法具有较好的连贯性和较高的信度。这是因为，在运用不同考核者对同一个人进行考核时，其结果基本上都是类似的。

从行为锚定与图解式评定的比较上看，行为锚定等级考核法和图解式评定量表一样，它们都要求考核者根据个人特征评定员工。典型的行为锚定等级考核量表包括 7 个或 8 个个人特征，被称做"维度"，每一个特征都被一个 7 级或 9 级的量表加以锚定。

但是行为锚定式考核量表中所使用的考核量表与图解式考核量表中所使用的考核量表在结构上并不相同。行为锚定式考核量表是用反映不同绩效水平的具体工作行为的例子来锚定每个特征。表 7-12 所示的就是一个企业内训师授课行为锚定考核的例子。

表 7-12　一个企业内训师授课行为锚定考核的例子

维度：课堂培训教学技能	
优秀：7	
6	• 内训师能清楚、简明、正确地回答学员的问题
5	• 当试图强调某一点时，内训师使用例子
中等：4	• 内训师用清楚、能使人明白的方式授课
3	• 讲课时内训师表现出许多令人厌烦的习惯
2	• 内训师在班上给学员们不合理的批评
极差：1	

行为锚定式考核量表最大的优点在于它指导和监控行为的能力。行为锚定使员工知道他们被期望表现哪些类型的行为，从而给考核人提供以行为为基础的反馈机会。在最初被提出时，行为锚定式考核量表被预测将大大优于图解式考核量表。人力资源管理专家认为，行为锚定能导致更准确的评分，因为它们能使考核者更好地诠释评定量表上不同评分的含义。然而，这种期望并未达到。

行为锚定式考核量表的失败可能在于考核者尝试从量表中选择一种员工绩效水平的行为时所遇到的困难。有时一个员工会表现出处在量表两端的行为，因此，评定者不知应为其分配哪种评分。例如，在表 7-12 中所介绍的行为锚定式考核量表中，被评定的内训师可能清楚地回答了问题而同时又不合理地批评了学员，这种情况下，评定者就不知如何评分。

2. 行为观察法

行为观察法（Behavior Observation Scale，BOS）是列举出评估指标（通常是期望员工工作中出现的比较好的行为），然后要求评估者在观察的基础上将员工的工作行为同评价标准进行对照，看该行为出现的频率或完成的程度如何（从"几乎没有"到"几乎总是"）的评估方法。

莱瑟姆、费伊和萨西为建立针对一线领班的行为观察评价指标做了一项研究。他们采用"关键事件法"分别与 20 位经理、20 位领班和 20 位小时工进行了面谈，请他们列举出领班行为中的五个有效事件和五个无效事件。他们的研究发现，用行为观察法进行绩效评估有以下四个方面的优点。

1）BOS 是通过使用者提供的数据建立起来的，并用于使用者。

2）从内容上看，BOS 是有效的。

3）BOS 明确指出了一项特定的工作所要求的全部工作行为，可以据此建立工作说明书，或者对工作说明书进行很好的补充。

4）BOS 鼓励主管与员工针对员工的长处和缺点进行有意义的讨论，因此对企业建立明确的绩效反馈系统很有帮助。

蒂纳、乔安妮斯和墨菲研究了当把绩效评估用作发展性工具时，不同的评估方法对一些重要变量的影响，尤其是对"被评估者的满意度"和"在绩效评估和反馈过程中发展出的目标的性质"的影响。他们将 96 位警官随机分成三组，分别用图解特征法、行为锚定法和行为观察法评估其绩效。结果显示，使用行为观察法时，被评估者对绩效评估的满意度最高，对绩效目标的认知程度也最好；根据结果建立的绩效改进目标也更具体、更易观察。而在衡量被评估者态度和目标特征时，图解式考核法和行为观察法难分优劣，而它们都比行为锚定法要强。

德科茨和施万布等人的研究曾显示，不同的绩效评估方法对评估的信度和效度的影响不大。而使用不同的方法获取和记录关于工作绩效的信息，可能会更有利或不利于绩效评估的发展性用途。蒂纳、乔安妮斯和墨菲的研究就证明了行为导向的评估方法可以加强绩效评估的发展性目的。

被评估者对评估方法的满意度是绩效评估中一个重要元素。评估和反馈的有效性很大程度上取决于被评估者对评估系统的接受程度。研究显示，使用聚焦于具体行为的评估方法（如行为观察法）可以使评估者和被评估者更舒服、更愿意接受评估和反馈结果。

按照被评估者愿意接受的程度排序，最容易被接受的是行为观察法，其次是行为锚定法，最后是图解特征法。

相对于图解式考核法来说，行为观察法使目标更清晰，更可直接观察，更易被被评估者接受，可提高对目标的认同度。具体、清晰的绩效目标会让被评估者认为是合理的、可达到的、有用的。

3. 以关键事件为基础的绩效考核

（1）关键事件法

某些现代绩效考核应用了关键事件法，以便考核更具有针对性。关键事件法利用一些从一线管理者或员工那里收集到有关工作表现的特别事例进行考核。通常，在这种方法中，几个员工和一线管理者汇集了一系列与特别好的或差的员工表现有关的实际工作经验，而平常的或一般的工作表现均不予考虑。特别好的或差的工作表现可以把最好的员工从一般员工中挑出来。因此，这种方法强调的是代表最好或最差表现的关键事例所代表的活动。一旦考核的关键事件被选定，所应用的特别方法也就确定下来了。关键事件法一般有以下几种。

1）年度报告法。这种方法的一种形式是一线监督者保持考核期内员工关键事件的连续记载。监督者每年报告决定员工表现的每一个员工记录，其中特别好的或特别差的事例就代表了员工在考核期内的绩效。在考核期中没有或很少被记录的员工所做的工作是令人满意的，他们的绩效既不高于也不低于预期的绩效水平（接近于标准或平均绩效水平）。年度报告法的优点是它特别针对工作而开展，其工作联系性强，而且由于考核是在特定日期就特定事件进行的，考核者很少或不受偏见的影响。

年度报告法的主要缺陷是很难保证员工表现的精确记载。由于监督者更优先地考虑其他事情，常常不给记录员工表现以充足的时间。这种不完善可能是由于监督者的偏见或缺乏时间和努力。如果管理者对监督者进行必要的培训，使他们能客观、全面地记载员工的关键事件，这种考核方法也可以用于开发性目标。年度报告法的另一缺陷是缺乏关于员工的比较数据，很难用关键事件的记录来比较不同员工的绩效。

2）关键事件清单法。关键事件法也可以开发一个与员工绩效相联系的关键行为的清单来进行绩效考核，我们把这种方法叫作关键事件清单法。这种考核方法要对每项工作给出20个或30个关键项目，考核者只简单地检查员工在某一项目上是否表现出众。出色的员工将得到很多检查记号，这表明他们考核期表现很好。一般员工将只得到很少的检查记号，因为他们仅在很少的某些情况下表现出众。

关键事件清单法常常给不同的项目以不同的权重，以表示某些项目比其他项目重要。通常，权重不让完成被考核的考核者得知。将每位员工关键事件清单上的检查记号进行汇总，就可以得到这些员工的数量型的考核结果。这种方法产生的结果是员工绩效的数字型总分，因此必须为组织内每一不同岗位制定一个考核清单。这种方法很费时间而且费用也很高。

3）行为定位评级表。这种量表把行为考核与评级量表结合在一起，用量表对绩效做出评级，并以关键行为事件根据量表值做出定位。这种方法用起来很方便。这种量表通常用于考核性目标，它可以很容易地获得与绩效增长和提升可能性相联系的数字型考核结果。这种方法也能用于开发性目标，因为它是与工作紧密相连的，而且是用代表好的工作成绩的关键事项作为考核事项。

（2）不良事故考核法

在对员工绩效进行考核时,我们往往会发现,对于某些例行的工作,存在这样一种现象,那就是即使这些工作被很好地完成,也不会被列为重要的绩效考核指标,而一旦这些例行的工做出了差错,却又会给整个组织带来巨大的损失。

如何对以这些常规性的例行工作为主要工作内容的员工进行绩效考核呢?我们采用不良事故法对他们进行考核,即通过预先设计的不良事故清单对员工行为进行考核以确定员工的绩效水平。作者在在为企业设计绩效考核体系的实践中,多次运用了此种绩效考核方法。表 7-13 详细说明了如何设计不良事故清单及运用不良事故考核法的操作流程。

表 7-13 不良事故管理

××公司财务部不良事故管理办法

1. 目的

为规范公司会计行为,保证会计资料真实、完整,加强经营和财务管理,提高经济效益,特制定本办法。

2. 定义

会计核算与财务管理的不良事故,是指由于个人原因违反《会计法》和国家统一制定的《会计准则》制度,以及公司规定的会计行为而引起的后果。根据其影响面的大小分为 A 级(重大事故)和 B 级(一般事故)。

3. 不良事故的监督与预防

1)公司员工对违反本法和国家统一的会计制度规定的会计事项、会计行为,有权拒绝办理或予以解决。

2)无权处理的应以书面形式向单位负责人或向上一级领导人报告,请求查明原因,做出处理的责任和义务。

3)各级领导必须随时对公司的各项经济业务进行监督、控制和防范,对已发生的事故应及时提报并设法控制,予以解决。

4)每位员工在提交工作报告中应如实地反映问题,对造成事故的当事人要提出相应的处罚意见。

5)公司总经理、各相关部门应按照《公司法》、《会计法》及公司的有关规定进行定期检查。

4. 不良事故的查处程序及处罚规定

1)举报或寻查知有不良事故→由人力资源部记录并转相关部门查实→填表上报(包含处罚意见)→由部门主管审核认定→转人力资源根据处罚规定进行绩效考核。

2)季度内 A 级事故发生一次,B 级事故发生三次以上,扣除当事人当季绩效奖金;若及时查办上报并采取了补救措施,则记录在册并在季度绩效考核时适当扣分;若没有及时上报并造成事态严重的,则当季业务管理评分记为零分。

5. 不良事故的名称与判定

1)伪造原始凭证、账簿、会计资料:不依法索取原始凭证或设置会计账簿,致使财务数据失真,不良事故为 A 级。

续表

2）随意变更会计处理方法：会计处理方法不确定，违反《会计法》造成损失的，不良事故级别为 A 级。

3）提供虚假的会计信息：向不同的会计资料使用者提供的财务会计报告不一致的，由于个人原因造成的不良事故级别为 A 级。

4）隐匿会计资料：隐匿会计资料和上级文件精神，给公司造成不良影响的，不良事故为 B 级；造成经济损失的为 A 级。

5）故意销毁会计资料：未按照规定保管会计资料致使会计资料毁损、丢失的，不良事故级别为 A 级。

6）预算不准确：预算额与实际差异在 30% 以上的不良事故级别为 A 级，在 10%～30% 之间的不良事故级别为 B 级。

7）指使强令他人行为：强迫、指使他人意志和行为造成不良影响的，不良事故级别为 B 级；造成经济损失的不良事故级别为 A 级。

8）丢失（被盗）现金、支票和印鉴者：因故丢失或被盗现金、支票和印鉴者，造成影响或损失的，不良事故级别为 A 级。

9）预测信息不准确：预测信息不准，导致决策失误的不良事故级别为 A 级。

10）挪用公款：未按规定，挪作其他用途 1 万元以内的不良事故为 B 级；1 万元以上的不良事故为 A 级。

11）职务侵占：未经他人允许超越工作范围或权限，给他人造成影响的不良事故级别为 B 级；给公司造成经济损失的不良事故为 A 级。

12）泄露公司秘密：泄露公司财务秘密，给公司经营决策造成不良影响的，不良事故级别为 A 级。

13）账务处理不及时：工作拖延给公司或他人造成影响的不良事故级别为 B 级；造成经济损失的为 A 级。

14）不及时催收发票：催收发票不及时，给公司造成经济损失，不良事故级别为 A 级。

15）手续不全，付款造成损失：手续不完备，不符合《会计法》及公司规定的付款程序，造成经济损失 1 000 元之内的不良事故级别为 B 级；造成 1 000 元以上经济损失的，不良事故级别为 A 级。

16）违规操作：不按工作流程程序办事造成损失的，不符合公司规定程序工作的，不良事故级别为 B 级；造成经济损失的，不良事故级别为 A 级。

17）贪污公款：私自截留公款并为己有，不良事故级别为 A 级。

18）私设"小金库"：隐匿收入或其他业务资金来源不入账而进行私自存放的，不良事故级别为 A 级。

19）成本、费用不实：不按规定处理，该摊销或提取记入当其损益的，没有按规定摊销或提取，致使经营成果不实的，不良事故级别为 A 级。

20）财产不实，盘亏或盘盈巨大：不按《会计法》及公司规定的核算方法进行核算，不及时记账、结账、对账，为公司造成损失的，不良级别为 A 级。

21）渎职失职：不尽职尽责、滥用职权、玩忽职守、徇私舞弊，给公司带来严重影响或造成经济损失，不良事故级别为 A 级。

其他：不按公司规定和《会计法》要求去做，给公司造成严重影响和重大损失的，按照会计法规定，应适当给予经济处罚或行政处分等。

7.1.5 结果导向评估法

结果导向评估法主要包括个人绩效合约法、产量衡量法和目标管理法。

1. 个人绩效合约法

个人绩效合约并不是一个新鲜事物,它借用了目标管理的核心思想,强调员工绩效目标的实现及员工对组织目标达成的具体承诺。个人绩效合约法是以个人绩效合约为基础进行绩效考核的方法。

运用个人绩效合约对员工绩效进行考核,首先需要将组织绩效目标自上而下地层层分解,确定不同员工的主要绩效范围,然后设定相应的绩效目标并确定具体的考核指标,员工在与其直接上级进行沟通后签订个人绩效合约,员工的直接上级负责监督绩效合约的完成,如在每周的例会上向员工通报合约的完成情况,并负责根据绩效合约的具体要求对员工进行绩效考核。表 7-14 为某公司绩效合约样表。

表 7-14 某公司绩效合约样表

主要绩效范围	需求	重要性	权重	潜在障碍	绩效目标	指标(质量、数量、时间、成本)	行动计划(人员、任务、时间)
成本控制	需在第二季度期间减少15%的部门开支	必须提高利润	25%	卖方价格过高及竞争的限制	对所有零件招标竞价 找到至少三家新供应商	任务完成提高了1%	王:在4月10日前做好招标计划 李:在4月15日前核准招标计划 周:在5月10日前实施招标计划
生产时间安排	把待货订单的延期减少到三个工作日	会失去主要客户	40%	新机器开支 雇员的抵制	9月1日前安装一线、二线自动化零件生产线	错过最后期限的产品 保住的客户百分比 是否赶上了启动日期	谢:在5月1日前准备好报告 张:在5月12日前核准计划 刘:在6月30日前完成自动化项目
供应	储备断供 船运延期	上月流失了四个客户,损失总数为18.5万美元的订单	15%	卖主不可靠 采购部未验收	寻找新卖主 指派检验员到采购部	完成天数 保住的客户数 拒收货物的百分比 货物延期造成的损失金额	陈:在4月20日前找到新卖主 赵:在4月30日前挑选、培训新的检验员

续表

主要绩效范围	需求	重要性	权重	潜在障碍	绩效目标	指标（质量、数量、时间、成本）	行动计划（人员、任务、时间）
保安	消除雇员偷窃行为	上季度库存货物损失达5.5万美元	10%	绝大多数材料存放在无人看管的地方	在三个月内将库存货物损失减少50%	盗窃事件数目 丢失材料价值总数	康：在4月1日前提出行动计划 常：在4月15日前为重要材料提供安全的储存地
生产安全	第一季度因事故造成的时间损失上升30%	过去的两年里保险费用上升了60%	10%	发现了新的保险承保单位主管不重视	本季度将事故频率减少12% 本季度将事故严重程度减少12%	能在事故第二天写出报告的次数和百分比 损失的人工工时 改善不安全工作条件的开支	钱：从4月1日起每周做一次报告 孙：在5月1日前提出修改行动方案 吴：在6月30日前实施计划

2．产量衡量法

产量衡量法指纯粹通过产量来衡量绩效的方法。例如，对销售人员，衡量其销售量和销售额；对生产工人，衡量其产品的数量。这种方法与目标管理法的区别在于它事先未必有一个目标；衡量的结果是具体的数字，而不是衡量结果是"高于"、"低于"还是"等于"某个特定目标；实施的过程也比较简单，不像目标管理法那样有一个循环的系统；员工的参与度也比较低。

3．目标管理法

目标管理这种管理哲学是彼得·德鲁克在1954年第一次提出来的。目标管理的过程是一个循环的过程。这一过程可以分为七个步骤，如图7-1所示。

前三步中，自上而下地制定组织的、部门的、主管的和员工个人的目标。第四步，主管和员工共同商讨员工的绩效目标和衡量标准，直至达成协议。员工参与目标制定的过程是目标管理法的一大特色。第五步，在评价期间，主管要定期对员工的绩效进行审核，看其是否达到绩效目标。在这个过程中，主管也要随着情况的变动给员工增加一些新的目标，或者去除一些不合适的目标。经过这样的复核，目标会变得越来越实际。第六步，评价期间结束（通常是六个月或一年后），员工首先要对自己的绩效进行评估，总结自己是否完成了既定的目标；接下来主管对员工进行评估；然后主管和员工针对评估结果进行面谈沟通。第七步，组织要复核个人绩效和组织绩效的联系。

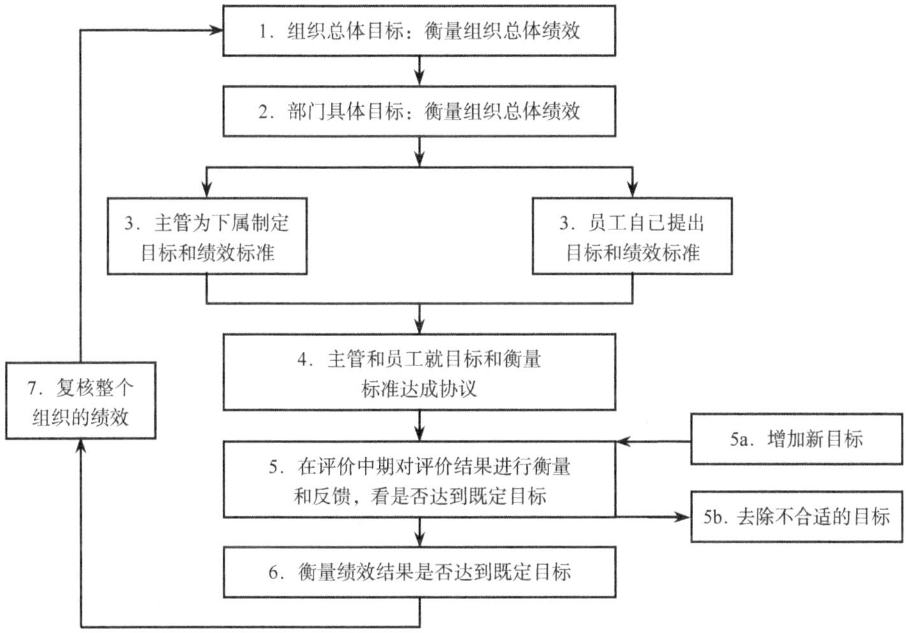

```
      ┌─────────────────────────────────┐
      │ 1. 组织总体目标：衡量组织总体绩效 │
      └─────────────────────────────────┘
                     │
      ┌─────────────────────────────────┐
      │ 2. 部门具体目标：衡量组织总体绩效 │
      └─────────────────────────────────┘
           │                    │
   ┌──────────────┐      ┌──────────────┐
   │ 3. 主管为下属制定│      │ 3. 员工自己提出 │
   │  目标和绩效标准 │      │  目标和绩效标准 │
   └──────────────┘      └──────────────┘
           │                    │
        ┌────────────────────────────┐
        │ 4. 主管和员工就目标和衡量   │
        │    标准达成协议             │
        └────────────────────────────┘
                     │
        ┌────────────────────────────┐          ┌──────────────┐
        │ 5. 在评价中期对评价结果进行衡量│ ◄────── │ 5a. 增加新目标 │
        │    和反馈，看是否达到既定目标  │          └──────────────┘
        └────────────────────────────┘          ┌──────────────────┐
                     │                          │ 5b. 去除不合适的目标│
        ┌────────────────────────────┐          └──────────────────┘
        │ 6. 衡量绩效结果是否达到既定目标│
        └────────────────────────────┘
```
（7. 复核整个组织的绩效）

图 7-1 目标管理法的实施过程

以团队为基础进行目标管理的方法称为团队目标管理法，即先设定一个组织的整体目标，再设定每一个团队的目标，针对团队的目标，员工和主管及同事一起确定其个人的目标。这种方法的优点是可以让员工更多地参与目标设定的过程，可以加强团队内部的关系和主管与部属的关系。但实行团队目标管理法需要整体领导风格、气氛、组织文化的配合，在高度信任的、积极参与和支持的领导方式下，以及开放的、合作的环境下比较适合。

7.1.6 各种评估方法比较

表 7-15、表 7-16 和表 7-17 对各种评估方法的比较结果进行了总结。

一个组织采用的评估方法，很可能是同一类型中不同方法的组合，如图解特征法和目标管理法的结合；也可能是几个不同类型方法的组合，如同时使用绝对评估法和行为观察法，或者同时使用相对评估法和关键事件法。

表 7-15 特征、行为、结果导向的评估方法优劣势对比

	优 势	劣 势
特征导向评估法	成本较低 效标比较有意义 使用方便	产生评估错误的可能较大 对员工的指导效用较小 不适合用于奖励的分配 不适合用于晋升的决策
行为导向评估法	绩效指标比较具体 对员工和主管都比较容易接受 有利于提供绩效反馈 借此做出的奖励和晋升决策较公平	建立和发展此方法可能较费时间 成本较高 有可能产生评估错误
结果导向评估法	主观偏见少 对员工和主管都容易接受 把个人的绩效和组织的绩效联系起来 鼓励共同设定目标 有利于做出奖励和晋升决策	建立和发展此方法很费时间 可能会鼓励只看短期的行为 可能使用被污染的标准 标准可能不足

表 7-16 八种不同标准类型的评估方法的比较

	图解式考核法	行为锚定法	行为观察法	关键事件法	不良事故考核法	个人绩效合约法	产量衡量法	目标管理法
成本	低	高	高	低	低	低	低	高
使用方便性	高	高	高	较高	较高	高	高	低
被评估者满意度	中	较高	高	中	低	较高	较低	较高
有利于评价性目标	低	高	高	中	中	高	中	低
有利于发展性目标	低	较高	高	高	高	高	低	高
可比较性	低	高	高	低	低	中	高	较高
绩效区分度	低	高	高	高	高	较高	高	高
客观性	低	高	高	较高	较高	高	高	高
有利于减少晕轮效应	低	高	高	低	低	低	高	高
有利于减少宽大行为	低	高	高	较高	较高	较高	高	高
有利于减少集中趋势	低	中	中	中	中	较低	高	高
有利于减少近似效应	低	低	低	高	高	较低	高	高

表 7-17　绝对评估法和相对评估法的比较

	绝对评估法	相对评估法
成本	高	低
使用方便性	低	高
被评估者满意度	高	低
有利于评价性目标	高	低
有利于发展性目标	高	低
绩效区分度	不确定	低
对合作的影响力	不利	有利
客观性	低	高
有利于减少晕轮效应	高	低
有利于减少宽大行为	低	高
有利于减少集中趋势	低	高
有利于减少近似效应	低	高

7.2　绩效考核中的常见问题

由于绩效考核对企业发展具有极其重要的促进作用，很多企业都将这一机制引入到了自己的管理实践中，以期实现对人力资源的充分开发和利用。但是在具体的实施过程中，相当一部分企业绩效考核导入的效果都不是很理想，并没有达到预期的目的。国务院发展研究中心企业研究所做了一项调查，调查报告显示，只有 72.2%的企业建立了定期人员绩效考核制度，实行人员绩效考核的企业比例为 67.3%，其中约一半（占总体 32.7%）执行不力，考核效果也不理想。在 1 044 家实施人员绩效考核的企业中，59.1%的企业选择效果"一般"，选择"非常好"和"很好"的比例合计仅为 20%，选择考核效果"非常好"的企业只有 18 家，占 1.7%。

7.2.1　主观因素导致的问题

1. 考核目的不明确

许多企业考核目的不明确，不清楚绩效考核到底有什么用，只是盲目地跟随其他企业，看其他企业开展绩效考核，它们也考核，结果造成"考核处处在，结果不实在"的局面。由于绩效考核的目的不明确，使得一些企业在绩效考核过程中形成两种极端现象，一种是有的企业片面地低估绩效考核，认为绩效考核和传统的人力资源管理没有什么区别，不过是平时做考勤，年终做述职，偶尔听评议；考核工作也是仅仅由原来的人力资源部来完成，考核结果最终被束之高阁。另一种是有的企业片面夸大绩效考核，甚至把绩效考核等同于当前人力资源领域中被广泛强调的绩效管理。实际上，绩效考核仅仅是绩效管理的关键一环，不能用绩效考核来代替绩效管理。

2. 绩效考核受到抵触

（1）绩效考核自身

绩效考核标准自身就存在一定的偏差。墨菲和康斯坦斯在一项有关量表的研究中发现，量表本身可能会带来评估偏差。随着周边绩效定义的出现，绩效考核中又多了一项任务：考核周边绩效。而周边绩效强调人际技能和以改善工作关系为目的的人际互动，它的指标体系大都以定性标准为基础，大部分考核指标都具有较强的主观性，很容易影响绩效考核的公正性。再者，有学者也指出，绩效考核很难考核创意的价值，很难考核团队工作中的个人价值。

（2）考核者角度

芦慧和顾琴轩通过网络的形式，对国内五个企业的 30 名中层管理者进行了调查。调查结果显示，针对绩效考核中作为考核者这一角色而言，他们一致认为在绩效考核时通常会有很多顾虑，很难顾及全面，难以取舍整体和局部利益等。在谈到受光环效应、近因效应、从众效应、刻板印象等影响而使考核结果发生偏差的问题上，有的考核者认为这是个人不可控的因素，有的则认为是缺乏相应评估知识的培训，如果由于这些造成考核结果的不理想，他们本人也很无奈。这些问题都令考核者感受到一定的压力，难怪他们也在埋怨"绩效考核"。

（3）被考核者角度

除了他人的组织政治行为影响到个人的公正知觉之外，还有一点必须注意，那就是个人的归因偏差。在归因偏差理论中，自利性偏差是指人们在被告知获得成功的时候将成功归因于自己的努力和能力，而将失败归因于坏运气或问题本身的"不可能性"所造成的外部情境因素，同时把他人的成功归因于情境因素，而将他人的失败归因于个人因素。这种由于归因偏差造成的个人不公正感也使得绩效考核带着"无非是走走形式"的帽子。

虽然说绩效考核可以使表现优秀的员工受到鼓励或奖赏，使表现不良的员工遭到批评或惩罚，但由于考核过程中存在一些主观因素，考核出现误差是在所难免的。所以，就被考核者而言，他们认为考核过程不够严谨，往往自己表现好的方面难以被发现，而一些无意间造成的差错有可能导致惩罚，这使他们产生被"整"的错觉。因此，他们常常对绩效考核抱有戒心，采取冷漠甚至不合作、不服从的态度。

从以上论述中不难发现，在"不受欢迎"这种情绪体验背后更多的是对工作压力的焦虑和对组织政治行为的反感，更重要的是对公正感的体验。一些后进员工对考核持怀疑、反感与排斥态度。

3. 因考核者心理、行为而出现的偏差

一些部门主管日常考核草率，夹带个人感情色彩，在一定程度上影响了考核的质量，年末归级后也容易引起上下级矛盾。部门主管日常考核容易失之于宽，给本部门员工打分太高，考核成了"隔靴搔痒"，成了"广结善缘"的工具。在绩效考核过程中，考核者总是会存在一些心理困扰，这些困扰会影响考核的质量，使考核产生偏差。常见的考核偏差有以下几种。

（1）晕轮效应

晕轮效应，又名晕圈效应或光环效应，是指考核者对被考核者某一方面绩效的评价影响了对被考核者其他方面绩效的评价。特别是当考核者特别欣赏或厌恶被考核者时，往往不自觉地对被考核者其他方面的绩效做出过高或过低的评价。在考核中，这种晕轮效应很容易产生，尤其是对那些没有标准化的因素（如主动性、工作态度、人际关系、工作质量）实行考核时，晕轮效应会表现得更加明显。当考核者对一个员工的总体印象以一个具体特点（如智慧或容貌）为基础时，就会发生光环效应，从而导致不恰当的评价结果。例如，一位考核者对一个员工的智慧印象特别深，他可能会忽视该员工的某些缺点并在 5 分量表上给他全打 5 分，而对于被认为智慧平平的员工则可能全给打成 3 分。因为光环效应的错误在于不能确认员工的具体优点和缺点，所以它是准确地考核员工绩效的一个障碍。

（2）趋中效应

趋中效应，又名趋中倾向或趋中性错误，是指考核者可能对全部被考核者做出既不太好又不太坏的评价。为了避免出现极高和极低两个极端，考核者不自觉地将所有评定向中间等级靠拢。多年的人力资源工作及传统的人情观念使得许多主管都成了与人为善的"老好人"，尤其是当绩效考核结果与薪酬挂钩时，往往牵涉员工的切身利益，员工对此非常敏感，考核中的偏差极易引起员工的不满，大多数主管不愿意背此"黑锅"，因此出现了考核中的趋中倾向，即大多数员工的考核结果都趋于取中间值，或者都简单地被评为"一般"，表现极好或极差的只是少数。

有些部门负责人抱着谁也不得罪的想法，既不愿给表现不佳的下属打低分，也不愿

给表现出色的员工打高分,所有员工均以平均或接近平均的得分结束评估。表面上大家一团和气,实际效果往往适得其反,因为过于趋中的评价结果难以辨明谁是最佳工作者、谁是最差工作者。出现这种错误主要是因为评价者个人的主观错误,但是如果绩效评价标准的设计不合理,也有可能导致趋中性错误。当评价量表的端点被不现实地加以规定时(如"5分"意味着"员工能在水面上行走","1分"意味着"员工会在小水坑中被淹死"),趋中性错误也会发生。

(3)近期效应

近期效应,又叫近因性错误,是指考核者对被考核者的近期行为表现,尤其对被考核者在近期取得令人瞩目的成绩或犯下过错产生比较深刻的印象时,考核者便无法全面考察被考核者在较长时期内的行为表现和工作业绩。从心理角度来说,人们对近期发生的事情印象比较深刻,而对远期发生的事情比较淡漠。因此,如果绩效考核的周期较长,加上主管未对员工平时的表现做经常性的观察和记录,那么,在对被考核者某一时期的工作进行评估时,考核者则会只看该员工近期的表现和成绩,以记忆和印象来代替被考核者在整个考核周期的表现,使考核出现误差。

大多数组织要求一年或半年对员工评估一次。当评定员工的某一具体特点时,评定者不可能回想起在整个评估阶段中发生的与他相关的所有工作行为。这种现象称为绩效考核中的记忆衰退,它通常会导致近因性错误的发生。也就是说,评分受到较易记住的近期事件的巨大影响。例如,某位员工因为在最近一个月里表现不佳,他很可能得到一种不良的评定,尽管他在以前的十一个月里表现得都非常优秀。这也是我们为什么一直强调要在绩效形成过程中使用绩效记录的主要原因。

(4)对比效应

对比效应,又叫类比错误,是指在绩效评定中他人的绩效影响了对某人的绩效评定。要克服这方面偏差,一方面可通过培训提升全员的考核技能。很多部门负责人在做评分时,常常会自觉不自觉地将下属之间相互比较,以权衡分值高低,甚至是直接进行优劣判断,而忽视了应针对每个下属各自的表现和特点与既定的工作标准进行比较,看一看他对工作目标的完成情况,以及与前期的比较有何改进之处、后期又将从哪些方面争取提高。

考核者应明确考核是一门技能,不掌握技能进行考核就如同没有驾驶证就开车,那是很危险的。只有全体考核者掌握了考核技能,才有可能使绩效考核做到公开、公平、公正。在施行绩效考核的过程中也应该就评价的准确性、公正性向考核者提供反馈,指出他们在评价过程中所犯的错误,以帮助他们提高评价技能。

（5）过宽或过严倾向

过宽或过严倾向，又名宽厚性或严厉性错误。如果组织对绩效考核结果设定分配比例，出于管理水平与其他考虑，有些考核者为了避免冲突或由于对员工不太了解，他们会对大部分员工给予高于实际表现的评价，从而出现了绩效考核中的过宽倾向。与此相反，有些考核者本身是一个完美主义者，给予大部分员工低于实际表现的评价，导致出现考核过严倾向。这可能是因为管理者不了解外在环境对员工绩效表现的制约作用，也有可能是因为管理者自己的绩效评价偏低而产生的自卑感所致。

（6）定式反应

定式反应是指考核者在进行绩效考核时，往往用自己的思维方式衡量员工的言行，与自己的理想标准及个人特点相似者给高分，否则给低分。

（7）自我比较错误

每个人在评价事物时都难免会有一种个人倾向，那就是习惯以自己的个性偏好和工作方式来衡量他人。有的考核人会不自觉地把自己作为衡量的标准，而把客观的绩效标准置之不顾，把和自己相比较差的员工给予较低的评价；把和自己相比较为优秀的员工给予较高的评价。

（8）以往评价记录的影响

有些员工一直表现优秀，并且在绩效考核中一直保持较好的成绩。考核人心中已经留下了该员工比较优秀的印象。如此一来，在下次的绩效考核中，考核人受到这种惯性的影响，就会抛开绩效标准和本周期内该员工的绩效表现而继续给予该员工较高的评价。

（9）直线管理者角色定位错误

企业普遍存在的一个认识是人力资源管理是人力资源部的事情，绩效管理是人力资源管理的一部分，当然应由人力资源部来做，部门主管只执行一些关于实施绩效管理的指示，如做一些分发、收集绩效评价表的事情，剩下的工作全部交给人力资源部，绩效管理做得不好也是人力资源部的问题，这其实是一种极端错误的认识。由于直线管理者没有很好地认识自己在绩效管理中所扮演的角色，使得绩效管理的体系、政策、方案、流程不能很好地在绩效管理中应用，这也是绩效管理得不到有效实施的一个非常重要的原因。

其实，直线管理者才是绩效管理系统实施的主体，他们在绩效目标的制定、绩效完成过程中的监控指导、绩效反馈面谈与改进中都承担着重要的责任，起着桥梁作用，上对公司的绩效管理体系负责，下对下属员工的绩效提高负责。如果直线管理者不能转变观念,不能很好地理解和执行自己的职责,再好的绩效体系、再好的绩效政策也不能确实落到实处。

7.2.2 客观因素导致的问题

1. 考核缺乏标准

由于许多企业考核目的不明确,导致其制定的考核标准过于模糊,表现为标准照搬、标准欠缺、标准走样、难以准确量化等形式。以欠缺的标准或不相关的标准来对考核者进行考核,极易导致不全面和非客观公正的判断。模糊的绩效考核标准很难使被考核者对考核结果感到信服。

有的企业缺乏公平客观的绩效评价标准,它们单凭管理者个人主观的眼光判断员工绩效的好坏,其结果必然使员工产生绩效考核不公平、不公正的感觉。由于考核结果缺乏依据,主管难免会有暗箱操作的嫌疑。另外,一个人看待事物往往总是不全面的。例如,有的人能力不高,但却会在主管面前看其脸色而见机行事,到最后绩效考核成绩一点儿也不比那些卖力做工作的员工差,这样只会打击哪些真正做事的员工。因此,采用模糊判断考核不仅起不到考核应起的积极作用,反而会成为阻碍工作进步的工具。各部门日常考核的尺度不一,无法横向比较,管理部门与绩效考核领导小组要花大量的时间进行平衡。

2. 考核方式单一

在许多企业的实践中,考核方式往往是上级对下属进行审查式考核,考核者作为员工的直接上司,他和员工的私人友情或冲突,以及个人的偏见或喜好等非客观因素将很大程度地影响绩效考核的结果。要想科学全面地评价一位员工,往往需要以多视角对其进行观察和判断,考核者一般应该包括考核者的上级、同事、下属、被考核者本人及客户等,实施 360° 的综合考核,从而得出客观、全面、精确的考核意见。

有些人坚持用量化的方式表示绩效标准。他们主张以数量、百分比或数字等来表示各个具体的标准。但事实上,并不是所有情况下都可能甚至有必要用量化的方式表示绩效标准。有些时候,我们并不排斥甚至只能采用主观判断的方式进行评价。在这种情况下,绩效标准也应尽可能被具体明确地说明。如果简单地用一天编多少条程序来考核软件工程师的绩效,本来可以用 10 条程序编写的软件,他会写成 100 条。采用绝对量化的考核方法,不仅严格规定了死板的考核内容,抹杀了工作中的创新、改善和进步,而且要建立一个完善的绝对量化的考核制度也是根本不现实的。

3. 考核缺乏高层管理者的支持

就人力资源管理的所有职能来说,如果缺乏高层管理者的支持,绩效评估计划则不会成功。即使一个经过精心策划的评估计划,如果评估者没有得到其管理者的支持与鼓励,评估工作也不会取得理想的成效。为了强调评估的责任重大,高层管理者应该公开宣布,对员工绩效考核的有效与否将作为对评估者的评估标准之一。此外,还有以下一些原因致使绩效考核程序不能达到预期效果:① 经理人员认为对评估计划投入时间和精力只会获得很少的收益,甚至没有收益。② 经理人员不喜欢面对面的评估会谈方式。③ 经理人员不擅长提供有关评估方面的反馈信息。④ 经理人员在评估中的法官角色与其在员工发展方面的帮助者角色相矛盾。

4. 考核过程形式化

很多企业人力资源部到年终时便让员工填写各种各样的表格,而员工则按领导的喜好,为维护自身的利益填写表格。然后,主管和每个员工谈一次话,签上名,考核就算结束,而表格则被存于人力资源部的档案柜里。绩效信息收集只是走过场,是一个必走的程序而已,考核过程形式化导致考核的结果不够全面,甚至失真。

如果某一天想要依据这些表格做出一些人力资源决策,便会发现表中所提供的信息往往很模糊或不准确,依据这些信息所做的人力资源决策也不可靠。绩效信息的收集不足或失真,致使绩效考核与"浪费时间"、"流于形式"等评价联系在一起。由于考核者认为绩效考核不好做,搞不好还得罪人,出力不讨好,于是,他们即使在平时发现了问题,甚至对一些员工的工作状况很不满意,而真正在纸上做评定时,所有的人员考核结果几乎都是优良,结果造成绩效考核流于形式,不见效果。

5. 考核缺乏沟通

许多企业的绩效考核并无沟通,或者沟通只是管理者向员工通报绩效考核结果,而没有针对结果与员工讨论绩效改进的措施与方案,也没有建立有效的定期沟通制度,在考核周期内更是缺乏管理者对员工工作不足与失误的指导,导致最终的绩效考核结果不理想。

6. 考核结果无反馈

考核结果无反馈的表现形式一般分为两种。第一种是考核者不愿将考核结果及其对考核结果的解释反馈给被考核者,考核行为成为一种暗箱操作,被考核者无法知道考核者对自己哪些方面感到满意,自己在哪些方面需要改进。第二种考核无反馈形式是指考核者无意识或无能力将考核结果反馈给被考核者,这种情况的出现往往是由于考核者本人未能真正了解人力资源绩效考核的意义与目的,加上缺乏良好的沟通能力和民主的企业文化造成的。

7. 考核与人力资源管理的其他环节脱钩

一些企业不对考核结果进行认真细致的分析,不依据考核结果制定招聘计划,对于考核中的绩优者和绩差者不进行适当的奖励和惩罚,为考核而进行考核,没有把绩效考核作为人力资源管理系统中关键的一环,这些都使绩效考核失去了其应有的促进企业管理的作用。

考核指标的确定应该依据工作分析的结果,从各岗位职责中提取绩效考核指标;而绩效考核的结果更是需要与薪资调整、职位变动培训等人力资源管理活动挂钩,能力评价的结果则是在绩效考核的基础上,更多地应用于员工的职业生涯发展。

很多公司正是在绩效管理中存在着以上误区,使得公司的绩效管理始终处于一个较低的层面,浪费了公司大量的人力和物力,绩效管理得不到预期的效果,员工及公司的管理层对其失去信心,进而导致整个管理上的恶性循环。因此,我们必须明确绩效管理理念,纠正对绩效管理的错误认识,尽快走出误区,使绩效管理发挥其应有的作用。

7.3 提高绩效考核的有效性

在考核方案的实施过程中,可以从前馈控制、过程控制、反馈控制及正确处理和利用考核结果四个角度为保证绩效考核的公正性和公平性提供一些建议。

7.3.1 前馈控制

1. 树立绩效管理的思想

实践证明,提高绩效的有效途径是进行绩效管理。绩效管理是绩效计划、绩效实施、绩效考核、绩效反馈与面谈,以及绩效结果应用的一个循环。在这个循环中,绩效考核是绩效管理重要的一部分,有效的绩效考核依赖于整个绩效管理活动的成功开展,而成功的绩效管理也需要有效的绩效考核来支撑。绩效管理是依据员工和他们的直接主管之间达成的协议,来实施一个双向式互动的沟通过程。

绩效管理可以帮助企业实现其绩效的持续发展,促进企业形成一个以绩效为导向的企业文化;可以激励员工,使他们的工作更加投入;可以激发员工开发自身的潜能,提高他们的工作满意度;可以增强团队凝聚力,改善团队绩效;通过不断的工作沟通和交流,发展员工与管理者之间的建设性、开放性的关系,给员工提供表达自己工作愿望和期望的机会。

2. 明确绩效考核的目的

我们做任何事情都讲求"有的放矢",绩效考核也是如此。只有明确了绩效考核的目的,企业才能更有效地进行绩效考核。现代管理理论认为,考核是对管理过程的一种控制,其核心的管理目标是通过评估员工的绩效及团队、组织的绩效,并通过对结果的反馈和分析绩效差距来实现员工绩效的提升,进而改善企业管理水平和业绩。同时,考核的结果还可以用于确定员工的培训、晋升、奖惩和薪酬。

3. 设计系统的指标体系和有效的考核标准

绩效考核的首要一步就是建立一套科学合理的、系统的考核指标体系,即解决"考什么"的问题。这部分内容在前面已有介绍,这里就不再具体介绍。有了要考的内容,那么具体应该达到什么样的水平才算合格或优秀,这就需要制定有效的考核标准。

有效的考核标准是根据工作来制定的,因此在订立标准时要对照所考核员工的岗位说明书,而且所订立的标准应该是可以达成、易于明确了解且可衡量的。员工应参与制定他们自己的绩效考核标准,有员工自己参与制定的绩效标准不仅恰当,而且员工也会受到鼓舞,努力去达成甚至超越标准。在选择绩效考核的指标时,应尽量把指标定量化,但有的指标是无法定量衡量的,如销售人员开发新客户的能力、与客户沟通的效果、服务客户的态度和效果等。对于这类指标,应尽可能使用明确的描述性的定性指标,但这些描述必须是通过某种途径可以进行验证且可行的。绩效标准的内容越丰富、越明确,下属员工越能够通过它全面清楚地了解工作的全貌,管理者越能够从多个方面来评价其下属员工,绩效评价的结果才能让员工更信服,同时也能够更加全面地指出员工在工作中的长处及应该改进的地方。

7.3.2 过程控制

1．选择正确的考核方法和时间

开展绩效考核的方法有许多种，但每种方法都有其优点和不足，在选用的时候一定要根据考核的目的和对象成本等具体情况，选择最合适有效的方法。例如，强制分布法可以避免趋宽、趋中、趋严等偏差的出现，使被考核者"对号入座"，鼓励先进，激励先进。又如，360°全方位绩效考核体系分别考核了员工的任务绩效和周边绩效，其结果更加客观和公平；可以引导员工加强上下级之间、同级之间、内外部之间的沟通，促进组织和谐健康发展。量化评价考核方法的成本通常高于定性评价方法的成本，但定性评价又会因为信息传递过程中失真较大而增加管理运作成本和组织成本。此外，绩效考核的成本与企业规模的大小也有一定的关联。

但是，当所有员工的绩效都比较好的时候，排序反倒容易使被考核者产生"大家都差不多，为什么还一定要排出个一、二、三来"的不平衡心理，从而影响员工间的关系，挫伤其工作积极性。绩效考核时间适合与否，对考核结果的质量有时也有重要影响。特别是两次考核之间的间隔应当适当，既不宜过长，也不宜过短。

2．加强对考核者的培训

要使绩效考核结果真实有效，就必须首先保证考核者具有较高的水平和能力；要保证考核结果的可信度和效能，就必须加强对考核者的培训。人力资源部对承担主要考核职责的考核者进行培训。依据规定的考核指标和评分要求对不同员工进行考核，要求考核者对考核内容有深刻的理解。

由于不同考核者在理解力、观察力、判断力及个性倾向等方面存在着一定的差异，因此在考核方案的实施过程中，人力资源部必须对企业中主要的考核者进行认真培训，使其深刻了解整个考核方案。对考核者的培训，主要包括以下几个方面的内容。

1）组织考核者认真学习绩效考核的内容及各项考核标准。在这一过程中，不仅要让考核者从字面上理解考核内容和评分标准，还要保证考核者深刻理解考核指标的设计思想，以及每个考核指标的具体含义。

2）列举典型的考核错误。在考核培训中，人力资源部必须对考核者强调考核中常见的一些典型错误，如过宽、过严、对所有被考核者打分趋于一致、不能合理体现差别及考核时抱有主观偏见等，并向考核者讲明发生类似错误的严重后果，以最大限度地保证考核的合理进行。

3）提高考核者的观察力和判断力。在进行考核时，考核者总是依据自己对被考核者日常行为及工作表现的观察进行判断和评价。因此，人力资源部必须对考核者认真讲解各项考核指标的含义，使他们抓住对被考核者进行日常观察的侧重点，从而提高其依据有关信息进行判断的能力。

4）加强考核者对绩效考核工作的重视和投入。在考核过程中，出现考核错误最多的人往往是那些对考核不够重视的人。他们往往对考核不认真、不投入，应付了事。因此，必须通过企业高层领导的重视及人力资源管理部门的宣传和要求来加强考核者对考核的重视与投入，以保证工作绩效考核的有效实施。

7.3.3 反馈控制

重视考核过程中的沟通和反馈是提高绩效考核有效性的办法之一。绩效考核的一个核心就是沟通，而且整个绩效考核过程就是一个持续的沟通过程。很多企业认为，绩效沟通和反馈是在考核结果出来之后进行，其实这是一种错误的认识。在整个绩效管理循环中，每一个环节都少不了绩效沟通。

绩效指标和标准的确定、考核过程中的辅导、绩效指标的调整、绩效结果的反馈及运用都离不开主管和员工之间的沟通。绩效沟通和反馈可以使员工了解主管对自己的期望，使员工了解自己的绩效、认识自己有待改进的方面。同时，员工也可以提出自己在完成绩效目标中遇到的困难，请求上级的指导。企业要及时消除实施绩效过程中的障碍，保证员工能够顺利地完成绩效。

7.3.4 正确处理和利用考核结果

1. 正确处理考核结果

我们知道，在绩效考核过程中，各种主观和客观因素会导致一些错误性结果，如趋中效应、宽厚性错误等问题，这些问题会使大部分员工的考核结果集中处于某个区域，无法区分绩效好的员工和绩效差的员工，他们的报酬也无法拉开距离，从而调动不了大家的工作积极性。使用强制分布法，可以将被考核者分别放到每个工作绩效等级上去。为了克服平均主义现象，在绩效考核结果的基础上，使用强制分布法进行调偏处理，使得考核结果有一个科学合理的分布。

2. 正确利用考核结果

绩效管理是人力资源管理的一个重要组成部分，与人力资源管理的其他环节密不可分，这种关系具体体现在绩效考核结果的应用上。绩效考核的结果更多用于薪资调整、绩效反馈和绩效改进等，而能力评价的结果则在绩效考核的基础上，更多地用于招聘筛选、人员配置、培训开发、继任计划和员工的职业生涯开发。能力评价可以发现员工所具备的潜质及将来可以发展的方向，由此做出的人力资源决策才能是正确的。

至于具体如何正确利用考核结果，我们从大量的研究中总结出了以下几点：首先，用绩效考核的结果指导员工工作业绩和工作技能的提高，通过发现员工在完成工作过程中遇到的困难和工作技能上的差距，制定有针对性的员工发展培训计划。其次，通过绩效考核的结果公平地显示员工对公司做出贡献的大小，据此决定对员工的奖惩和报酬的调整。另外，根据绩效考核的结果决定相应的人力资源变动，使员工能够从事更适合自己职位的工作。总之，就是要把绩效考核结果与人力资源管理的其他环节挂钩，为正确的人力资源决策提供信息。值得重视的是，能力评价的结果是在绩效考核的基础上，更多地用于员工的职业生涯发展。

案例分析　海底捞的绩效考核

1. 海底捞绩效考核注重过程与公平

海底捞不考核利润，按照海底捞自己的说法，"利润只是做事的结果，事做不好，利润不可能高；事做好了，利润不可能低"。但不考核不等于不关注。海底捞自己总结到，"稍有商业常识的干部和员工，不会不关心成本和利润。你不考核，仅仅是核算，大家都已经很关注了；你再考核，关注必然会过度"。因此，海底捞绩效考核注重的是取得利润这个过程，过程做好了，利润自然上来。

同时，海底捞采取的是小区考核门店。因为每个区打的分值不一样，海底捞就采用绝对值判断，分为A、B、C三个等级。这个机制的好处在于让门店有危机感，促进门店之间的优良竞争，因为不知道分数排到第几名的时候会努力提高绩效的分数，就会各方面去做好。

2. 海底捞绩效考核指标的设置——体现战略

海底捞对每个火锅店的考核只有三类指标：一是客户满意度，二是员工积极性，三是干部培养。所有这些指标，都是围绕海底捞的战略来进行设置的。即想尽一切办法提升客户满意度，海底捞相信"客人是一桌一桌抓来的"，而唯有满意的员工，才能提供令客户满意的服务，所以注重员工积极性的提升，而只有符合海底捞要求的干部，才能带出能提供令客户满意服务的员工，这相当于是一环扣一环的关系。

对指标进行考核很容易，但关键是对这些指标的坚守。在海底捞，这三个指标不仅决定了店长的奖金，甚至提升和降职也根据这三个指标。例如，海底捞的店长只是业绩做得好还不行，还要看你能不能培养干部。"能下蛋的母鸡最值绩效管理钱"，在海底捞，能培养干部的干部晋升得最快。如果你只能自己干，不会用人和培养人，说明你是"公鸡"，人家跟着你，没有大出息。2010年，海底捞就一口气免了三名这样兢兢业业的"公鸡"店长。

对客户满意度的极端关注，让海底捞充分对员工进行授权。不论什么原因，只要基层员工认为有必要，都可以给客人免一个菜或者加一个菜，甚至免一餐。其实在服务业，基层员工充分授权并不是海底捞的首创。以服务享誉全球的五星级酒店——丽思卡尔顿酒店为例，其员工就享有多项服务客户的自主决策权。对基层员工的尊重和信任是海底捞和丽思卡尔顿酒店的共同特性。这些企业的指标设置与其战略和管理是一致的。正是因为这种高度一致性，让基层员工明确公司的战略，让所有人的行为围绕战略而展开。

3. 另辟蹊径的考核办法——绩效管理的关键是中层干部

海底捞现在的考核体系全部都是由上级考核下级，上级考核有一个班子和团队，这个团队在海底捞工作很多年，非常有经验，而且很多当过店长，之后才进入绩效考核团队。

海底捞对"客户满意度"的考核，不是通过给客人发满意度调查表来进行的，而是让店长的直接上级——小区经理经常在店中巡查。小区经理不断地同店长沟通，客户哪些方面的满意度比过去好，哪些比过去差，熟客是多了还是少了。

对员工满意度的考核，也是通过上级的判断来进行的，同时摸索出一套验证流程和标准，如抽查和神秘访客等方法对各店的考核进行复查。建立越级投诉机制，当下级发现上级不公平，特别是人品方面的问题时，下级可以随时向上级的上级，直至大区经理和总部投诉。

不难看出，海底捞的业绩管理和门店扩张，靠的是能够理解、执行和贯彻海底捞使命、文化和管理要求的店长等中层干部。对员工的绩效管理，靠的是懂行的管理者的"人"的判断，而不是简单地用定量化的考核工具。由于海底捞的经理都是从服务员做起的，评价基本都会比较真实地反映实际情况，消除了主管因素。

相比较而言，很多公司的客户满意度评估是通过让客户填写《客户满意度调查问卷》来进行的，这种方式无法保证及时性和准确性。

4. 绩效政策制定与实施的关键——坚持人性第一标准

很多企业把绩效管理当作检测、评估和监督员工的工具，企图通过强制性的指标监控来代替管理。为了保证业务质量、降低成本，加大了对员工的监督力度，严格考勤、请假制度等。为了让员工按照标准做事，从原有的工资中拿出一块作为绩效工资，与绩效指标挂钩，如果未达到就扣发绩效工资等。

海底捞告诉我们，任何好的绩效制度与政策，要想执行得好，必须基于人性。人不幸福，就不可能提供令客户舒心满意的服务。只有理解员工心理和诉求，知道员工在想什么，才能有的放矢地采取最佳激励员工的方式。我们有很多餐饮企业，尽管天天有人检查卫生间的清洁程度，依然味道熏天；天天强调微笑服务，但却走形式，成了皮笑肉不笑的苦笑。

制定政策时考虑人性，执行政策时顾及人性。海底捞对客户满意的高标准，对员工服务的高要求，对激励员工的高信任是一体化的。海底捞不以利润为考核指标，不以利润为终极导向，但在服务客户过程中却收获到利润。这种思维模式，就如马云在CCTV《赢在中国》栏目采访时所说的，"赚钱是一种结果，它永远不会成为我们的目的，我们希望创造一个真正由中国人创办的全世界感到骄傲的伟大公司，那是我的梦想和我们这一代人的梦想"。

第 8 章

绩效反馈与绩效面谈

本章导读

绩效反馈与绩效面谈的重要性长期以来都被忽视，如果不将考核结果反馈给被考核的员工，考核将失去极为重要的激励、奖惩和培训的功能。因此，绩效反馈对绩效管理起着至关重要的作用。绩效反馈是绩效管理过程中的一个重要环节。它主要通过考核者与被考核者之间的沟通，就被考核者在考核周期内的绩效情况进行反馈，在肯定成绩的同时，找出不足并加以改进。

根据不同的分类依据，绩效反馈有不同的方式。绩效反馈一般通过语言沟通、暗示及奖励等方式进行，它根据被考核者的参与程度分为三种方式：指令式、指导式、授权式。绩效面谈是绩效反馈中的一种正式沟通方法，是绩效反馈的主要形式，正确的绩效面谈是保证绩效反馈顺利进行的基础，是绩效反馈发挥作用的保障。绩效面谈的内容主要包括工作业绩、行为表现、改进措施和新的目标四个主要方面。绩效面谈中要注意采用适当的策略，根据不同类型的员工选择最为有效的方法进行面谈。

尽管在进行绩效面谈时所面临的问题和困惑不尽相同，但是大都可以通过汉堡法和 BEST 法来改进绩效面谈的效果。绩效反馈面谈后，主管需要对面谈的效果进行评估，以便调整绩效反馈面谈的方式，取得更好的面谈效果。针对管理者和员工在绩效反馈后出现的问题，我们提出改进绩效反馈的措施，主要从强化管理者素质、注意沟通方法技巧等方面来提高绩效反馈的效率与效果。

8.1 绩效反馈概述

绩效反馈是绩效管理的最后一步，是由员工和管理者一起，回顾和讨论考核的结果。

如果不将考核结果反馈给被考核的员工,考核将失去极为重要的激励、奖惩和培训的功能。因此,绩效反馈对绩效管理起着至关重要的作用。

8.1.1 绩效反馈的含义及作用

1. 绩效反馈的含义

组织行为学的研究发现,运用反馈来改善组织绩效可以追溯到 20 世纪 70 年代。此后,绩效反馈就一直被运用于组织管理实践中以改善绩效,反馈运用的成功性与普遍性不容置疑,但是关于反馈这个术语的含义却一直没有定论。学术界都认为反馈是一个双向的动态过程,由反馈源、所传送的反馈信息、反馈接受者三部分组成。由此,我们认为绩效反馈是绩效管理过程中的一个重要环节。它主要通过考核者与被考核者之间的沟通,就被考核者在考核周期内的绩效情况进行反馈,在肯定成绩的同时,找出不足并加以改进。被考核者可以在绩效反馈过程中对考核者的考核结果予以认同,有异议的可以向公司高层提出申诉,最终使绩效考核结果得到认可。

2. 绩效反馈的作用

有效的绩效反馈对绩效管理起着至关重要的作用,如果不将考核结果反馈给被考核的员工,考核将失去极为重要的激励、奖惩和培训的功能,而且其公平和公正性难以得到保证。

1)绩效反馈在考核者和被考核者之间架起了一座沟通的桥梁,使考核公开化,确保考核的公平和公正。由于绩效考核与被考核者的切身利益息息相关,考核结果的公正性就成为人们关心的焦点。而考核过程是考核者的施动行为,考核者不可避免地会掺杂自己的主观意识,导致公正性不能完全依靠制度的改善来实现。绩效反馈较好地解决了这个矛盾,它不仅让被考核者成为主动因素,更赋予了其一定权利,使被考核者拥有知情权和发言权;同时,通过程序化的绩效申诉,有效降低了考核过程中不公正因素所带来的负面效应,在被考核者与考核者之间找到了平衡点,对整个绩效管理体系的完善起到了积极作用。

2)绩效反馈是提高绩效的保证。绩效考核结束后,被考核者接到考核结果通知单时,他在很大程度上并不了解考核结果的来由,这时就需要考核者就考核的全过程,特别是对被考核者的绩效情况进行详细介绍,指出被考核者的优缺点,另外考核者还需要对被考核者的绩效提出改进建议。

3）绩效反馈可以排除目标冲突，有利于增强企业的核心竞争力。任何一个团队都存在两个目标：组织目标和个体目标。组织目标和个体目标的一致能够促进组织的不断进步，反之则会产生负面影响。在这两者之间，组织目标占主导地位，它要求个体目标处于服从的地位。有效的绩效反馈可以通过对绩效考核过程及结果的探讨，发现个体目标中的不和谐因素，借助组织中的激励手段，促使个体目标朝着组织目标方向发展，使组织目标和个体目标达成一致。

8.1.2 绩效反馈的形式

1. 绩效反馈的分类方法

（1）按照反馈方式分类

绩效反馈一般通过语言沟通、暗示及奖励等方式进行。语言沟通是指考核人将绩效考核通过口头或书面的形式反馈给被考核者，对其良好的绩效加以肯定，对其不良业绩予以批评；暗示方式是指考核者以间接的形式（如上级对下级的亲疏）对被考核者的绩效予以肯定或否定；奖惩方式是指通过货币（如加薪、奖金或罚款）及非货币（如提升、嘉奖或降级）形式对被考核者的绩效进行反馈。

在绩效反馈中，奖惩方式对激励的影响最为直接，它用物质的或非物质的手段刺激与强化被考核者的行为。语言沟通可满足被考核者一定的精神需要（当他的成绩被肯定时），在负激励时可起到一定的缓冲作用（不是一棍子打死），且沟通能使双方彼此了解对方的意图，避免了激励不对称，但相比而言，由于被评价人得不到实惠，也没失去既得的利益，激励的强度就显得较弱。暗示方式则更为间接，对被评价人不满时，采用暗示方式可能会维持其一定的自尊心，以促使其自觉改正（但这对于不自觉者无效），暗示方式的不足是容易引起误解，有些当事人会假装没有收到反馈，因此暗示方式的激励效果或许最弱。在肯定被评价人的成绩时，采用前两种方式更为有效。

（2）按照反馈中被考核者的参与程度分类

绩效反馈根据被考核者的参与程度分为三种：指令式、指导式、授权式。指令式是最接近传统的反馈模式，对大多数管理者来说，他们最习惯这种方式。其主要特点是管理者只告诉员工，他们所做的哪些是对的，哪些是错的；他们应该做什么，下次应该做什么；他们为什么应该这样做，而不应该那样做。在这种方式下，员工的任务是听、学，然后按管理者的要求去做事情。一般而言，人们很容易对指令式持否定态度，因为它以管理者为中心而不是以员工为中心。指导式以教与问相结合为特点，这种方式同时以管理者和员工为中心，管理者对所反馈的内容更感兴趣。用指导式反馈同样的信息时，主管会不断地问员工，为什么认为事情做错了；是否知道怎样做更好；在各种方法中，你认为哪种最好，为什么；假如出现问题怎么办等。这样，员工就能在对某事取得一致意见之前，与管理者一起探讨各自的方法。授权式的特点是以问为主、以教为辅，完全以员工为中心；管理者主要对员工回答的内容感兴趣，较少发表自己的观点，而且注重帮助员工独立地找到解决问题的办法；通过不断提出问题，帮助员工进行探索和发现，这些问题与指导式所问的问题类似，但问题的内容更广泛、更深刻，也很少讲授。

（3）按照反馈的内容和形式分类

内容和形式是决定一个事物的两个最主要的方面。采取何种反馈方式在很大程度上决定着反馈的有效与否。根据反馈的内容和形式，绩效反馈分为正式反馈和非正式反馈两类。正式反馈是事先计划和安排的，如定期的书面报告、面谈、有经理参加的定期小组或团队会等。非正式反馈的形式也多种多样，如闲聊、走动式交谈等。

2. 绩效面谈在绩效反馈形式中的重要地位

绩效面谈是绩效反馈中的一种正式沟通方法，是绩效反馈的主要形式，正确的绩效面谈是保证绩效反馈顺利进行的基础，是绩效反馈发挥作用的保障。通过绩效面谈，可以让被考核者了解自身绩效，强化优势，改进不足；同时也可以将企业的期望、目标和价值观进行传递，形成价值创造的传导和放大。绩效面谈的作用是多方面的，企业可以提高绩效考核的透明度，突出以人为本的管理理念，有效传播企业文化；可以增强员工的自我管理意识，充分发挥员工的潜在能力。成功的绩效面谈在人力资源管理中起到了双赢的效果。

8.2 绩效面谈

8.2.1 绩效面谈的内容

绩效面谈的内容应围绕员工上一个绩效周期工作而开展，一般包括四个方面的内容，如表8-1所示。

表8-1 绩效面谈记录表

部门/处室			时间	
被考核者	姓名：		岗位：	
考核者	姓名：		岗位：	

续表

工作业绩	
行为表现	
改进措施	
新的目标	

（1）工作业绩

工作业绩的综合完成情况是考核者进行绩效面谈时最为重要的内容，在面谈时应将评估结果及时反馈给被考核者，如果被考核者对绩效评估的结果有异议，则需要和下属一起回顾上一绩效周期的绩效计划和绩效标准，并详细地向下属介绍绩效评估的理由。通过对绩效结果的反馈，总结绩效达成的经验，找出绩效未能有效达成的原因，为以后更好地完成工作打下基础。

（2）行为表现

除了绩效结果以外，主管还应关注被考核者的行为表现，如工作态度、工作能力等。对工作态度和工作能力的关注可以帮助被考核者更好地完善自己，提高员工的技能，也有助于帮助员工进行职业生涯规划。

（3）改进措施

绩效管理的最终目的是改善绩效。在面谈过程中，针对被考核者未能有效完成的绩效计划，考核者应该和被考核者一起分析绩效不佳的原因，并设法帮助被考核者提出具体的绩效改进措施。

（4）新的目标

绩效面谈作为绩效管理流程中的最后环节，考核者应在这个环节中结合上一绩效周期的绩效计划完成情况，并结合被考核者新的工作任务，和被考核者一起提出下一绩效周期中新的工作目标和工作标准，这实际上是帮助被考核者一起制定新的绩效计划。

8.2.2 绩效面谈的策略

在绩效反馈面谈中，管理者应针对不同类型的员工选择不同的面谈策略，这样才能做到有的放矢，取得良好的反馈效果。一般来讲，员工可以依据工作业绩和工作态度分为以下四种类型。

（1）贡献型（工作业绩好+工作态度好）

贡献型员工是直线经理创造良好团队业绩的主力军，是最需要维护和保留的。与他们面谈策略应是在了解企业激励政策的前提下予以奖励，提出更高的目标和要求。

（2）冲锋型（好的工作业绩+差的工作态度）

冲锋型员工的不足之处在于工作忽冷忽热，态度时好时坏。分析其原因主要有两个方面。第一种是性格使然，喜欢用批判的眼光看待周围事物，人虽然很聪明，但老是带着情绪工作。第二种是沟通不畅所致。对此下属，切忌两种倾向：一是放纵（工作离不开冲锋型的人，工作态度不好就不好，只要干出成绩就行）；二是管死（光业绩好有什么用，这种人给自己添的麻烦比做的事多，非要治治不可）。对于冲锋型的下属，采取的面谈策略一是沟通，冲锋型下属的工作态度不好，只能通过良好的沟通建立信任，了解原因，改善其工作态度；二是辅导，通过日常工作中的辅导改善工作态度，不要将问题都留到下一次绩效面谈。

（3）安分型（差的工作业绩+好的工作态度）

安分型下属工作态度不错，工作兢兢业业、认认真真，对上司、公司有很高的认同度，可是工作业绩就是上不去。与他们面谈的策略应当是，以制定明确的、严格的绩效改进计划作为绩效面谈的重点；严格按照绩效考核办法予以考核，不能因为态度好而代替工作业绩不好，更不能用工作态度掩盖工作业绩。

（4）堕落型（工作业绩差+工作态度差）

堕落型员工会想尽一切办法来替自己辩解，或找外部因素，或自觉承认工作没做好。与他们面谈策略应是，重申工作目标，澄清员工对工作成果的看法。

8.2.3 绩效面谈的困惑

绩效面谈主要是上级考核下级在绩效上的缺陷，而面谈结果又与随后的绩效奖金、等级评定等相联系，一旦要面对面地探讨如此敏感和令人尴尬的问题，将给主管和员工带来关系紧张乃至人际冲突，致使绩效面谈陷入困境，有时也可能以失败告终。绩效面谈面临的困境主要体现在以下几个方面。

1）由于考核标准本身比较模糊，面谈中容易引起争执。有些企业用一份考核表考核所有的员工，没有根据工作的具体特点进行有针对性的考核，评判标准的弹性较大，往往导致上下级对考核标准和结果在认知上存在偏差，双方容易形成对峙和僵局。

2）员工抵制面谈，认为绩效考核只是走形式，是为了制造人员之间的差距，变相扣工资，并惧怕因吐露实情而遭到上级的报复和惩罚。因此，在面谈过程中经常出现的情况是，员工要么对绩效考核发牢骚，夸大自己的优势，弱化自己的不足；要么保持沉默，主管说什么就是什么。这样的面谈后，主管对下属的问题和想法还是不了解。

3）主管没有科学地认识到自己在绩效面谈中的角色定位，主要表现在以下几个方面。① 主管扮演审判官的角色，倾向于批判下属的不足，包办谈话，下属只是扮演听众的角色，员工慑于主管的权力，口服心不服。② 主管的老好人倾向严重，怕得罪人，于是给下属的打分宽松，每个人的分数都很高，绩效面谈成了大家都好的走过场，让下属感觉面谈没有实际作用。③ 主管心胸狭窄，处事不公，以个人好恶作为评判标准，致使员工愈发抵触，双方矛盾重重。④ 面谈时笼统地就事论事，没有提出针对性的改进意见，让员工感到工作照旧，自己仍不清楚今后努力的方向，感觉面谈无用，甚至是浪费时间。

针对这些困惑，我们可以采用比较常用的汉堡法、BEST法等方法来改进绩效面谈技巧。

（1）汉堡法

简单地说，就是最上面一层面包如同表扬，中间夹着的馅料如同批评，最下面的一块面包最重要，即要用肯定和支持的话语结束。也就是说，首先应先表扬员工特定的成就，并给予真心的肯定，表现再不好的人也有值得表扬的优点，千万别说"你这个人不行"，而应给予真诚的赞美，这样有助于建立融洽的气氛；其次提出需要改进的"特定"的行为表现，诚恳地指出不足和错误，提出让员工能够接受的改善要求，去除员工的抵触心理，表达出对员工的信赖和信心；最后以肯定和支持结束，和员工一起制定绩效改进计划，表达对员工未来发展的期望。

（2）BEST法

B 是描述行为（Behavior description），即描述第一步先干什么事；E 是表达后果（Express consequence），即表述干这件事的后果是什么；S 是征求意见（Solicit input），即问员工觉得应该怎样改进，引导员工回答，由员工说怎么改进；T 和"汉堡"原理底层的面包意思一样，即以肯定和支持结束，员工说他怎么改进，管理者就以肯定和支持收场并鼓励他。

但是，困惑的改进也需要从系统上下功夫。绩效面谈的目的是实现员工绩效的改进，这个改进过程需要绩效管理的其他环节给予支持，所以企业要首先完善绩效管理体系，其次用 SMART 理念引导绩效面谈。SMART 理念中的 S（Specific）指的是面谈交流要直接而具体，M（Motivate）指的是面谈是一种双向的沟通，主管应当鼓励员工多说话，充分表达自己的观点；A（Action）指的是绩效反馈面谈中涉及的只是工作绩效，是工作的一些事实表现，而不应讨论员工个人的性格；R（Reason）指的是反馈面谈需要指出员工不足之处，但不需要批评，应帮助员工改进不足之处，指出其绩效未达成的原因；T（Trust）指的是没有信任就没有交流，沟通要想顺利进行并达到理解和达成共识，就必须有一种彼此互相信任的氛围。

8.3 绩效反馈的效果评估

8.3.1 反馈效果评估

绩效反馈面谈后，主管需要对面谈的效果进行评估，以便调整绩效反馈面谈的方式，取得更好的面谈效果。而了解绩效反馈对员工工作行为的影响后，绩效反馈效果评价应集中回答这样一些问题：

- 此次面谈是否达到了预期目的？
- 下次面谈应怎样改进面谈方式？
- 有哪些遗漏需要加以补充？哪些讨论显得多余？
- 此次面谈对被考核者有何帮助？
- 面谈中被考核者充分发言了吗？
- 此次面谈中自己学到了哪些辅助技巧？
- 自己对此次面谈结果是否满足？
- 此次面谈的总体评价如何？

同时，组织实施绩效反馈后，员工工作行为也会发生一些变化。研究发现，绩效反馈后员工在工作行为方面表现出以下四种反应。

（1）积极、主动地工作

这种情况下，绩效反馈与下属自我绩效评估基本一致。在双方绩效评估均属良好时，领导常常通过情感、奖励、地位等多方面的激励方式来反馈下属的绩效，而下属则以积极、主动的工作态度回报领导对其绩效的认同。

（2）保持原来的工作态度

这种情况下，绩效反馈与下属自我绩效评估既可能一致，也可能不一致。在绩效评估基本一致，下属认为其绩效与其需求相当，且无满足更高需求的可能时，他常常会保持原来的工作态度。而当绩效评估不一致时，下属往往认为领导对其绩效低估了，但又不愿消极、被动地工作，所以常常采取这种工作态度。

（3）消极、被动地工作

出现这种情况的主要原因一是绩效反馈情况与下属自我绩效评估不一致；二是绩效反馈情况基本一致且绩效良好，但下属对绩效反馈的形式不满。

（4）抵制工作

导致这种情况出现的原因除了绩效反馈情况与下属自我绩效评价不一致外，还有就是绩效反馈双方在情感交流方面发生了冲突。例如，某单位有一员工，尽管他尽了力，但由于主客观的原因未能按时完成任务，领导认为他工作不力，对他进行了批评，并扣发了他的薪金，该员工感到很委屈，他认为领导只重视工作结果，不考虑工作过程，该员工由此也对这位领导产生了抵触情绪。

通过问卷和员工行为观察这两种方式，我们可以看到绩效反馈取得的效果。作为绩效管理最后一个重要环节，绩效反馈如果做得不好，将直接影响整个绩效管理的全过程。所以，每个绩效反馈结束后，我们需要针对在问卷和员工行为观察中了解到的问题提出绩效反馈的改进计划。

8.3.2 改进绩效反馈

（1）强化管理者素质

提高管理者的素质，强化其责任心，统一认识，经常性地做好绩效管理培训工作，建立绩效考核面谈制度。

（2）注意沟通的方法与技巧

管理者要考虑以什么方式进行沟通，才能使沟通的双方相互理解、相互信任、相互认同。用情感进行沟通，员工在心理上会愉快地接受你，这样才能收到事半功倍的效果。

（3）认真做好沟通前的准备工作

管理者必须高度重视面谈反馈的重要性，应该具有主动与员工沟通的胸怀，认真做好面谈前的准备工作，明确面谈目的，特别是对存在问题的绩效差的员工，必须有充分的考核依据。如果考核沟通时员工得不到以事实为依据的解释说明，再好的沟通技巧也不会使员工心悦诚服。所以，事实依据在考核工作中非常重要，要解决这个问题，关键在于平时对事实依据的积累。

（4）注意"双向沟通"

管理者在面谈中要摆正自己的心态，坦诚沟通，必须和员工就其业务、业绩、薪酬等方面进行交谈，消除位差效应。沟通中最重要的是"倾听"，倾听会使了解变得全面和深入，倾听期间可以寻找到合适的切入点。认真听取员工的意见，特别是员工的委屈，鼓励员工充分表露自己的观点,然后针对其观点进行有理有据的探讨,实行"双向沟通",从而形成管理者和员工的互动式沟通和无边界合作,这样才能达到最好的效果。管理者绝不能以居高临下的态度命令员工接受其意见,否则不但起不到面谈的效果,反而会加深员工对管理者的嫉恨,产生消极影响。

（5）注意谈话的场所和环境

管理者与员工面谈时要充分选择好时间、地点。一般来讲,当绩效考核结果出来后一周内进行面谈;地点应选择在安静的场所,关掉手机,以提高面谈的效果。

（6）明确谈话的态度

面谈中,管理者必须明确自己的态度,对员工取得的成绩给予充分肯定,对存在的问题必须明确指出,不能含糊,但是不要直接指责员工,同时诚心帮助员工制定改进计划,并有责任追踪整改效果。

（7）注意反馈意见

管理者要认真地收集被考核者对考核工作、考核程序及面谈反馈人的意见,填写《面谈反馈表》;认真地对反馈的信息进行分析,不断完善,以提高绩效考核的效果。

8.4 组织一次有效的绩效面谈

8.4.1 绩效面谈的流程与原则

1. 分析员工的注意力层次

在绩效反馈中,主管首先要理解员工工作中的行为及员工对考核结果的反应,把握员工需要得到什么样的反馈及自己该反馈什么信息。根据员工关注度的不同,我们将员工关注的重点分为三个不同的层次。第一层次是总体任务过程层次或称自我层次。在这个层次上,员工关心的问题是,我做的工作怎样能够为组织发展做出贡献,我在组织中的位置是什么,组织对自己提出了什么样的要求。第二层次是任务动机层次。该层次的员工关心的是他所执行的工作任务本身,即这项工作怎么做,有没有更好的办法来完成这项任务。第三层次即最低层次,是任务学习层次。该层次的员工关注工作执行过程中的细节和员工的具体行动,如图8-1所示。

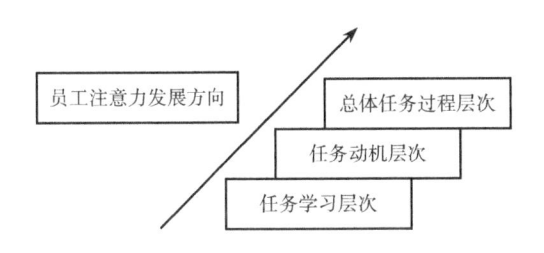

图 8-1 员工注意力发展层次

层级越高的员工，对信息反馈的要求越高，接受传递的信息就越快，他改变自身行为的速度也就越快，他的关注层次也会相应地随之提高。这样的反馈面谈就能产生更加令人满意的效果。所以，设法提高员工关注的层次，既是绩效反馈面谈的一个重要目标，又是绩效面谈的一个重要结果。

2. 面谈计划的拟订

1）面谈方式的选择。主要包括两种面谈方式：针对公司各部门中的任务团队，采取团体面谈法；针对个人则采用一对一的面谈方法。

2）面谈时间的确定。对于季度考核，应在考核结束一周之内安排面谈，面谈时间不少于 30 分钟；对于年度考核，应在考核结束一周之内安排面谈，面谈时间不少于 1 小时。

3. 资料准备

1）绩效计划。这是公司与员工就任务目标所达成的共识与承诺，也是绩效反馈的重要信息来源。

2）职位说明书。员工的工作有可能在过程当中发生改变，可能增加一些当初制定绩效目标时所不能预料到的内容，也有可能一些目标因为各种原因而没能组织实施，这个时候，职位说明书作为重要的补充将发挥重要的作用。

3）绩效考核表。这是进行面谈的重要依据。

4）绩效档案。这是做出绩效评价的重要辅助材料。

4. 员工准备

由于面谈是主管和员工共同完成的工作，只有双方都做了充分的准备，面谈才能达到良好的效果。所以，在下发面谈计划时，还要将面谈的重要性告知员工，让员工做好充分准备。这主要是要求员工主动收集与绩效有关的资料，实事求是，有明确的、具体的业绩，使人心服口服；同时，还要认真填好自我评估表，其内容要客观真实、准确清晰。

5. 反馈面谈的 SMART 原则

组织内存在岗位分工的不同和专业化程度的差异，所以在主管与员工之间存在着信息不对称的情形。为了不断提升员工关注的层级，努力实现组织内评估双方的信息均衡分布，主管与员工之间进行反馈沟通应该是经常的、及时的，并应该遵循这样一个重要原则，即 SMART 原则。

8.5 开发有效的反馈技能

（1）及时反馈

绩效评估反馈应快速及时，切勿等到问题已趋恶化，或者事情已经过去很久之后再做反馈。问题尚不严重时的善意提醒会让人更加乐意接受；如果事情发生已久，或者事情长期被容忍，往往会使人产生习惯性的心理认可，而当在绩效反馈时再对此提出批评，则会产生"为什么不早说"的反感与抵制心理。

（2）反馈对事不对人

反馈，尤其是消极反馈，应该是描述性的而不是判断或评价性的。无论你如何失望，都应该使反馈针对于工作，永远不要因为一个不恰当的活动而指责个人。当你进行反馈时，记住你指责的是工作，而不是个人。

（3）允许员工提出自己的意见

当员工对所提出的绩效评估意见不满意时，应允许他们提出反对意见，绝不能强迫他们接受其所不愿接受的评估结论。绩效反馈面谈活动也应该是对有关情况做出进一步深入了解的机会。如果员工的解释是合理可信的，则应灵活地对有关评价做出调整修正；如果员工的解释是不能令人信服的，则应进一步向员工做出必要的说明，通过良好的沟通交流与员工达成一定的共识。

（4）确保理解的同时提出对员工的支持帮助计划

反馈要清楚、完整，使接受者能全面正确地理解主管的意思。同时，绩效评估反馈的目的并非要对一个人做盖棺定论，而是为了能够更好地改进人的工作。为此，在绩效反馈面谈时，不能简单化地把问题提出了事，然后一切让员工"自己看着办"，而应该与员工共同研究造成工作失误的原因,通过责任分担,一如既往的信任表态,减轻员工的心理压力,以真诚的态度商议并提出改进工作的意见与建议,在工作活动各个方面为员工提供支持与帮助。

8.6 教练技术提升反馈与面谈的质量

8.6.1 教练技术的含义和作用

1. 教练技术的含义

近年来,"教练技术"(Coaching)这一舶来词汇颇受企业界重视,教练技巧被广泛传播。教练技术是顺应了知识经济时代对领导力的召唤发展起来的一门新兴的个人和组织潜能开发技术。它集心理学、神经科学和领导力研究之大成,聚焦于行为改变和绩效提升,帮助人们释放潜能,实现最大化的产出。

教练的基本理念是:世界上没有无能之人。教练相信所有人都有创造性,都拥有丰富的可利用资源。

教练的哲学理念:教练——陪伴、倾听、观察并激励客户,支持他们自主解决问题,为其自主实现目标、获取成功提供帮助。在适当的激励下,客户能够自觉地确定解决问题的战略和对策。教练的作用就是帮助客户,使他们将已拥有的技术、资源和创造性等最大限度地发挥出来。教练能赋予个人强烈的动机感,使人主动发现问题、解决问题,自觉地设计美好的未来。教练是使人自觉采取实际行动的辅助和责任系统。

国际教练联合会(International Coach Federation,ICF)对教练的定义是:教练是客户的伙伴,通过发人深省和富有想象力(创造性)的对话过程,最大限度地激发个人的天赋潜能和职业潜力。

知名教练大卫·洛克指出:教练帮助人们更好地思考。教练通过有效的提问方式帮助人们自己找到解决问题的答案。教练从来源上可分为外部专业教练和内部领导兼教练(教练式领导)。从应用类型上可分为CEO教练、高管教练、人生教练、领导力教练、人际关系教练、职业发展教练等。教练的目标是客户的行为改变,其工作的重点是培养客户的觉察力(感知、观察能力)、责任感(有权做选择)和自信心。

2. 教练技术的作用

教练技术作为一种新兴的管理技术,以其独特的方式正在改变过去固有的管理模式，它是通过对话，以及一系列有方向性、有策略性的过程，洞察被指导者的心智模式，向内挖掘潜能，向外发现可能，令被指导者有效达到目标。应用教练技术的人才培养模式实施有助于组织及其成员克服成长瓶颈，释放员工潜力，提高绩效，在竞争中更胜一筹。

首先，教练技术有助于人际关系的改善。教练技术在员工沟通能力的培训中并不要求有具体而微的实施举措，它更多要求的是教练的开放式和灵活性较强的询问性引导，询问的行为本身表明对某人及其回答的重视，如果只发号施令，就不存在交流。在教练技术中，人与人的沟通是双向的、平等的、和谐的、随心所欲的，它有助于人际关系的改善。

其次，教练技术可以激发员工创造性的思想，增强员工学习能力。教练方式和教练的环境会鼓励员工提出创造性的建议，而不用担心会遭到嘲笑或直接驳回。一个创造性的想法常常带来更多创造性的想法，教练技术的个性化激励和潜能开发对于促使学员自身的成功有着较好的作用，员工的个人特点和特长得以保留和发挥，其与企业的契合度也能够得到相应的增长。

最后，教练技术有助于绩效和生产力的提高。教练方式下的员工喜欢承担责任，能发掘其自我动力，人们去履行职责是因为他们愿意而不是不得不如此。同时，领导不必再对员工进行过多的追踪或者监督，这样就解放了上级，使其可以履行以前没有时间做的更重要的职责。教练技术可以发挥个人以及团队的最大潜能，高效率完成绩效目标。

8.6.2 教练技术提高绩效反馈和面谈的质量

教练技术作为起源于美国的一项企业管理技能，其作用的发挥来源于其对员工心智和思维的启发，让员工通过教练这面"镜子"洞悉自我的现状和情绪控制状况，让其能够主动地调整心态，创造自己想要的成果，从而达成教练的预期目标。教练技术一般包含四个部分，即厘清员工的发展目标、协助员工改善自我的心态、让员工了解发展现状、依据既定目标落实行动达成目标。其技术手段为聆听员工需求和矛盾、对员工的要求和现状等情况进行询问、引导员工正确区分各项内容和目标达成模式的有效性、对员工的行动力和成果进行回应。教练技术作为新时代的领导力，在帮助下属或团队设立愿景、达成目标、实现梦想的管理思想和策略方面具有非常卓越的效果。在绩效管理中，运用教练技术提高企业绩效反馈和面谈的质量，要特别关注以下两个方面。

1）在企业绩效反馈中，教练技术认为来自我们自身以及他人的描述性反馈对于绩效反馈是非常重要的。如下所示从 A 到 E 五级反馈形式：

A．经理的呼喊："你太没用了。"

B．经理的干预："这个报告毫无用处。"

C．经理的干预："你的报告内容清晰、简洁，但其编排和表述方式对于目标读者太过粗糙。"

D．经理的干预："你对报告感觉如何？"

E．经理的干预："你报告的主要目的是什么？""你认为本稿多大程度上实现了这一目标？""你是否觉得还有其他方面需要强调？""你的目标读者是谁？"……

我们可以确认在五级反馈中，A 是效果最小的反馈，E 是效果最好而且也是五级当中唯一能够促进学习和绩效的一级，其他四级则会带来微小的短期改善或会引起绩效和自尊的进一步下滑。那么，为什么 E 级反馈形式会大大加速学习并改善绩效呢？因为只有 E 满足所有最佳教练标准。教练技术认为赞扬是另一种形式的反馈，其主张对员工要大方地、真诚地以及明智地赞扬，因为在工作场所，任何正面反馈的增加或负面反馈的减少都是令人愉悦的。为回答经理提出的问题，执行者/学习者不得不运用脑力并参与进来，在做出回应之前，他必须回忆并形成一些看法。在这种方式中，执行者/学习者"拥有"自己的绩效以及对它的评价，这就是责任。一旦这两种因素得以优化，学习就会产生。相反，如果经理只讲自己的看法，执行者大脑的实际参与可能微乎其微；经理也无法知晓对方吸收了多少意见，那么绩效反馈就失去了其存在的真正价值。

2）在企业绩效面谈中，教练技术建议面谈时提问的顺序应遵照 GROW 模型，如下四个步骤：

目标设定（Goal），本次教练对话的目标，以及教练的短期目标和长期目标。

现状分析（Reality），探索当前的情况。

方案选择（Options），可供选择的策略或行动方案。

该做什么（What），何时（When），谁做（Who），意愿（Will）。

这一顺序的假设是四个阶段都必须进行的。在现状分析之前设定目标，确认理想的长期解决方案后决定实现该理想的可行步骤，这种方式形成的目标通常是更令人鼓舞的、更有创意的、更激励人的。

在教练技术中能够提升绩效反馈和面谈质量的是其所强调的觉察力和责任感。觉察力可以提升能力，责任感是获得高绩效的关键。当执行者真正接受、选择或对他们的想法或者行为负责时，他们对承诺的实现就提升了，绩效也会提升。总之，教练式管理提升绩效的流程如图 8-2 所示。

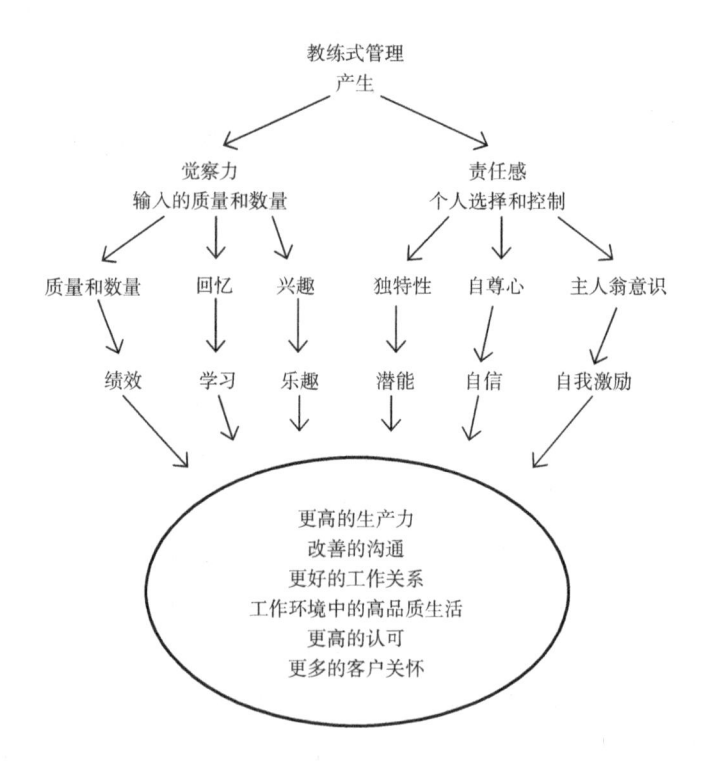

```
                        教练式管理
                          产生
              ↙                        ↘
           觉察力                      责任感
       输入的质量和数量            个人选择和控制
      ↙      ↓      ↘           ↙      ↓      ↘
   质量和数量  回忆   兴趣      独特性   自尊心  主人翁意识
      ↓      ↓      ↓         ↓       ↓        ↓
     绩效   学习    乐趣       潜能    自信    自我激励
```

         更高的生产力
         改善的沟通
         更好的工作关系
         工作环境中的高品质生活
         更高的认可
         更多的客户关怀

图 8-2　教练式管理提升绩效的流程

案例分析　绩效考核新模式之绩效面谈

　　AB 公司是一家美国加利福尼亚州本土公司，以发布创意软件而闻名天下，多年前便采用了员工排名的年度绩效考核制度。该模式以年为基准对员工进行审判和排序，按不同绩效层次进行强制比例划分，并据此激励先进的 10%，辅导或淘汰后进的 10%，每年 1 月，AB 公司的一万多名员工将结束上一年度的绩效考核。这种年度绩效考核使那些受挫的员工不得不另谋高就，而在这些员工中有许多人其实对公司的成功发展具有关键作用。

　　由于外部环境发生剧烈变化，非正常的绩效提升手段横行，生产力和创新力下降，因此，原来的绩效管理模式已不再适用于公司的发展。公司领导意识到，要想公司发展，必须关注员工的发展，公司的绩效管理必须做出改变。于是，AB 公司开始将绩效面谈引入绩效考核中。AB 公司在确定改革的目标及方案后，为了更好地在公司内部推行绩效考核新模式采取了相应的流程。

1. 制定绩效改革整体计划

企业高层领导确定企业战略及目标，制定绩效改革计划，获取绩效改革的资金、人力等资源支持，并在企业内部预告和宣传新的绩效考核方式，创造实施绩效改革的有利条件，避免员工对新的绩效考核模式产生抵触心理。

2. 创造绩效改革有利环境

为了顺利推行新的绩效考核模式，AB 公司开展了两方面的活动：一是 HR 部门在全公司开展介绍和学习这一绩效考核新模式的活动，其中包括制定学习手册，一对一疑问解答。在开展培训时集中介绍该模式，利用已掌握员工带动未掌握该新模式的员工学习等活动。二是利用公司内部网络会议平台，举办由主管带头的网络学习课程，为每个部门的每个员工详细讲解绩效考核新模式，并收集员工对新模式的改进建议及反馈意见。

3. 企业整体和部门个人绩效目标的制定

企业高层制定企业整体绩效目标并将目标分解到各部门，再由各部门继续分解到个人绩效目标上。通过将绩效目标逐步分解，从而为部门级绩效计划以及个人级绩效计划提供制定依据，而这也是年末绩效评价和奖金分配的重要依据。

4. 上下层级间的持续绩效面谈

年初，各部门直线经理直接对其下级进行考核，部门经理对其直属副经理进行考核，副经理对其直接下属进行考核，以此类推。以该公司营销部门某一营销项目组组长为例，其直接下属为四人，该组长在年初与各个成员的第一次绩效面谈中，组长向面谈的对象说明对其绩效的具体要求，并为其制定绩效计划，面谈对象在了解到他的绩效目标和绩效计划后，根据自身实际情况向组长进行反馈，在允许范围内修改绩效目标和绩效计划，两人在会谈结束前约定下一次面谈的时间，一般是一个月一次。在下一次面谈开始前，组长对其下属成员的绩效表现进行观察和评价，在下一次面谈中，组长根据在该月中成员的绩效表现向其提出反馈意见，同时成员对自身绩效表现进行评价，提出完成绩效存在的困难及其对下个月绩效的期望，两人再次修改绩效目标和绩效计划。依次类推，该营销组长每个月对其组员进行绩效面谈和反馈，观察其组员的绩效表现并在每次绩效面谈中提供反馈意见，一直持续到年终绩效评定。

5. 年终福利和绩效奖励分配

在年初时，各层管理者就可以得到资金预算，其首先根据年初分配的绩效目标对其下属年末能够获得的福利和绩效奖励进行预算和规划。在年末，该管理者根据其一年内观察的下属表现决定实际给到每个下属的福利和绩效奖励，该模式相对于传统模式而言不需要对各员工进行硬性排名，并且由管理者直接决定分配方式。

6. 年度人才盘点

各部门的人才管理方式由管理者自行决定。由于该新模式是自上而下层级递进式的考核，公司从经理、总监、副总裁，直至高级副总裁都会进行绩效谈话，因此，在每年年末，各部门经理可以对其部门员工进行人才盘点，自行决定该部门员工是否具有潜力，是否能够继续留在该部门，或者是否需要解雇下属。

通过实行新的绩效考核模式，进行频繁的绩效面谈和绩效反馈，AB公司的员工持续了解了自己的工作状况和自己所处的位置，他们清楚知道自己的工作目标，无法达到期望的员工便会被目标时时刻刻提醒，而不是只有到年末才知道自己的不足，甚至在被迫离职时都不清楚自身的不足。总而言之，绩效面谈是绩效考核新模式中的核心，可以说，新模式下的绩效考核完全以绩效面谈的方式进行，因此企业在实行绩效考核新模式时更要注重面谈工作的有效性。引入绩效面谈的新模式强调的是一个全员共同参与的新模式，它注重未来规划性和预知性的特点是对传统绩效考核模式的一大改进。

针对以上案例，请指出将绩效面谈引入绩效考核过程的实际效用。

参考文献

[1] 陈军荣. 经理人如何实施有效绩效反馈面谈[J]. 人才资源开发，2007(1)：46-47.

[2] 佛兰克·卡尔曼，伊宁. Adobe公司："Check in"你的绩效谈话. 培训，2015(2)：105-109.

[3] 郭婧驰，姜林. 员工绩效反馈面谈的沟通艺术[J]. 商场现代化，2008(8)：96.

[4] 刘文彬，唐杰. 绩效反馈对新生代员工反生产行为的影响机制——反馈效价视角的理论模型与案例研究[J]. 经济管理，2015（6）：188-199.

[5] 李溪，郑馨，张建琦. 绩效反馈模型的最新研究进展[J]. 经济管理，2015(9)：189-199.

[6] 孙霞. 绩效面谈——绩效管理的加油站[J]. 现代商业，2015(14)：177-178.

第 9 章

绩效考核结果的应用

本章导读

绩效反馈之后,接下来需要管理者运用绩效考核结果来实现员工和企业的发展目标。

绩效考核结果的应用要遵循一些原则来完成,如以人为本,促进员工的职业发展;将员工个体和组织紧密联系起来,促进员工与企业共同成长和发展;统筹兼顾,综合运用,为人力资源决策提供科学依据。

目前,绩效考核结果应用中出现了很多问题,这些问题影响了绩效管理整体效果的提升,如绩效评价结果反馈不及时或没有反馈;绩效评价与员工的切身利益结合不紧密;员工的绩效评价与员工培训和个人发展没有很好结合;绩效考核结果应用方式单一,缺乏绩效管理的有效手段;绩效考核结果应用形式化倾向严重。

绩效考核结果被广泛应用到人力资源管理的不同方面,如绩效改进、薪酬奖金分配、员工职业生涯发展等。

绩效改进是这样一个过程:首先,要分析员工的绩效考核结果,找出员工绩效中存在的问题;其次,要针对存在的问题制定合理的绩效改进方案,并确保员工能够有效地实施。绩效改进是绩效考核的后续工作,是为了帮助下属改进绩效和提升能力,它与完成管理任务一样都是管理者义不容辞的责任。

薪酬奖金分配是绩效考核结果一种非常普遍的用途。不同的公司所采取的薪酬体系也有所不同,甚至存在很大差异,但薪酬体系基本可分为两大部分,即固定部分和动态部分。岗位工资、级别工资等决定了员工薪酬中的固定部分,而绩效则决定了薪酬中变动的部分,如绩效工资、奖金等。

员工职业发展是关注员工长远发展的一个计划。绩效评价结果与员工职业发展结合起来，可以实现员工发展与部门发展的有机结合，达到本部门人力资源需求与员工职业生涯需求之间的平衡，创造一个高效率的工作环境。

9.1 绩效考核结果应用的原则和常见问题

9.1.1 绩效考核结果应用的原则

1．以人为本，促进员工的职业发展

员工绩效考核的根本目的在于调动员工工作的积极性，进而实现企业整体的组织目标。为此，考核者必须向员工个人反馈考核的结果，提出他们已达到或未达到预定目标的反馈信息。反馈的立足点和方式要坚持"以人为本"的原则，采取诚恳、坦诚、能让员工接受的方式，使员工了解到自己的成绩与不足，清楚自己的努力方向和改进工作的具体做法，从而促进员工的发展。

2．将员工个体和组织紧密联系起来，促进员工与企业共同成长和发展

企业的发展离不开员工个体的成长。企业不能单方面要求员工修正自己的行为和价值观等来适应组织的需要，企业要参与到员工的职业生涯规划的指导与管理中，将员工发展纳入组织管理的范围，从而实现组织与个人共同成长。据此，企业在考核员工工作绩效时要注意考核员工所在的各级组织的绩效，避免个人英雄主义，增强全局观念和集体观念，使员工意识到个体的高绩效与企业的高绩效紧密相关、个人的成长与企业的成长联系在一起，进而明白个人的目标和企业的目标是紧密联系的，个人应为企业实现目标做出贡献，在企业的发展成长中使自己得到发展和成长。

3．统筹兼顾，综合运用，为人力资源决策提供科学依据

员工绩效考核结果可以为企业对员工的合理使用、培养、调整、优选、薪酬发放、职务晋升和奖励惩罚等提供客观依据，从而规范和强化员工的职责和行为，促进企业人力资源工作，不断强化员工的选聘、留用或解聘、培训、考核、晋升、奖罚的政策导向，建立完善的竞争、激励和淘汰机制。

9.1.2 绩效考核结果应用的常见问题

1. 绩效考核结果反馈不及时或没有反馈

目前，我国企业在员工绩效考核实践中，管理者往往不愿意与员工讨论其绩效的不足，否则管理者会觉得不适应。虽然每个员工的工作都有可改进之处，但许多管理者还是不愿意向员工提供消极的反馈意见，担心员工的缺点被指出来后，员工会进行自我辩护。事实上也确实存在有些员工不虚心接受反馈意见，反而指责管理者的评价结果有问题或责备别人的情况。人们对自己的绩效考核往往估计过高，从统计学的角度来看，差不多一半员工的绩效低于平均水平，但有研究表明，认为自己的绩效高于平均水平的员工占75%。对绩效考核反馈存在着一定程度的担忧而不实施考核反馈，这样带来的负面作用更大：由于缺乏积极的结果反馈，在现行的员工绩效考核中，员工既无从申辩说明或进行补充，也无从了解自身表现与组织期望之间的吻合程度，导致员工并不知道自己的哪些行为是企业所期望的，哪些行为是不符合企业组织目标的，更不用说如何改进自己的工作。事实上，员工绩效经常得到考核并及时对员工个人进行反馈，员工会认为管理者熟悉他们的工作绩效，根据反馈的情况，他们会及时调整和改进个人的行为，使得员工对考核工作有一种认同感，并积极参与自我考核。

2. 绩效考核与员工的切身利益结合不紧密

绩效考核结果的应用常表现为奖惩。目前许多企业年度考核只是例行公事，绩效考核工作结束，任务就算完成，考核结果的使用仅限于年终奖金的发放及职称的评定，而不能与管理者任免、职务晋升、薪酬档次等员工切身利益联系起来，使绩效考核工作失去了其应有的意义和价值。根据激励的期望模型，如果员工认为自己的绩效目标完成后，组织也不会给予他们期望的报酬，那么我们可以预测，员工就不可能充分发挥个人潜能。要使激励作用最大化，就要让员工认识到，他们的努力能够带来良好的绩效考核成绩，而这种成绩会给他们带来相应的报酬。为提高考核的激励效果，企业的绩效考核应加大结果的应用范围和力度，从而最大限度地实现员工绩效考核的激励效果。

3. 员工的绩效考核与员工培训和个人发展没有很好地结合

企业应根据绩效考核结果，以满足员工的需要为宗旨，以高效、实用为目标，有目的、有计划地进行企业内部培训活动，这是企业造就高素质员工队伍的有效举措。总之，根据员工绩效考核的结果对员工个人进行有针对性的培训，正是员工考核的最终落脚点，它不仅会得到员工的认可，也会为企业的建设发展培养更多高素质的员工。

4. 绩效考核结果应用方式单一，缺乏绩效管理的有效手段

目前，很多企业的绩效考核结果的应用方式不是奖励（金钱），就是末位淘汰（惩罚），十分单调。单一的应用方式达不到绩效管理的目的，应努力使绩效考核结果的应用丰富多样，如绩效奖励、精神补偿、利益分享、共享节余、绩效工资、绩效合同等。

5. 绩效考核结果应用形式化倾向严重

当前的考核多以领导的主观评价而非客观事实为基础，严重影响了结果的客观公正，而且部门领导对考核结果重视程度不够，往往是一评了事，没有采取措施将考核结构落实到工作中，使评与不评一个样、评好评坏一个样，导致考核结果的应用流于形式。

9.2　绩效考核结果的具体应用

9.2.1　绩效改进

绩效改进是绩效管理过程中的一个重要环节。传统绩效考核的目的是通过对员工的工作业绩进行评估，将评估结果作为确定员工薪酬、奖惩、晋升或降级的标准。而现代绩效管理的目的不仅如此，员工能力的不断提高及绩效的持续改进才是其根本目的。所以，绩效改进工作的成功与否，是绩效管理过程能否发挥效用的关键。

1. 绩效改进的指导思想

绩效改进是这样一个过程：首先，要分析员工的绩效考核结果，找出员工绩效中存在的问题；其次，要针对存在的问题制定合理的绩效改进方案，并确保员工能够有效地实施，如个性化的培训等。要做好绩效改进工作，首先必须明确它的指导思想。绩效改进的指导思想主要体现在以下几点。

1）绩效改进是绩效考核的后续工作，所以绩效改进的出发点是对员工现实工作的考核，不能将这两个环节的工作割裂开来。由于绩效考核强调的是人与标准比，而非人与人比，因此绩效改进的需求应当是在与标准比较的基础上确定的。

绩效标准的确定应该是客观的，而不是主观任意的，只有找到标准绩效与实际绩效之间的差距（而非员工与员工之间绩效的差距），才能明确绩效改进的需求。通过员工之间比较进行的考核，只能恶化员工之间的关系，增加员工对绩效考核的抵触情绪；而通过人与标准比较进行的考核，由于有了客观评判的标准，员工从心理上更能接受绩效管理，因为他们明白绩效管理的目的确实是为了改进其绩效。

2）绩效改进必须自然地融入部门日常管理工作之中，这样才有其存在价值。绩效改进不是管理者的附加工作，不是企业在特殊情况下追加给管理者的特殊任务，它应该成为管理者日常工作的一部分，管理者不应该把它当成一种负担，而应该把它看作一项日常的管理任务。当然，这种自然融入的实现，一方面有赖于优秀的企业文化对管理者和员工的理念灌输，使他们真正认可绩效改进的意义和价值；另一方面有赖于部门内双向沟通的制度化、规范化，这是做好绩效改进工作的制度基础。

3）绩效改进是为了帮助下属改进绩效、提升能力，它与完成管理任务一样都是管理者义不容辞的责任。管理者不应该以"没有时间和精力"、"绩效改进效果不明显"等各种理由拒绝绩效改进工作。

2. 基于能力的绩效改进方案

当人们设定并努力去实现一个具有挑战性的目标时，他们的个人绩效将会得到改善。当员工在质量关注意识、以服务为导向、主动性等相关能力方面完善自己时，他们对客户的服务质量将会得到提高，绩效也会因此改进。这是因为他们运用自身的才智和能力更好更有效率地去完成工作，从而使企业的劳动生产率和利润率得到提高。

如果管理者更好地指导下属，将下属视为独立的个体，鼓励他们竭尽所能，改善自我，那么员工的满意度将会得到提高，组织更容易吸引优秀人才，人才流动率将会减少，组织也会发生转变。

因此，一个有效的基于能力的绩效改进应该是一个动态的过程。这个过程应该包括以下活动：

- 明确绩效改进的前提和理念。
- 目标设定，包括绩效目标和能力发展目标。
- 制定达到目标的行动步骤。
- 解决能力发展中存在的问题和障碍。
- 明确指导者的行动。
- 绩效改进方案的实施。

（1）绩效改进的前提和理念

绩效改进方案的设计需要一些前提和理念，这些前提和理念可适用于下面所要描述的所有管理行为。① 人们有能力，并且渴望学习并提高自身的能力。从内心深处讲，人们宁愿受到激励和挑战，也不愿意感到无聊和无所事事。② 意识和觉悟能够让人们做出不同的选择。一旦意识到了以前那些处于无意识状态的态度、信念、动机和行为，人们能够使用他们的意志和清醒的头脑去改变自身的行为。③ 给予他人关爱及帮助他人时也可以使自己收益。④ 如果人们作为团体中的一分子加入到有建设性的互动行为中，他们的能力提高得更快、学到的东西更多、获得的满足感更强。

这些观念本质上应该是完全正确的，但它们还是会和人们对自己与对他人的固有看法发生冲突。因此，通过对这些理念进行阐述和讨论，可以充分暴露那些可能使指导和监督行为无效的问题。

（2）目标设定

为了改进绩效、提高能力，理想的做法是既要设定绩效目标，又要设定能力发展目标。绩效目标指的是和经营业绩挂钩的目标，如销售额提高 20%、离职率降低 3% 等。能力发展目标指的是那些和提高员工完成工作及创造业绩的能力有关的目标，如提高人际关系能力、提高影响力等。

1）设定绩效目标。设定绩效目标，要解决好以下问题。

第一，绩效目标由谁设定。不同的组织对此有不同的政策和观点，而且不同的环境也需要不同的反应。如果员工参加了其绩效目标的设定，他们将更有可能投入必要的时间、精力和情感来完成这些目标，但高层管理者发现他们自己制定某些绩效目标要比员工自己制定明智得多。例如，一个公司正处在实施某一将损耗率降低 10% 的计划的第 3 年，一位已经将损耗率降低了 7% 的经理也许会被告之今年再把损耗率降低 3%。让经理接受目标是很重要的，但是，他不一定就是目标的制定者。

有一点必须保证，那就是公司的管理层应该成为目标的最终决定者。管理层必须知道，员工正在努力工作，以取得业绩来帮助公司完成它的总体目标。组织应具备一种程序，通过该程序，组织能够审核员工的目标，以保证员工都在努力完成共同目标，并且尽可能快地调整行动方向。

第二，优秀绩效目标的特点。最好的情况是绩效目标应该和岗位规范中规定的工作目标相互关联。例如，在岗位规范中，采购经理的工作目标之一是保证生产部门的原料供应，那么采购经理的绩效目标就应该参照这一目标，这样，他的绩效目标就可以从减少因原料缺乏而导致的生产延误次数的角度来描述。

SMART 常被用来当作一个记忆口诀来帮助员工制定绩效目标。绩效目标应具备以下特点：

- 明确具体的，对应该完成的任务限定清楚。

- 可量化的，评估目标应尽可能量化。
- 同公司的经营目标一致并具有可实现性，绩效目标同公司的经营目标保持一致，并保证通过努力是可以实现的。
- 以业绩为导向，绩效目标强调业绩的完成，把业绩作为目标制定的重点。
- 有时间界限，绩效目标的完成要有明确的时间界限。

如果公司的每一个绩效目标都符合 SMART 标准，公司文化将变得更以业绩为导向。然而，现实的情况是，无论你提及哪个目标，就立即会有员工挑出目标所缺乏的要素，如什么时候完成目标、完成多少、我们怎样才能知道自己已经完成了目标等。设定绩效目标的技巧对于一个强有力的绩效计划过程来说是非常重要的。

第三，区分绩效目标的优先次序。许多公司在策划过程中并没有区分绩效目标的优先次序，这也许会向员工们暗示所有的绩效目标都同等重要。绩效计划过程的目的之一是让员工知道对他们的期望是什么，所以定出每个绩效目标的优先权重是一个很好的方法，这样可以让员工知道目标的重要性。例如，销售人员的一个目标是把销售额提高 10%，另一个目标是及时完成所有的文书工作。很明显，第一个目标比第二个目标重要得多，让他们知道这些目标的相对重要性是十分重要的。

区分优先次序的一个办法是用百分比计算出每一目标的权重，所有目标的权重之和为 100%。权重分配如表 9-1 所示。

表 9-1 权重分配

绩效目标	权重百分比
销售额提高 20%	45%
增加四位新客户	20%
提高同生产部门的联络	15%
及时完成所有文书工作	10%
用其他方式完成经营目标	10%

另外一种区分优先次序的方法是用 3~4 个档次进行衡量——从最重要到最不重要。分档方式是多样化的，但无论使用何种分档方式，让员工了解组织确定的优先次序是很重要的，因为这样可以让员工相应地调整其行为。

如果组织对于每一位员工都有一个总体的业绩考核，那么让员工了解业绩的优先次序更为重要。业绩考核中至少一部分和绩效目标的完成相关，而且让员工知道他们不同的工作职责和工作目标的相对重要性，也是一种合理而常用的经营意识。

第四，评估绩效目标的完成情况。有些绩效目标很容易评估，如提高税收、按时完成某个项目、招聘若干人员等。但有些目标的评估要困难一些，如提高招聘过程的质量、使工作环境更加宜人、提高工作效率等。评估这些软目标的办法之一是制定一个等级（如1~5级），然后让其他人来评估目标的完成情况。

一旦确定了绩效目标的评估方式，员工和经理们就不得不详细检查他们想要取得的业绩及通过怎样的方式才能知道自己已经取得了成功。在绩效计划制定初期投入足够时间，将大大减少实施阶段和评估阶段中可能出现的模糊性和不确定因素，工作会更有重点，目标会更为清晰。

2）设定能力发展目标。设定能力发展目标要解决好以下问题。

第一，能力发展目标由谁制定。每个员工都应该设定自己的能力发展目标，无论他是首席执行官还是采购员。提高工作中最重要的能力可以使每位员工把工作做得更好。

第二，员工一次可以提高多少能力。能力的提高不是一件容易的事，因为能力行为的改变需要付出努力和关注，所以一次提高许多方面的能力几乎是不可能的。我们建议一次提高两到三方面的能力。这些能力的提高将对绩效产生一个连锁反应，其他方面的能力通常也能够得到提高。

第三，员工应该设定多少能力发展目标。在每一个能力方面设定1~3个发展目标已经足够帮助改善绩效了。设定的目标不能太多，否则员工会感到压力太大。发展目标的多少取决于员工想要提高的能力的多少。当然，员工提高多少能力，也应该考虑组织的现状和发展需要。

第四，怎样选择员工的能力发展目标。如果员工愿意以承担风险和接受必要的挑战来提高他们的能力水平，他们就必须愿意改善自我。如果员工所有要发展的能力都由他们的经理说了算，那么，他们就不大可能把这些目标当做自己的目标。能力发展目标可以根据不同的目的和不同的环境采用不同的方式来确定。有时候组织可以让所有的员工都来发展同一方面的能力，这样做可以使组织迅速发生变化，因为大家都朝着同一方向努力。

我们通常所使用的方法是把以下两种方法结合起来：由管理者决定和由员工自己决定。这样做可以带来两方面的好处：一是员工会感到自己对于发展过程有了某种掌控，二是管理者可以让其下属去提高管理者所认为的对于工作成功最为重要的能力。

第五，怎样设定能力发展目标。同绩效目标一样，能力发展目标也应该满足SMART标准。除了SMART标准外，能力发展目标还应该极大地提高所要发展能力的水平。大部分能力发展目标可被归入以下四类：

- 提高以行为为标准的评分标准得分，"我的目标是把主动性的分数从'4'提高到'5'"。
- 提高某一方面的能力而不改变相关的评分尺度,"我的目标是更有影响力"。
- 开发属于能力方面的主要行为,"我的目标是从头到尾对某一复杂项目负完全责任"。
- 一份解释清楚的、和能力有直接关系的工作项目,"我的目标是为工厂减少10%的耗损承担完全责任"。

能力发展目标的模式可由组织来决定,也可由管理者或员工来决定。只要符合SMART标准,这些目标都会发挥作用。

第六,能力发展目标同绩效目标的关系。绩效目标即员工的工作"是什么",而能力发展目标则是员工的工作"怎么样"。能力发展目标的完成可以帮助员工完成他们的绩效目标。如果能力发展目标既不能改善目前的绩效,又不能让员工为未来的绩效做准备,这样的能力发展目标就不是一个合适的目标。

第七,评估能力发展目标的完成情况。除了利用以行为为标准的评分标准作为评估成功的手段外,能力发展目标的其他评估方式与绩效目标的评估方式相同。如果评分标准本身就被当做是一种评估手段,那么对于分数等级的规定就成了用来评估行为方面提高的标准。

(3)制定完成目标的行动步骤

"行动步骤"这一词语描述了用来完成目标的策略。假如我们用一次旅行来做类比,那么评估过程确定的是目前的位置,能力发展目标和绩效目标确定的是目的地,而行动步骤确定的是从一个地方到另一个地方的路线。尽管殊途同归,但对路线的策划却可以使旅行更快捷更直接。制定行动步骤时也是如此,只有在作为实现目标的手段时,行动步骤的重要性才得以显现。如果员工从来没有采取过任何行动步骤却还是完成了目标,他们当然算完成了既定目标。然而,大多数人还是需要行动步骤来帮助他们完成目标。

行动步骤只有在符合SMART标准时才最有威力。实际上,我们可以说,只有符合SMART标准的行为或行动才能被称做行动步骤。下面用两个例子来加以说明。

1)绩效目标:使公司在接下来的5个月内销售额达到200万元。

行动步骤:每周走访客户15次。

行动步骤是明确具体的,工作内容规定得很明确。行动步骤是可量化的,员工们能够数出走访客户的次数。行动步骤与企业目标及经营目标一致,走访客户可以促进销售。在这个例子中,我们假设员工和经理都认为每周走访客户15次是可以实现的。如果行动步骤的实施可以帮助员工完成目标,那么这些行动步骤可以说是以业绩为导向的。如果每周走访客户15次已足够使销售额达到200万元,那么这些行动步骤也是以业绩为导向的。行动步骤是有时间界限的,每周应进行15次走访。

2)能力发展目标:更好地指导下属,提高培养下属的能力。评估标准是看下属是否将我视为他们的导师。

行动步骤:每周完成指导一名下属的任务,每周一早晨的全体人员会议上定出具体时间。

一种检查行动步骤的方法是退后一步,考虑一下采取这些行动步骤是否有助于目标的完成,这些行动步骤是否构成达到目的的重要手段。总之,在实施了所有行动步骤的情况下,目标的实现应该能够得到保障。

没有达到SMART标准常常会给行动步骤的制定造成问题。行动步骤常常缺乏时间界限:

- 我将对我的部门进行调查以确定部门的主要需求是什么。(到什么时间为止?)
- 我将对我的下属开展指导工作。(多久一次?)

有些行动步骤无法量化:

- 我将同工厂经理有更多的接触。(多少接触或多久接触一次?)

有些行动步骤缺乏可实现性:

- 我每天上午9点到10点要打100个推销电话。(这并不现实。)

通过在组织中引进行动步骤的制定,可以创造出一种行为规范,从而培养出以业绩为导向的企业文化。

针对能力发展的目标,利用关键行为可以使行动步骤的制定更为容易。其过程如下:

首先,对员工与能力相关的关键行为进行评分。

其次,评估哪些关键行为在得到改善的情况下将最能提高总体能力。

最后,制定具体的针对那些关键行为的行动步骤。

以影响力为例,以下列举的是与影响力相关的一些关键行为:

- 说明一个人的职位怎样使周围的人受益。
- 发现他人的忧虑、愿望和需求。
- 引出反对意见,并对反对意见做出有效反应。
- 确定主要决策者及决策者的主要影响人。
- 对反应和反对意见做出预测并计划怎样予以克服。

假设一位员工在第二项关键行为方面能力比较弱,即发现他人的忧虑、愿望和需求,那么正确的行动步骤也许是,每天向一名合作者、老板、下属或客户提问,来找出这位员工的忧虑、愿望和需求。

利用关键行为指导工作步骤的制定,员工们可以把自身的发展集中在这样一些因素上,而这些因素的改进将会提高员工的总体能力水平。

(4) 解决能力发展中存在的问题和障碍

理想状态下,目标确定后,能力的发展应该是很容易的事。我们只需要先找出应该掌握的知识、技能和方法,然后开始学习即可。但事情显然并非如此简单。发展员工能力的时候,可能会遇到这样或那样的障碍。大部分障碍可以归入以下几类:知识障碍、技能障碍、过程障碍、情感障碍。

如果员工没有掌握完成工作的必要信息,那么知识障碍就会发生,如公司的新员工不知道谁是公司的决策者、谁是主要影响人等。

如果员工知道怎样完成工作,但缺乏把工作按要求自始至终迅速做好的技能,这时技能障碍就会发生。例如,员工也许已经学过怎样操作新设备,但因操作时间不够而无法进行有效率的操作。

如果员工不能有效处理一系列任务或事件来取得某一业绩,那么过程障碍就会发生。员工也许很善于处理每个单独的任务,但他们缺乏把所有的任务按正确的次序排列好,并用适当的方法在适当的时间内加以完成的能力。和这一类障碍有关的例子包括项目管理、复杂的销售任务、建筑、产品开发等。

情感障碍指的是那些和心理因素有关的原因。例如,一些员工担心产生矛盾而不愿意坚持他们认为是正确的东西;一些员工担心会失败而不敢设定有挑战性的目标;还有一些员工害怕被责怪或遭到不好的待遇,不愿意承认失败或为他们的行为承担责任。

分析绩效障碍属于哪一类范畴十分重要,因为克服障碍的方法来自这一分析。如果问题因技能不足所致,那么获得技能就是正确的解决方法;如果员工具备了技能但却因为情感障碍而无法使用技能,那么获得技能对于问题的解决将无济于事。解决方法必须适合问题本身。

在能力发展的过程中,必须充分了解当前员工的技能和能力所处的状态、妨碍员工获得更好绩效的障碍,以及员工的事业目标和愿望。根据这些信息,员工才能在经理的支持下制定出目标和行动步骤以改变自身的行为,取得自己所期望的绩效成果。

(5) 明确指导者的行动

如果管理者能够激励并指导员工改进绩效,那么绩效改进方案就能够发挥良好作用。然而,很多管理者缺乏这种能力。实际上,许多管理者甚至不知道一位优秀指导人员该具备什么样的行为。下面列举了成为一名优秀指导人员应该具备的行为和步骤。

1）利用能力框架传达你对员工的展望。通过语言、能力及主要行为传达员工身上可挖掘的潜力。

2）倾听。倾听员工的诉说，不要总想着去控制他们或让他们把事情做完。努力去了解员工，了解什么事情对他们很重要，了解他们的感情和忧虑，同情他们，使自己认同他们及他们的感情。设身处地地想象一下员工的感觉，然后再和他们谈话，把你对于他们的境遇和感情的理解告诉他们。

3）给予反馈信息。让员工知道你是怎样看待他们的，直接诚实地告诉他们你对他们的行为及他们的行为所带来的后果的看法，避免那些轻蔑的判断和指责。记住，反馈的目的是让员工了解能够帮助他们改变行为的有关信息。

4）让员工自己认同一个更高的目标。帮助员工表达他们的希望和理想，和他们一起努力，把他们的理想和组织对他们的展望结合起来。如果员工把自己在公司所起的作用看作实现个人抱负的途径，员工就能在自身发展中做出更多的投入。

5）利用能力概念判断问题。能力和主要行为可以有效地把当前行为与理想行为进行比较，从中可以找出差距和发展道路。

6）看清障碍。确定阻碍绩效发展的因素，是信息、技巧、过程还是情感方面的障碍。利用分析找出解决方法。

7）确定目标。利用手头一切信息（组织目标、个人抱负、远景规划、问题的分析、能力的发展等）确立能力发展目标和绩效目标。

8）制定行动步骤。制定符合 SMART 原则的行动步骤来完成目标，包括能够支持能力发展目标和其他行动步骤完成的行动步骤。

9）跟踪并监控目标和行动步骤的进展情况。跟踪并传达目标和行动步骤的进展情况，其目的是确保员工能够取得成功及问题能够被迅速解决。

10）让员工了解你的目标和行动步骤。让员工看到他们的工作在你的目标中处于什么位置，向他们示范如何跟踪目标和行动步骤的进展。如果你的员工经常看到你在使用你要求他们使用的程序，他们就会更自觉自愿地去使用这一程序。

（6）绩效改进方案的实施

实施绩效改进方案应该遵循一系列指导方针，这些指导方针同样适用于涉及培训和指导的基于能力的人力资源管理实践。我们必须强调的是，从情感方面来讲，绩效的改进是一个十分脆弱的过程。员工的弱点要被暴露出来，员工们必须去谈论并解决那些影响能力的、已经被隐藏了多年的、难于解决的行为方面的问题。这些问题的解决可以让员工感到骄傲和自信，但这一过程也许也会让他们产生恐惧、尴尬及被伤害的感觉，如果处理不当，员工会产生抵触和不满的情绪。

绩效改进要遵循的重要原则之一，是高层管理者应该把自己的绩效改进当做实施内容的一个组成部分。如果首席执行官和高层管理班子也在像每个员工一样努力地提高自己，那么，没有什么比这所传达的信息更强劲有力了。反之，另一条信息也可以用同样的方式令人丧失前进动力，那就是如果高层管理者不努力去提高自身的能力，那么他们希望员工提高能力的目的仅仅是为了为他们所用。

绩效改进方案的实施需要细致的策划及有组织的培训和指导。要想保证绩效改进方案的顺利实施，必须保证该方案通俗易懂。

今天的员工对引进任何旨在改进绩效的人力资源实践都抱着相当大的嘲讽和怀疑态度。一个方案内部支持者的可信度将对员工是否接受并愿意为这一方案的实施付出努力起到关键作用。如果管理层并不真正支持这一方案，或者不为大部分员工所信赖，这一方案的实施就会困难重重。

9.2.2 薪酬奖金的分配

现代管理要求薪酬分配遵守公平与效率两大原则，这就必须对每一名员工的劳动成果进行评定和计量，按劳付酬。绩效评价结果则能够为报酬分配提供切实可靠的依据，因此进行薪酬分配和薪资调整时，应当根据员工的绩效表现，运用考核结果，建立考核结果与薪酬奖励挂钩制度，使不同的绩效对应不同的待遇。合理的薪酬不仅是对员工劳动成果的公正认可，而且可以产生激励作用，形成积极进取的组织氛围。

不同的公司所采取的薪酬体系也有所不同，甚至存在许多差异，但薪酬体系基本可以分为两大部分，即固定部分和动态部分。岗位工资、级别工资等决定了员工薪酬中的固定部分，而绩效则决定了薪酬中变动的部分，如绩效工资、奖金等。在此，我们重点分析绩效加薪、绩效奖金、特殊绩效奖金认可计划三种最为常见的薪酬制度。

1. 绩效加薪

绩效加薪是将基本薪酬的增加与员工所获得的评价等级联系在一起的绩效奖励计划。员工能否得到加薪及加薪的比例高低通常取决于两个因素：第一个因素是员工在绩效评价中所获得的评价等级；第二个因素是员工的实际工资与市场工资的比率。当然，在实际操作中，由于很难得到真实的市场工资数据，大部分企业大体上以员工现有的基本工资额作为加薪的基数。例如，在某公司人力资源部的绩效管理体系中，员工的评价结果被分为 S、A、B、C、D 五个等级，相应的加薪比例为 10%、8%、5%、0%、-5%，假如一个员工的基本工资为2 000元,年终的评价等级为S,则这个员工在下年度的基本工资就变成了2 200元(获得了200元的加薪)。然而,企业采取绩效加薪后,新增加的工资额就会变成员工下一时期的基本工资,随着时间的延续,这种情况很可能会导致员工的基本工资额在缓慢积累的基础上大幅度提高,甚至会超出企业的赢利能力所能够支付的界限。因此,为了弥补绩效加薪制度的缺陷,越来越多的企业采取绩效奖金的方式而不是绩效加薪的方式来激励优秀员工。

2. 绩效奖金

绩效奖金是企业依据员工个人的绩效评价结果,确定奖金的发放标准并支付奖金的做法。绩效奖金的类型有很多种,常用的公式是:

$$员工实际得到的奖金=奖金总额\times奖金系数$$

奖金总额的确定没有一个统一的标准,一般以基本工资为基数,确定一个浮动的绩效奖金额度。奖金系数则是由员工的绩效评价结果决定的。绩效奖金和绩效加薪的不同之处在于,企业支付给员工的绩效奖金不会自动累计到员工的基本工资之中,员工如果想再次获得同样的奖励,就必须像以前那样努力工作,以获得较高的评价分数。由于绩效奖金制度和企业的绩效考核周期密切相关,所以这种制度在奖励员工方面缺乏灵活性,而当企业需要对那些在某方面特别优秀的员工进行奖励时,特殊绩效奖金认可计划就是一种较好的选择。

3. 特殊绩效奖金认可计划

特殊绩效奖金认可计划是在员工努力的程度远远超出了工作标准的要求,为企业创造了优异的业绩或做出了重大贡献时,企业给予他们的一次性奖励。这种奖励可以是现金,可以是物质奖励,也可以是荣誉称号等精神奖励。与绩效加薪和绩效奖金不同的是,特殊绩效奖金认可计划具有非常高的灵活性,它可以对那些出乎意料的、各种各样的单项高水平绩效表现进行奖励。例如,某造纸集团公司人力资源部职员A根据自己多年人力资源档案管理的经验,设计了一套系统软件,对全公司专业技术人才分类统计、分专业保存,建立了电子人才储备库,为公司进行专业人才调配提供了快速、方便的通道,受到了总经理和同事们的充分肯定,公司拿出2 000元现金作为对他发明设计这套软件的奖赏。

9.2.3　员工职业发展

绩效评价结果与员工职业发展结合起来,可以实现员工发展与部门发展的有机结合,达到本部门人力资源需求与员工职业生涯需求之间的平衡,创造高效率的工作环境。

职业生涯的发展是吸引和留住员工的重要因素。针对员工,人力资源部应为其量身定做职业生涯发展规划,并定期与员工一起对其职业生涯发展规划进行修正,保证员工的职业生涯成功发展。例如,依据绩效结果实行岗位轮换,做到人尽其才,才尽其用,这样就能有效提高员工的积极性,激发员工的潜能。反之,如果人力资源部不注重员工的工作流动,不注重为员工提供创业的平台,也缺乏绩效考核、激励机制来保证员工按业绩、按贡献正常晋级、加薪等,就会严重挫伤工作人员的积极性,影响其工作业绩和效率。

绩效评价结果可以为员工的工作配置提供科学依据。工作配置分为晋升、工作轮换、淘汰三种主要形式。人力资源部在对员工进行绩效评价时,不能只评价其目前工作业绩的好坏,还要通过对员工能力的考察,进一步确认该员工未来的潜力。对那些绩效优秀而且大有潜力的员工,可以通过晋升的方式给他们提供更大的舞台和施展才能的机会,帮助他们取得更大的业绩。而对那些绩效不佳的员工,则应该认真分析其绩效不好的原因。如果是员工自身的素质和能力与现有的工作岗位不匹配,则可以考虑对其进行工作调动和重新安排,以发挥其长处,帮助其创造更佳业绩;如果是员工个人不努力工作,消极怠工,则可以采取淘汰的方式,但人力资源部在对业绩不佳的员工进行淘汰时一定要慎重,要认真分析造成员工绩效不佳的具体原因,然后再做决定,且淘汰比例不宜太大。

绩效评价结果还可以为企业对员工进行全面教育培训提供科学依据。当员工的绩效较差时,就要对其原因进行分析,如果员工仅仅是缺乏完成工作所必需的技能和知识,那么就需要对他们进行培训。因此,除了可以通过绩效评价衡量员工的绩效业绩外,还可以利用绩效评价来提供一些信息,其中包括使员工清楚地理解他们当前的绩效与期望绩效之间所存在的差距,帮助他们找到造成差距的原因,以及制定改善绩效的行动计划,从而实现对其能力进行有针对性的开发和培训的目标。

9.2.4　其他应用

1. 开发员工潜能

企业建立绩效管理体系,除了要区分员工绩效的优劣之外,还有一个很重要的功能是通过分析绩效评价的结果来提升员工的技能和能力。培训的一个主要出发点就是员工绩效不良或绩效低于标准要求，也就是说，当员工的现有绩效评价结果和企业对他们的期望绩效之间存在差距时，管理者就要考虑是否可以通过培训来改善员工的绩效水平。目前，我国许多企业接受并采用了国外流行的360°绩效考核方法。在360°绩效考核系统中，一个员工的行为或技能不仅要受到下属人员，而且还要受到其同事、客户、上级、下级及本人的评价。不过，国外的企业往往是将360°绩效考核用于员工培训与技能开发，而不是将其直接与薪酬挂钩，因此这种概念的准确说法是360°绩效反馈，而不是360°绩效考核。360°绩效反馈系统的好处是，它可以从不同的角度来收集关于员工绩效的信息，同时还可以使员工将自我评价与他人对自己的评价进行比较，帮助员工进行自我能力的评估。

2．为奖对罚准提供标准

奖对是基础，罚准是水平。奖为主，罚为辅，奖惩结合历来是企业管理中的激励原则。只有通过绩效评价，对那些忠于职守、踏实工作、成绩优异者给予物质或精神上的奖励，对那些不负责任、偷工减料、绩效低下者给予惩戒，才能真正鼓励员工向优秀者学习，防止不负责任的现象蔓延。当然，这种惩处并不意味着不允许犯错误，也不是说凡是犯了错误的都要予以惩罚。实际上，对于有上进心的人来说，失败乃成功之母。许多公司优秀的经理和其他管理者的优点并不是他们没犯过错误，而是他们因为勇于创新才犯错误，他们犯错误的次数越多，他们所积累的经验就越丰富，而他们继续创新获得的成果就可能越大。因此，对不同的人所犯的错误要区别对待，对那些工作平庸、毫无上进心的人，即使不犯错误，也要将其从较高的领导职位上调离。

任何一个业绩突出的人力资源部，它的管理者之所以能尽到管理责任，主要是因为它对管理者能及时地和公正地进行评价，同时又能以此评价为依据，对他们做出恰当的奖励或惩处，让他们保持旺盛的工作热情，很自然地在工作中展开竞赛。久而久之，本部门中就会形成一种良好的工作作风和传统习惯——以上进为荣，以消极平庸为辱。这种优良传统的形成是企业的精神财富，是无价之宝。

对一个管理者的评价必须是全面的和系统的，不能草率地根据一两件事就对某个管理者的品质、责任心和工作能力做出判断。要知道，正确而恰当的奖罚会营造出一个欣欣向荣、团结向上的集体风气；而错误的、不公平的奖罚则会令一个人、一个部门甚至一个单位陷入涣散、颓废的泥潭。作为一个部门的领导，最大的忌讳是根据自己的好恶来决定对下属的奖罚，这种方式只会让自己的周围留下一些溜须拍马屁之人。提拔了这些人，就等于惩罚了那些真正一心为公司工作且认真负责的人，大多数工作人员就会失去工作的主动性、创造性和积极性。

案例分析　部门绩效考核结果与员工利益紧密挂钩的矛盾

Z 公司是某电信运营商的地市级分公司，在某管理顾问公司设计的以 KPI 为核心的考核体系基础上，Z 公司建立了自己的 KPI 考核体系。Z 公司组织机构的简化模型如图 1 所示。

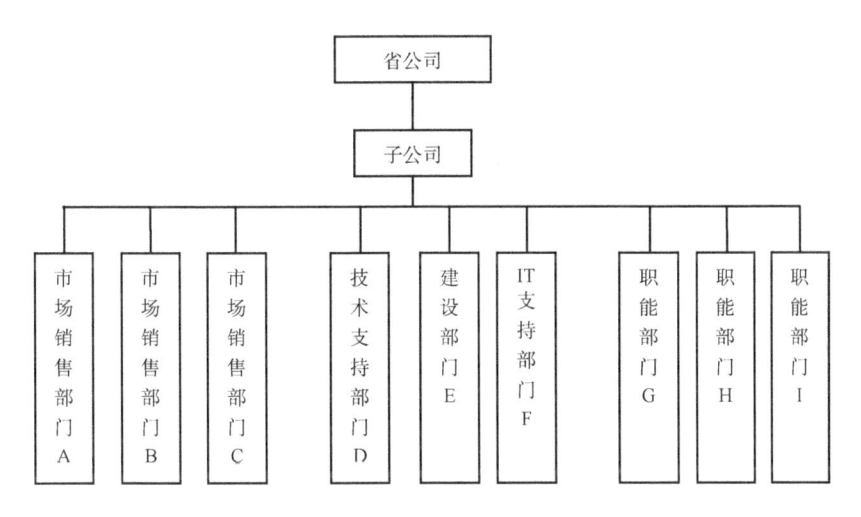

```
                    省公司
                      |
                    子公司
   ┌────┬────┬────┬────┼────┬────┬────┬────┐
  市场 市场 市场 技术 建设 IT  职能 职能 职能
  销售 销售 销售 支持 部门 支持 部门 部门 部门
  部门 部门 部门 部门  E  部门  G   H   I
   A    B    C    D         F
```

图 1　Z 公司组织构的简化模型

Z 公司的绩效管理分为两个管理链条：一是以部门为考核对象、基于团队绩效管理的部门绩效管理链条；二是以员工为考核对象的员工绩效管理链条（见图 2）。

1. 绩效考核结果应用方案

在绩效考核结果的应用上，Z 公司采用的方案如下。

1）部门绩效管理链条的考核周期为一个季度。部门的季度实得绩效工资总额=部门的季度预算绩效工资额度×部门的季度绩效考核得分。

2）根据部门年度绩效考核结果，将部门分成市场营销片、建设支持片、职能服务片并进行排名，评出一等奖、二等奖、三等奖，分别奖励部门主管，据此确定部门的年终奖励金额。不同部门的员工将在本部门员工绩效考核的等级分布中享有不同的分布比例。例如，得一等奖的部门员工及考核等级为优秀和良好的员工可以比考核等级为二等奖的部门的优秀员工和良好员工分别多出 1.5 个和 2.5 个百分点的奖金。

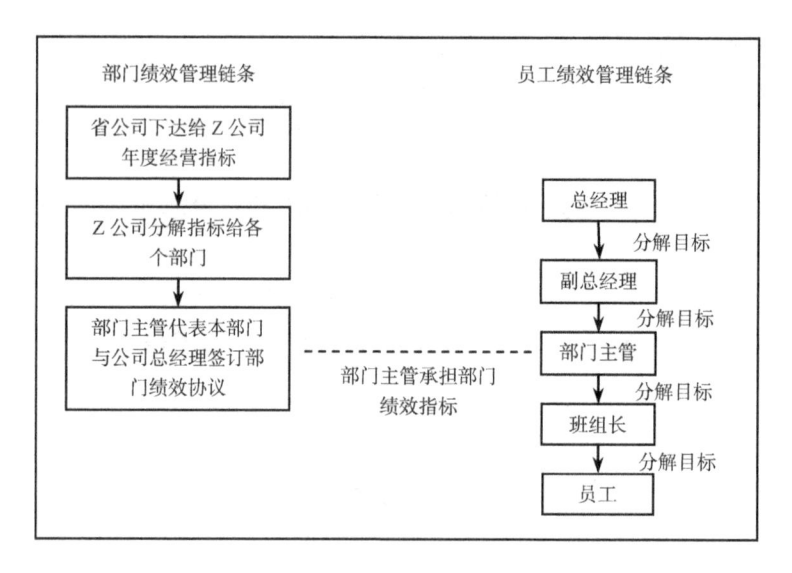

图 2　Z 公司部门绩效管理链条和员工绩效管理链条

3）员工绩效管理链条的考核周期为一个月。员工的绩效工资=员工的月度绩效工资额度×员工的月度绩效考核得分=员工的月度绩效工资标准×部门的季度绩效考核得分×员工的月度绩效考核得分。

4）部门主管的绩效考核周期为一个季度。部门主管的绩效工资=部门主管的季度绩效工资标准×部门的季度绩效考核得分。

经过一年的绩效管理运行，Z 公司的绩效管理遇到以下问题。

1）每年度确定部门绩效目标和调整每季度的绩效目标时，各部门主管都要耗费半个月乃至两个月的时间进行协商、争吵。

2）建设支持片和职能服务片的部门考核成绩拉不开档次，而且接近满分，往往在年度总评中各部门都得二等奖。

3）市场营销片的部门得分虽然拉开了档次，但是在季度的绩效考核结果公示时，各部门主管为本部门争取加分时"寸土必争"，耗费了绩效管理者和部门主管的大量精力。

2. 问题诊断

Z 公司碰到的问题也是不少企业在推进绩效管理过程中碰到的难题。根据一般的管理理论，一定要尽量将团队绩效考核结果和员工自身利益挂钩，这样才能形成团队和员工的利益统一体，才能激发员工的工作积极性和潜能。但是，Z 公司的实践表明，如果部门绩效考核结果和员工利益挂钩太紧密，反而会产生负面影响。让我们循着 Z 公司所碰到的问题进一步探讨其中可能存在的弊端。

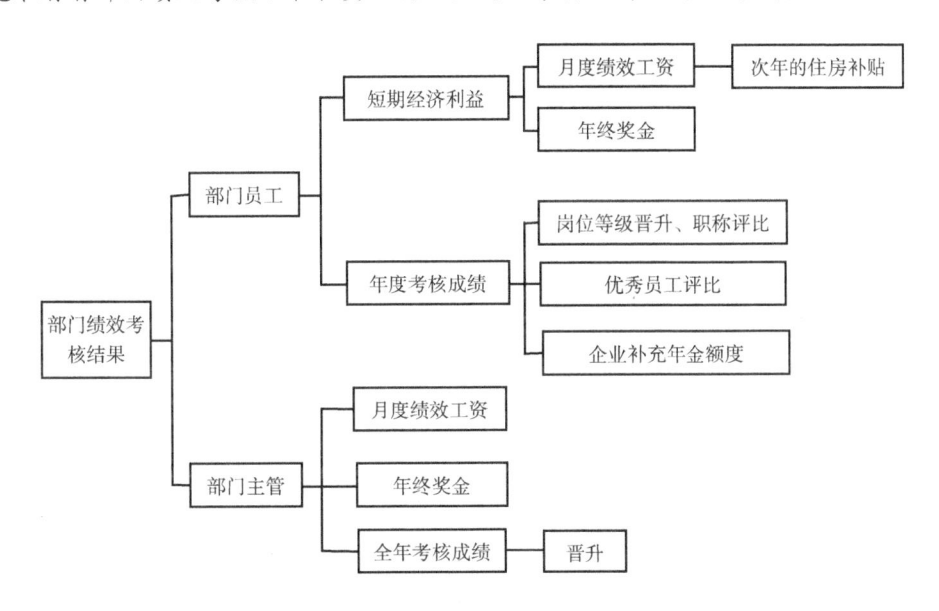

先来看看部门绩效考核结果和员工利益挂钩太紧密的情况（见图3）。

```
                              ┌─短期经济利益─┬─月度绩效工资──次年的住房补贴
                              │              └─年终奖金
                 ┌─部门员工──┤
                 │            │              ┌─岗位等级晋升、职称评比
部门绩效考核结果─┤            └─年度考核成绩─┼─优秀员工评比
                 │                           └─企业补充年金额度
                 │            ┌─月度绩效工资
                 └─部门主管──┼─年终奖金
                              └─全年考核成绩──晋升
```

图3　部门绩效考核结果对员工利益的影响

（1）部门绩效考核结果对员工利益的影响度和 KPI 指标值的选择弹性势必消耗部门主管的管理精力

从图3中可以看出，一方面，部门考核结果极大地影响了员工的利益。从短期来看，部门季度绩效得分的一分之差就会影响部门季度绩效工资总额，轻则5 000元，重则超过3万元。部门越大，绩效工资总额越多，影响绩效工资的额度就越大。从年度来看，如果部门的年终绩效考核为三等，则该部门不光优秀和良好等级的员工比例下降，而且要有一定比例的员工被淘汰。从长期来看，员工次年的住房补贴、退休时可以享受的企业补充年金都和当年度的绩效考核结果挂钩，无法被评为优秀和良好等级的员工利益就会受到很大的影响。

另一方面，部门 KPI 的选择存在一定的弹性。首先，如何确定"关键"两个字，理论上可以根据德尔菲法、两两权重比较法根据省公司下达的经营指标和市场特点来确定。但是，如何筛选出一致认同的"关键"指标，部门之间往往存在很大的分歧。其次，为了完成本部门的KPI，各部门都希望其他协作部门也承担一定的KPI，而考核组织部门出于对管理成本的控制，又一定要让KPI真正体现"关键"，所以必须控制一定的考核指标数量。最后，各部门对KPI指标值讨价还价。Z公司所处的电信运营市场错综复杂，市场条件的变化及考核结果的深远影响促使各部门主管不得不对指标值的确定讨价还价。

（2）部门考核与员工利益紧密挂钩让工作努力、绩效显著的优秀员工为部门的绩效扣分承担责任，打击优秀员工的积极性

由于部门绩效考核结果对本部门的所有员工都会造成影响，承担职责比较多的部门犯错误被扣分的绝对量也比较大，同时承担职责比较多的部门需要优秀员工的绝对数也比较多，这就出现这样一种现象：同样岗级的员工，在承担职责比较多的部门工作的员工月绩效工资可能会比在承担职责比较少的部门工作的绩效工资少。这种差异即使很小，但也会对员工造成负面影响，他们会认为自己的工作成绩没有得到公正评价，认为自己再怎么努力，由于本部门其他员工的过错拖累了自己，而自己又很难对减少本部门其他员工的过错有所帮助。这种负面激励会引导工作积极的员工下意识地选择对责任的逃避。

（3）由于部门绩效结果牵涉员工切身利益太多，造成部门之间得分尽可能接近

根据团队绩效测评理论，团队之间的评比有一个很重要的前提，就是各个团队之间共性的地方要大。Z公司各部门之间的职责、可使用的资源、工作方式、人员配备存在很大的不同，而KPI又是很强调以结果为导向的考核体系，各部门之间的工作结果相比较而言存在很小的共性。强行进行团队绩效测评的结果只会造成各部门主管就本部门所承担的职责针对KPI指标组成和指标值进行"据理力争"。由于各个部门之间的共性很小，部门之间的考核拉不开差距就不难设想。

（4）激烈的部门绩效考核隐含着对部门主管的考核缺位

Z公司激烈的部门考核表象下面其实隐含着对部门主管的考核缺位。这可以借助图4得出比较清晰的解释。

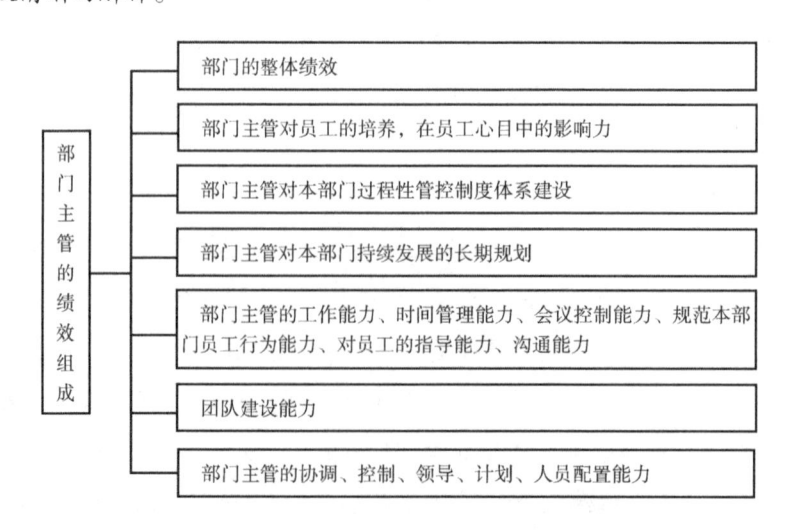

部门主管的绩效组成：
- 部门的整体绩效
- 部门主管对员工的培养，在员工心目中的影响力
- 部门主管对本部门过程性管控制度体系建设
- 部门主管对本部门持续发展的长期规划
- 部门主管的工作能力、时间管理能力、会议控制能力、规范本部门员工行为能力、对员工的指导能力、沟通能力
- 团队建设能力
- 部门主管的协调、控制、领导、计划、人员配置能力

图4 对部门主管的考核缺位

目前 Z 公司将部门的绩效指标直接与部门主管的绩效指标画等号，造成对部门主管的考核缺失。根据上面的论述，部门绩效考核结果与部门员工利益关系链很长、很深，加上部门之间的共性比较小，所以部门与部门之间尽可能缩小绩效考核得分的差距成为必然，此时部门主管的工作努力程度、工作结果就得不到客观的评价，因为他的得分就是部门的绩效得分，个人绩效比较差的部门主管也因此而不会被拉开差距。

在这个案例中，针对上述这些问题，你认为应该如何解决。

第 10 章

基于目标管理的考核体系

本章导读

目标管理通过确定目标、制定措施、分解目标、落实措施、安排进度、组织实施、考核等企业自我控制手段来达到管理目的。它是一个反复循环、螺旋上升的管理方式，基本内容包括制定和分解目标、实施目标过程中的管理、目标成果评价。

目标管理具有一些明显的特点：第一，目标管理主张在整个管理过程中实现自我，即实现管理中的"自我控制"和"自我调整"，因此它具有强烈的自觉性，是一种自觉的管理；第二，目标管理鼓励全体员工都参与管理、都成为管理者集团的一员，因而具有广泛的民主性，是一种民主的管理；第三，目标管理以目标实现的程度进行管理成果的评价，注重管理的实际成效，因而具有极强的现实性，是一种成果的管理；第四，目标管理思想是一个反复循环、螺旋上升的管理方式，要求管理效果不断提高，在这个过程中，目标成果信息的反馈保证了管理效果的不断提高。

目标管理的这些优点不仅影响了企业管理，同时还给现代绩效管理思想带来了新的血液。现代绩效管理借鉴了目标管理中自我管理思想，通过事前沟通、事中调控、事后考核等一系列工作，让每一个人都自觉动起来。目标管理强调参与式的目标设置，这些目标是明确的、可检验的和可衡量的，这种员工参与式的管理理念不仅提高了员工的积极性，同时也使制定的目标更具操作性。

企业要想在目标管理考核法上取得好的效果，它就需要了解该法导入的必要条件。通过对一些目标管理法实施好的企业的调查发现，明确的战略、良好的团队精神、开放式的组织结构和有效反馈机制的建立是企业目标管理考核法做得好的前提。

目标管理也有其不足之处，如强调短期目标、目标设置困难、目标商定可能会带来管理成本的增加等。企业管理者应该清楚这些问题的存在，并不断减少它们所带来的影响。

10.1 目标管理的起源

10.1.1 目标管理的产生背景

自20世纪初泰勒提出科学管理以来，西方先进资本主义国家经济得到了长足发展，在企业经营管理方面也有了很大的发展。第二次世界大战结束后，世界各国一方面因为蒙受战祸而迫切谋求经济的振兴，另一方面由于企业经营管理的环境发生变化，人们参加工作的行为动机也发生了相应的改变，原来泰勒的科学管理的严格监督和控制的管理方式已不能充分调动员工的工作积极性。当时，美国的一般企业由于组织机构臃肿，管理组织僵化，工作效率不高，影响了职工积极性的发挥，因此企业急需一种新的更有活力的管理制度。在此情况下，目标管理应运而生。

1954年，彼得·德鲁克在《管理实践》一书中首先使用了"目标管理"的概念。目标管理乃是一种程序或过程，它是组织中的上级和下级一起协商，根据组织的使命确定一定时期内组织的总目标，由此决定上、下级的责任和分目标，并把这些目标作为组织绩效考核和考核每个部门与个人绩效产出对组织贡献的标准。

目标管理实行以来，有力地激发了员工的积极性，许多企业借此起死回生。因而，这种方法迅速普及于美国各大企业，不久风行于欧美和日本等国。目标管理之所以能起到很好的效果，究其根本原因在于它的科学理论依据。这些依据主要包括以下几个方面。

1. 系统论——全局、整体的管理组织系统

系统论的基本思想方法，就是把研究和处理的对象当做一个系统，分析系统的结构和功能，研究系统、要素、环境三者的相互关系和变动的规律性。系统论对目标管理的影响主要体现在为目标管理的过程提供一种理论上的指导，使人们从战略角度对目标管理进行全面研究，帮助人们在研究目标管理的各个具体问题时注重研究它们之间的关系及相互影响。

2. 控制论——宏观管理与自我管理

控制是一种有目的的主动行为，管理控制行为的目的就是为了实现管理组织系统的目标，目标控制就是从这一要点出发的。目标控制是指领导者站在宏观角度上对被控系统输入目标要求，再通过其输出的目标状态与原输入要求进行比较，找出偏差，采取措施，保证目标实现，并以目标达成度为依据来考核管理活动的效果。

3. 激励理论——目标管理的核心和动力

人本原理告诉我们，人是管理的核心和动力，能否调动人的积极性、发挥人的创造性和主动性是管理活动成败的关键。正是从这个关键问题出发，目标管理需要强调目标的激励作用，理论研究和实践经验都表明，一个单位如果没有明确的目标，它是不可能激励集体及其成员去积极工作的。

目标是激发人们动机的诱因。管理学家马斯洛认为，人的需要是多层次的，其中成就需要是最高层次的需要。凡是有事业心的人，几乎都遵循这样的活动规律，即"选定合适的目标—努力奋斗去实现—达到目标—制定更高的目标—再奋斗……"这样不断循环，不断提高目标层次。因此，运用激励理论解决好目标激励作用是一个十分重要的问题。

10.1.2　目标管理广泛而深入的应用

目标管理起源于 20 世纪 50 年代，尤其在六七十年代经济发达的美国应用广泛，风靡一时，目标管理的思想不断发展，目标管理理论也逐渐得到完善并适应企业的内外部环境，如项目管理理论就是目标管理的延伸和发展。

经过几十年的发展，目标管理的理论体系从单纯的单项、片面的目标管理体系不断发展到基于战略和管理的角度的理论体系，企业网络化、信息化的发展使现代企业目标管理工作从成本和效率上获得了更多的管理和技术支持，如著名企业爱普生、英特尔、丰田等企业目标管理的成功就充分体现了这一点。

我国企业于 20 世纪 80 年代引入目标管理，且其得到了很好的应用，很多高校、企业、事业单位都采用了目标管理法。目前，在国内成功实施目标管理的企业有蒙牛乳业集团、联想、海尔等国内知名企业，另外众多大型国有企业的子母公司也成功实施了目标管理，如邯郸钢铁集团公司等。

10.2　目标管理：现代绩效管理的思想基石

10.2.1　目标管理的核心思想

目标管理是一种科学的管理方法，这种管理方法通过确定目标、制定措施、分解目标、落实措施、安排进度、组织实施、考核等企业自我控制手段来达到管理目的。目标管理的主要特点是十分注意从目标出发，从期望达到的目标出发去采取能保证管理目的和成果实现的措施，以调动各方面的积极性，使每个人都为达到自己的目标而主动采取各种可能奏效的方式方法，并成为管理的主动者。这个特点贯穿于整个目标管理过程之中。

目标管理是一个反复循环、螺旋上升的管理方式，因而它的基本内容具有一定的周期性，目标管理正是通过其管理内容的周而复始，实现了管理效果的不断提高。就目标管理的每一个周期而言，其基本内容有制定和分解目标、实施目标过程中的管理、目标成果评价。

1．制定和分解目标

目标包括企业总目标、部门目标和个人目标。总目标确定之后，企业的各部门就要为实现企业总目标而提出本部门的目标。然后，每个员工又要为实现本部门的目标，也就是为最终实现企业的总目标而提出自己的个人目标。

在制定和分解目标过程中，目标管理思想鼓励下级自主提出目标，以配合上级目标的达成。为符合企业经营策略，整合企业力量，主管应以尊重下级的心态，加强与下级的沟通，与下级一起讨论其所提出的目标。借助相互讨论过程，定出理想的目标成为制定目标最为关键的一点。

2．实现目标过程中的管理

目标设定之后，各级主管就要按照目标，制定工作计划，自己负责推行。目标的完成不仅仅是目标责任人自己的事，它需要上级协助完成，那么上级应该如何协助下级执行目标呢？

首先，要有适当的授权。授权就是使下级具有决定权。目标及达到目标的基本方针一经确定，上级就要对下级大胆放手，给每一个基层部门与每一个员工以实现目标所对应的权限，由他们自行选择为实现目标所采取的措施和手段，不要擅自指挥与横加干涉。上级自始至终所要做的是不断检查，对各项工作进行有重点的管理，促进目标执行者实现"自我控制与调节"，并独立自主地实现目标。

适当的授权有利于减少上级管理者的负担，提高企业的生产经营效果，同时培养了下级管理者，提高了他们的管理水平。目标管理的特点之一，就是注重对各级管理者的培训、锻炼和提高。实行授权，可以使下级管理者对自己的目标任务自觉负责，并自行判断处理问题、自我教育及自我提高。

其次，给予下级支援和协调。在实施目标管理的过程中，主管要根据下级在目标卡上所列的工作条件，给予下级必要的人力、物力上的支援与协助。此外，下级要完成所制定的目标，也需要其他部门的支援，主管应协助进行"横向联系"，以协调部门间的团队合作，共同达到目标。

最后，适时适地地交换意见。目标管理要求执行人以自动自发的精神去推动工作，但这并不代表主管可以放手不管。为使目标执行正确，主管要主动与下级交换意见，更应积极表示欢迎下级提出意见，以便及时掌握信息。

3. 目标成果评价

期末进行目标成果评价，主要是检查目标实现的情况，根据不同的情况对执行者给予相应的奖励、表彰、批评与惩罚，达到激励和鼓励的目的。同时，通过成果评价，为下一个周期的目标制定工作做好准备。

通过对上述目标管理的三项基本内容的分析，我们可以看到，目标管理重视"人性"，它以人为中心进行管理，这决定了目标管理具有以下特点。

第一，目标管理主张在整个管理过程中实现自我，即实现管理中的"自我控制"和"自我调整"，因此它具有强烈的自觉性，是一种自觉的管理。无论在制定目标、实施目标还是成果评价阶段，目标管理都十分注重"人性"，始终把握以目标来激励人们，尽量发挥自我的各项能力，最终通过自我控制实现整体与个人的目标。在目标制定时，目标管理以"人"为中心确定目标，特别在实施目标时，目标管理注重给予执行者相当的自主权限而不任意干涉的方式，鼓励个人以实现自我的方式实现目标，也就是通过自我控制来实现目标，因而目标管理是一种以"主动"代替"被动"的管理方式。以自觉的努力追求目标的实现取代麻木的完成工作指标，以自我努力取代被动附属，以自我控制取代任人支配，这就是目标管理的一种自觉管理的重要特征。

第二，目标管理鼓励全体员工都参与管理，且都成为管理者集团的一员，因而具有广泛的民主性，是一种民主的管理。目标管理在任何阶段都十分尊重人，为了调动员工的积极性和主动性，它在实施过程中都注意使管理群体化，让全体员工都参与管理，实行管理的民主化。目标管理十分注重协商、讨论、对话、交流这些方式，厌倦命令、干预、指挥及独断，特别是在制定个人目标时尊重目标执行者的意愿，以目标执行者为主制定目标，使员工努力提高实现目标的兴趣与积极性，这使目标管理成为一种民主的管理。

第三，目标管理以目标实现的程度进行管理成果的评价，注重管理的实际成效，因而具有极强的现实性，是一种成果的管理。目标管理也称"根据成果进行管理的方法"，这是因为这种管理最终是以目标的实现作为奖惩的唯一标准，把企业的业绩提高与员工的个人利益密切结合起来，强调成果的取得，主要关注个人的能力、知识和努力，注重成果，不只看资历、年限，使目标管理成为一种实效的管理。

第四，目标管理思想是一个反复循环、螺旋上升的管理方式，要求管理效果不断提高，在这个过程中，目标成果信息的反馈保证了管理效果的不断提高。目标管理的执行按照确定的目标和监督过程，不断将执行结果反馈给各级目标负责人，及时纠正偏差，完善目标及实现目标的措施，以最高效率取得最佳效果。目标成果反馈是绝对必要的，这有两个极其重要的理由：第一个理由与以成就为方向的管理者的要求有关；第二个理由是在目标实施阶段，管理者通过临时决定或修正目标，使自己始终按照预定的目标进行工作。

以成就为方向的大量实际经验和知识证明下述两个前提是正确的：① 管理者越以成就为方向，就越需要知道对自己工作的反馈情况。他自始至终要了解他自己工作做得好不好，他不愿意在采取行动后，对行动的结果一无所知。② 管理者越以成就为方向，就越不能容忍日常文书工作、不必要的日常事务和原始数据。他需要最小量的，但却是经过组织的、有质量的、着重于采取行动的数据，他可以据此决策和采取行动。

10.2.2　目标管理的优势

（1）形成激励

当目标成为组织的每个层次、每个部门和每个成员自己未来时期内欲达成的一种结果，且实现的可能性相当大时，目标就成为组织成员的内在激励。特别当这种结果实现且组织还有相应的报酬时，目标的激励效用就更大。

（2）有效管理

目标管理方式的实施可以切切实实地提高组织管理的效率。目标管理方式较之计划管理方式在推进组织工作进展、保证组织最终目标完成方面更胜一筹。因为目标管理是一种结果式管理，而不仅仅是一种计划的活动式工作。这种管理迫使组织的每一层次、每个部门及每个成员首先考虑目标的实现，尽力完成目标，因为这些目标是组织总目标的分解，故当组织的每个层次、每个部门及每个成员的目标完成时，组织的总目标也就实现了。

（3）明确任务

目标管理的另一个优点就是使组织各级主管及成员都明确组织的总目标、组织的结构体系、组织的分工与合作，以及各自的任务。这些方面职责的明确使得主管人员知道，为了完成目标，必须给予下级相应的权利，而不是大权独揽、小权也不分散。另外，许多着手实施目标管理方式的公司或其他组织，它们通常在目标管理实施的过程中会发现组织体系存在的缺陷，这可以帮助组织对自己的体系进行改造。

（4）控制有效

目标管理方式本身也是一种控制的方式，即通过目标分解后的实现，最终保证组织总目标实现的过程就是一种结果控制的方式。目标管理并不是目标分解下去便没有事了，事实上组织高层在目标管理过程中要经常检查、对比目标，进行评比，看谁做得好，如果有偏差就及时纠正。从另一个方面来看，一个组织如果有一套明确的、可考核的目标体系，其本身就是进行监督控制的最好依据。

10.2.3 目标管理对现代绩效管理思想的影响

1. 目标管理为现代绩效管理带来自我管理思想

大力倡导目标管理的德鲁克认为，员工是愿意负责的，是愿意在工作中发挥自己的聪明才智和创造力的。目标管理的主旨在于用"自我控制的管理"代替"压制性的管理"，使管理者和员工能够控制自己的成绩。这种自我控制可以成为更强烈的动力，推动员工尽自己最大的力量把工作做好，而不仅仅是"过得去"就行了。

现代绩效管理借鉴了目标管理中自我管理思想，通过事前沟通、事中调控、事后考核等一系列工作，让每一个人都自觉动起来，自总经理到基层员工，就像齿轮一样，实现自我计划、自我执行、自我确认和自我调整的"自我管理"的最高境界。这样，既实现了据此可以进行科学考核的绩效标准，又实施了真正的动态绩效管理。

2. 员工参与管理为现代绩效管理思想在企业成功运作提供支持

目标管理强调参与式的目标设置，这些目标是明确的、可检验的和可衡量的。目标管理强调把组织的整体目标转化为组织单位和员工个人的具体目标，在这个转化的过程中，组织的总体目标是逐层分解的，由组织总体目标先转化为分公司目标，再转化为部门目标，最后到员工个体目标。所以，目标管理体制不是由上而下制定的，也不是由下而上制定的，而是一个各层次目标相衔接的目标层次。对个体员工来说，目标管理提出明确的个体绩效目标。如果所有人都实现了自己的目标，那么他们单位的目标就能实现，组织的总体目标也就成为现实。因此，每个人都可以为他所在单位的绩效做出明确而具体的贡献。

这种员工参与式的管理理念不仅提高了员工的积极性,同时也使制定的目标更具操作性。现代绩效管理思想引入了员工参与管理,尤其是关键绩效指标考核法。在关键绩效指标考核法的目标设置过程中,各个层次的管理者和员工共同制定关键业绩指标。关键绩效指标考核法认为,通过员工与管理者在关键绩效指标上达成的承诺,他们之间可以在工作期望、工作表现和未来发展等方面进行良好沟通。

3. 目标管理的系统思想使绩效管理能自我发展、自我提高

目标管理吸收了系统论的精华,强调企业的目标管理要具有集合性、层次性和相关性。集合性是指系统至少由两个或两个以上的子系统构成,目标管理包括目标的制定、目标的实施和目标成果的考核。层次性使得目标管理在目标结构上具有层次性,包括组织目标、部门目标和个人目标三个层次。相关性是指系统各要素之间相互依存、相互制约的关系,目标管理突出制定目标、实施目标和考核成果之间的相互关系,考核成果的结果经过反馈后为下一个周期的目标制定提供依据,目标的制定同时也为考核提供了一个标准。

平衡计分卡克服了传统绩效考核方法单纯利用财务指标进行绩效考核的局限,从财务、客户、内部流程、学习与发展四个方面来反映企业的整体绩效。就平衡计分卡的实际设计理念而言,它引入了目标管理的系统论思想,财务、客户、内部流程、学习与发展四个方面之间相互联系,构成了一个整体绩效指标体系。同时,不同层次的管理者和员工根据自身工作的不同获得了不同的指标,在绩效指标上又具有层次性。

10.3 目标管理考核法的实施

10.3.1 导入目标管理法的必要条件

1. 组织要有明确的战略

目标管理建立在战略管理基础之上。目标管理强调的不是短期目标而是长期目标,注重目标与企业的战略相结合。企业首先应根据自身的经营目标制定出完整的战略;其次,根据企业战略目标进行人力资源开发与规划。很多企业实行目标管理时只注重结果,从而直接导致员工只注重短期行为,给企业发展带来弊端。以目标管理来衡量员工绩效并不意味着用一种强制性的方式来考核,而是要不断提升员工自身素质,发现其不足之处,从而对员工进行针对性的培训,增加企业核心竞争力。

2. 组织要具有团队精神

目标管理的有效实施基于具有团队精神的企业文化。目标管理要能帮助员工提高效率,从而增加其满意度。目标的制定与完成需要彼此协调、相互合作。团队精神表现为员工之间相互团结、共同努力完成既定的目标。目标管理在实施过程中的主要困难是员工各行其是,所以团队精神具有重要的基础作用。束缚目标管理的使用是由于并不是每个组织都具有团队精神,组织结构和体制、机制,以及文化背景和社会环境的影响极大。如果各部门和各员工只关注自身目标的利益而忽视相互协作和组织目标的实现,滋长本位主义和急功近利的倾向,缺乏互相沟通和协商,势必影响目标的实施和实现。

3. 要有开放式的组织结构

开放性组织是指在组织中领导者能建立一种与员工互动的平台,使员工能够在合适的时间,以合适的方式针对某一问题发表自己的见解。在确定绩效目标时,员工认为目标是有价值的,而组织对执行和实现这些目标却没有给予足够的重视,造成这个差距的原因是领导者未能及时与员工进行沟通和提供员工反馈的机会。这样,难免会有一些员工认为目标管理作为绩效考核的工具就是一个监督工具。所以,组织必须能够提供一个双向沟通的平台,使员工了解自己目前在做什么、已经做了什么和下一步将要做什么。目标管理强调"自我控制"、"自我突破",但这绝不是要放弃管理控制,只不过是用双向沟通代替了专制管理。

4. 要有有效的反馈机制

工作的反馈是绝对必要的。首先,成就导向的管理者会对工作反馈进行明确要求;其次,在过程中,管理者根据工作反馈对工作进行临时决定或修正,使自己始终朝向预定的目标工作。

10.3.2 目标管理考核法的推进步骤

目标管理法是众多国内外企业进行绩效考核的最常见的方法之一。它之所以能得以推广,原因在于这种做法是与人们的价值观和处事方法相一致的。例如,人们都认为"有必要依每个人所做的贡献而给予一定的回报、奖励"是毫无疑义的。目标管理法得以推广的另外一个原因还在于它能更好地把个人目标和组织目标有机结合起来,使两者达成一致,减少了员工每天忙忙碌碌但所做的事却与组织目标毫不相干的可能性。目标管理法的具体操作可以分为四个步骤（见图 10-1）。

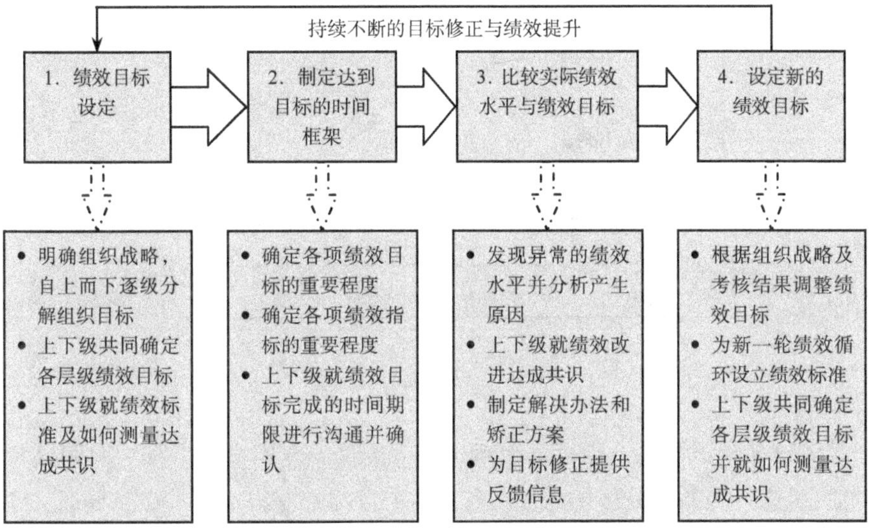

```
持续不断的目标修正与绩效提升
┌─────────────────────────────────────────────────────────────┐
│                                                             │
▼                                                             │
1. 绩效目标  →  2. 制定达到  →  3. 比较实际绩效  →  4. 设定新的  ─┘
   设定          目标的时间       水平与绩效目标      绩效目标
                 框架
```

- 明确组织战略，自上而下逐级分解组织目标
- 上下级共同确定各层级绩效目标
- 上下级就绩效标准及如何测量达成共识

- 确定各项绩效目标的重要程度
- 确定各项绩效指标的重要程度
- 上下级就绩效目标完成的时间期限进行沟通并确认

- 发现异常的绩效水平并分析产生原因
- 上下级就绩效改进达成共识
- 制定解决办法和矫正方案
- 为目标修正提供反馈信息

- 根据组织战略及考核结果调整绩效目标
- 为新一轮绩效循环设立绩效标准
- 上下级共同确定各层级绩效目标并就如何测量达成共识

图 10-1　目标管理法的实施程序

1．绩效目标设定

绩效目标设定是目标管理程序的第一步，实际上是上下级共同确定各个层级所要达到的绩效目标。在实施目标管理的组织中，通常是上级考核者与被考核者一起来共同制定目标。目标主要指所期望达到的结果，以及为达到这一结果所应采取的方式与方法。

根据德鲁克的观点，管理组织应遵循的一个原则是："每一项工作必须为达到总目标而展开。"因此，衡量一个员工是否称职，就要看他对总目标的贡献如何；反过来说，称职的员工也应该明确地知道他期待达到的目标是什么，否则就会走错方向，浪费资源，使组织遭受损失。在目标管理法中，绩效目标的设定开始于组织的最高层，他们提出组织使命和战略目标，然后通过部门层次往下传递至具体的各个员工（见图 10-2）。如果个人的绩效目标完成，它就应该代表最有助于该组织战略目标实现的绩效产出。在大多数情况下，个人目标是由员工及其上级主管协商一致制定的，而且在目标设定的同时，他们也需要就特定的绩效标准及如何测量目标的完成达成共识。

一旦确定以目标管理为基础进行绩效考核，就必须为每个员工设立绩效目标。目标管理系统是否成功，主要取决于这些绩效目标陈述的贴切性和清晰性。设定绩效目标通常是员工及其上级、部门及其上级部门之间努力合作的结果。各级绩效目标是否能够清晰合理地设置，直接决定着绩效考核的有效性。为了确保各级绩效目标得以恰当设定，绩效目标的设定除了可以参考其他绩效考核方法中所使用的绩效指标设计原则外，还必须特别注意以下几点。

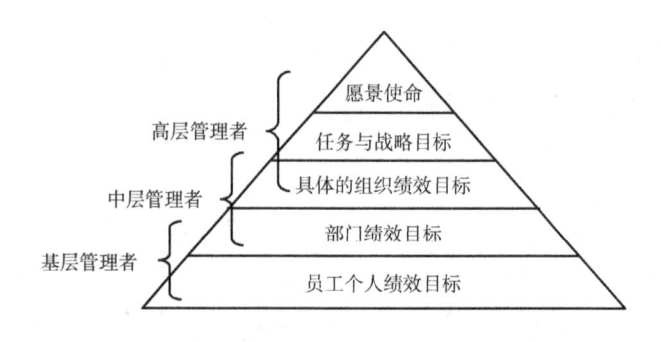

图 10-2 绩效目标结构

（金字塔结构，自上而下：愿景使命、任务与战略目标、具体的组织绩效目标、部门绩效目标、员工个人绩效目标；左侧标注：高层管理者、中层管理者、基层管理者）

1）这个目标必须是上下级员工一致认同的。很多人说这非常难，但如果有上级领导与员工的思想行为基础就能够做到。当每一个目标都获得上下一致认同时，目标体系就建立起来了，就形成了全员目标管理，企业的目标就一定能够实现。

2）这个目标必须符合 SMART 原则。人们常说的目标，同时有两个含义：一是一般意义的目标，就是要做成什么事，只能是愿望而已，它不是目标管理的目标；二是对做成这个事有准确的定义和完成时间的限制，也就是符合 SMART 原则的目标。

3）目标最好有个人努力的成分。这主要指个人有收益，包括个人学习知识、训练技能、克服困难、改正错误等。让目标管理的应用者自身在工作中有所提高，符合其个人发展方向和个人需要的成果，或者让个人觉得争了一口"气"，这样也能增强个人的工作动力。

4）目标最好存在于一项完整的工作任务之中。这样做可以使工作者将精力集中在一件事情上，便于达到目标。

5）目标越少越好。让目标集中，这样可以集中精力，解决一个完整的事，哪怕再将这个目标进行多项分解。例如，对于一个公司，一项 EVA 就可代替收入、利润、回收率等多个指标；对于以生产为中心的制造业，一个单位产品成本就可以替代产量、劳动生产率、费用等多项指标。

2．制定达到目标的时间框架

这是实施目标管理的第二步，即当被考核者为这一目标努力时，他们可以合理安排时间，了解自己目前在做什么、已经做了什么和下一步还将要做什么。目标管理强调"自我控制"、"自我突破"，但绝不是要放弃管理控制，只不过是用双向沟通代替了专制管理，通过确定绩效目标达成时间的有效约束，这样可以更有效地保证组织目标的实现。

在第一步和第二步的过程中，难免会有一些员工认为目标管理作为绩效考核的工具就是一个监督工具。这样，他们在填写目标时，就会把容易完成的工作定为主要目标，并在确定绩效目标的时间框架上将自身利益凌驾于组织利益之上。更为有害的是，员工或部门可能为了体现业绩，用短期见效的目标取代意义重大但长期才能见效的目标。因此，管理者在推进以目标管理为基础的绩效考核时，在设计绩效考核指标时一定要把好绩效目标的"权重关"，把工作按照重要性和迫切性划分为重要又迫切、重要但不迫切、迫切但不重要、既不重要又不迫切四类绩效指标，通过各方面的彼此协调，减少资源浪费，尤其是时间资源的浪费。

3. 比较实际绩效水平与绩效目标

这是实施目标管理的第三步。这样做考核者就能够找出为什么未能达到既定的绩效目标，或者为何实际达到的绩效水平远远超出了预先设定的绩效目标的原因。这一步骤不仅有助于决定对于培训的需求，还有助于确定下一绩效考核周期的各级绩效指标，同时也能提醒上级考核者注意组织环境对下属工作表现可能产生的影响，而这些客观环境是被考核者本人无法控制的。目标管理的考核不是考核行为或其他，而是考核绩效。如果目标确立是具体的、可验证的，那么考核过程就会变得简单。管理者与员工讨论员工是否完成了目标，研究为什么能完成或不能完成，组织将这些检查考核工作的情况记录下来，并使之成为正式的绩效考核。

4. 设定新的绩效目标

这是实施目标管理的第四步。凡是已成功实现其绩效目标的被考核者都可以被允许参与下一考核周期的绩效目标的设置过程。而对那些没有达到既定绩效目标的被考核者，在与其直接上级进行沟通、判明困难的出现是否属偶然现象、找出妨碍目标达成的原因并制定相应的解决办法和行动矫正方案后，才可以允许其参与新一轮考核周期绩效目标的设置。

尽管在对员工进行绩效考核的过程中，目标的使用对于激发他们的工作表现、工作热情等都很有效，但有时却很难确定有关产出方面的工作衡量标准。例如，工作的过程和工作行为可能与工作结果同样重要，如果一个员工通过一种不道德的或非法手段达到了自己的目标，这对组织来说是非常有害的。所以，仅仅以目标管理所确定的目标作为绩效考核的依据，在一定程度上会忽视员工的技术、知识和态度等其他方面，而员工的绩效水平却是这些方面的综合作用。

10.4 目标管理法对其他绩效管理技术的影响

绩效考核技术包括目标管理法、KPI、平衡计分卡、标杆管理法和素质考核法。在这五种绩效考核方法中，目标管理法的产生先于其他绩效管理技术，因而目标管理法的一些科学理论和思想对其他技术的产生和发展都有或多或少的影响。

目标管理法是将企业的战略目标与部门目标、员工个人目标相结合的活动。它包括公司总目标的制定、分解，部门、分公司目标制定，岗位层目标的制定，目标修改管理，目标考核管理等五项管理内容。运用目标管理法，可以帮助企业找到关键绩效指标，并将绩效指标的建立、目标分解、工作标准、业务流程及需要解决的问题等环节紧密相连，从而找对绩效管理的正确方向。KPI 和目标管理二者都是将目标进行数量化。平衡计分卡克服了传统绩效考核方法单纯利用财务指标进行绩效考核的局限，从财务、客户、内部流程、学习与发展四个方面来反映企业的整体绩效。就平衡计分卡的实际设计理念而言，它引入了目标管理的系统论思想，财务、客户、内部流程、学习与发展四个方面之间相互联系，构成了一个整体绩效指标体系。同时，不同层次的管理者和员工根据自身工作的不同获得了不同的指标，在绩效指标上又具有层次性。目标管理是绩效考评工具，可作为 KPI、平衡计分卡考评系统的补充，相当于实现绩效分解步骤的载体。在标杆管理和 KPI 的管理过程中都有使用目标管理程序对目标与责任分解这一过程。标杆管理是一项通过衡量比较来提升企业竞争地位的过程，它强调的是以卓越的企业作为学习对象，通过持续改善来强化本身的竞争优势。标杆管理法寻求标杆作为激励和发展的动力实际上是运用了目标管理法的激励理论，目标管理法需要强调目标的激励作用，同时标杆管理法也要强调标杆对象对于本企业的激励和改善作用。以素质为基础的绩效考核法，其素质指标要与企业战略、经营计划和需求一致，这与目标管理法中的控制理论是一致的，是事前控制，是一种有目的的主动行为。

10.5 目标管理考核法遇到的困境

1. 管理者对企业战略目标认识不够

在实施目标企业的管理必须有明确的战略目标，管理者必须深刻了解并领悟企业的战略目标，否则一些企业战略目标不清、不现实或不可行，管理者对目标认识不够，那么设定的目标将有可能不能和企业的战略目标相一致,考核的目的也就无从说起。

2. 过于重视目标的可测量性

目标管理是建立在自我控制和指导的基础上的,但是在实际的目标设定中,太过于重视目标的可靠性和可测量性,也容易造成为了避免不易定量的目标及在不易定量的领域也必须勉强地使用数字来进行目标的设定,容易使目标的等级降低,也容易造成目标设定的效果降低。

3. 过多地注重一个部门的员工和管理者之间设定的目标

目标管理过多地注重一个部门的员工和管理者之间设定的目标,无法跨部门进行统一的目标设立,因此也难以在企业内部对不同部门的工作绩效进行横向性的考核及比较,也不能为员工跨部门发展提供晋升依据。

4. 奖惩不一定都能和目标成果相配合

有时奖惩不一定都能和目标成果相配合,也很难保证公正性,从而削弱了目标管理的效果,这是因为目标管理最终是以目标的实现作为奖惩的唯一标准。目标管理的有效实施除了需要掌握具体的方法以外,还要特别注意把握工作的性质,分析其分解和量化的可能,使目标管理的推行建立在一定的思想基础和科学管理基础上,要逐步推行,长期坚持,不断完善从而使目标管理发挥预期的作用。

5. 反馈机制不健全

如果不具备有效的反馈机制,那么目标管理过程中出现偏差将不能及时纠正。目标管理的执行应按照确定的目标和监督过程,不断将执行结果反馈给各级目标负责人,及时纠正偏差,完善目标及实现目标的措施,以最高效率取得最佳效果。在基于目标管理的绩效考核系统中,目标成果反馈是绝对必要的。

6. 在设计绩效考核指标时难以把好绩效目标的"权重关"

在目标管理的实施过程中难免会有一些员工认为目标管理作为绩效考核的工具就是一个监督工具。这样,他们在填写目标时,就会把容易完成的工作定为主要目标,并在确定绩效目标的时间框架上将自身利益凌驾于组织利益之上。更为有害的是,员工或部门可能为了体现业绩,用短期见效的目标取代意义重大但长期才能见效的目标。

7. 员工各行其是，缺乏团队精神

目标管理在实施过程中的主要困难是员工各行其是，缺乏团队协作意识。束缚目标管理的使用是由于并不是每个组织都具有团队精神，组织结构和体制、机制，以及文化背景和社会环境的影响极大。如果各部门和各员工只关注自身目标的利益而忽视相互协作和组织目标的实现，滋长本位主义和急功近利的倾向，缺乏互相沟通和协商，势必影响目标的实施和实现。因此，在实际中推行目标管理时，要注意提高员工的职业道德水平，培养合作精神，建立健全各项规章制度，注意改进领导作风和工作方法。

案例分析　绩效主义毁了索尼吗

2006年，索尼公司迎来了创业60周年。过去，索尼公司像钻石一样晶莹璀璨，而当今的索尼却变得满身污垢，黯然无光。因笔记本电脑锂电池着火事故，世界上使用索尼产锂电池的约960万台笔记本电脑被召回，估计更换电池的费用达510亿日元。

多数人觉察到索尼不正常恐怕是在2003年春天。当时索尼公布，一个季度就出现约1000亿日元的亏损，市场上甚至出现了"索尼冲击"，索尼公司股票连续两天跌停。但回过头来仔细想想，从发生"索尼冲击"的两年前开始，公司内的气氛就已经不正常了，身心疲惫的职工急剧增加。回想起来，索尼是在长期内不知不觉慢慢地退化的。不少索尼员工对发生这种事情感到难以接受，但一位高层管理者却道出了他认为索尼出现问题的原因。

1. "激情集团"消失了

所谓"激情集团"，是指在公司早期参与开发CD技术时期，公司中那些不知疲倦、全身心投入开发集团的集体。在创业初期，这样的"激情集团"接连不断地开发了具有独创性的产品。这位高层管理者认为，索尼当初之所以能做到这一点，是因为有井深的领导。

井深最让人佩服的一点是，他能点燃技术开发人员心中之火，让他们变成为技术献身的"狂人"。刚刚进入公司时，不少普通员工曾和井深进行过激烈争论。井深对新人并不是采取高压态度，而是他尊重他们的意见。

从事技术开发的团体进入开发的忘我状态时，就成了"激情集团"。要进入这种状态，其中最重要的条件就是"基于自发的动机"。例如，"想通过自己的努力开发机器人"，这就是一种发自自身的冲动。与此相反的就是"外部的动机"，如想赚钱、升职或出名，

即想得到来自外部回报的心理状态。如果没有发自内心的热情，而是出于"想赚钱或升职"的世俗动机，那是无法成为"开发狂人"的。

2. "挑战精神"消失了

今天的索尼职工好像失去了自发的动机。为什么？因为实行了绩效主义。绩效主义就是"业务成果和金钱报酬直接挂钩，职工是为了拿到更多报酬而努力工作"。如果外在的动机增强，那么自发的动机就会受到抑制。

如果总是说"你努力干，我就给你加工资"，那么以工作为乐趣这种内在的意识就会受到抑制。从1995年左右开始，索尼公司逐渐实行绩效主义，成立了专门机构，制定了非常详细的评价标准，并根据对每个人的评价确定报酬。

但是井深的想法与绩效主义恰恰相反，他有一句口头禅："工作的报酬是工作。"也就是说，如果你干了件收到好评的工作，下次你还可以再干更好、更有意思的工作。在井深时代，许多人都是为了追求工作的乐趣而埋头苦干。

但是，因为实行绩效主义，职工逐渐失去了工作热情，这种情况下是无法产生"激情集团"的。为衡量业绩，首先必须把各种工作要素量化，但工作是无法简单量化的。公司为统计业绩，花费了大量的精力和时间，而在真正的工作上却敷衍了事，出现了本末倒置的现象。因为要考核业绩，几乎所有人都提出容易实现的低目标，可以说索尼精神的核心即"挑战精神"消失了。因为实行绩效主义，索尼公司内追求眼前的风气日益蔓延。

索尼公司不仅对每个人进行考核，还对每个业务部门进行经济考核，由此决定整个业务部门的报酬。这样做最后导致的结果是，业务部门相互折台，都想方设法从公司的整理利益中为本部门多捞好处。

3. 团队精神消失了

公司一位高层员工在美国见到了"涌流理论"的代表人物奇凯岑特米哈伊教授，并聆听了他的讲演。讲演一开始，大屏幕上放映的一段话是这位员工自进入索尼公司以来多次读过的，只不过被译成了英文。

"建立公司的目的：建设理想的工厂，在这个工厂里，应该有自由、豁达、愉快的气氛，让每个认真工作的技术人员最大限度地发挥技能。"这正是索尼公司的创立宗旨。索尼公司失去活力，就是因为实行了绩效主义。

他万万没有想到，在绩效主义的发源地美国，他能聆听用索尼的创建宗旨来否定绩效主义的"涌流理论"。绩效主义企图把人的能力量化，以此做出客观、公正的评价，但是它的最大弊端是搞坏了公司内的气氛。上司不把下属当有感情的人看待，而是一切都看指标，用"评价的目光"审视下属。

过去在一些日本企业，即使下属做得有点出格，上司也不那么苛求，工作失败了也敢于为下属承担责任。另外，尽管下属在喝酒的时候说上司的坏话，但在实际工作中仍非常支持上司。后来索尼公司强化了管理，实行了看上去很合理的评价制度，但是大家都极力逃避责任。这样，就不可能有真正的团队精神。

在本案例中，有很多人支持绩效主义毁了索尼的观点，他们认为，索尼公司曾经充满活力，后来却被各种严苛的关键绩效指标紧紧锁住，经理人只在乎下一个季度完成更高的绩效目标，而对组织中的协同、人员的成长、创新的活力，还有领导者的领导能力这些更加重要的因素就视而不见了，所以索尼公司迅速进入了日暮西山的困境，是绩效主义毁了索尼。

但是，也有很多反对的声音：从绩效考核与绩效管理的角度看，索尼不是因为绩效考核失败的，而是因为绩效管理缺乏系统性、整体性而失败。公司上下十分重视技术研发，却很少把着眼点放在关注外部市场和客户需求变化上，体现不出以市场为导向的战略变革，以及对员工的持续激励和关注，而这些恰恰是绩效管理的关键和活的灵魂。所以他们认为，如果没有KPI，索尼公司可能更糟糕。

你的观点是什么？是绩效主义毁了索尼吗？结合本章所学的内容谈谈你的看法。

第 11 章

基于关键绩效指标的考核体系

本章导读

建立关键绩效指标（Key Performance Indicator，KPI）体系的主要流程：首先，明确企业的战略是什么。其次，根据岗位业务标准，确定哪些是导致企业成功的因素。再次，确定关键绩效指标、绩效标准与实际因素的关系。最后，分解关键绩效指标。

设立 KPI 着重贯彻四大原则：目标导向原则、SMART 原则、执行原则、客户导向原则。KPI 是对组织运作过程中关键成功要素的提炼和归纳，有如下特征：系统性；可控与可管理性；价值牵引和导向性。

建立 KPI 的要点在于系统性、计划性和流程性。各个层级的绩效考核指标，无论是应用于组织、部门、团队还是个人的绩效考核，绩效考核的指标体系都应该达到这样一种状态：清晰描述了绩效考核对象的增值工作产出；针对每项工作产出提取了绩效指标和标准；划分了各项增值产出的相对重要性等级；追踪绩效考核对象的实际绩效水平，以便将考核对象的实际表现与所要求的绩效标准相对照。

KPI 固然是一种先进的绩效管理思想，但在实际应用中仍然会出现这样或那样的问题，如 KPI 设计的系统性、KPI 的衡量、实施过程中持续沟通等。针对可能会出现的问题，企业实施 KPI 考核时可以从以下四点着手应对：① 作为一个持续成长的企业，必须制定清晰明确的战略目标，并将战略目标进行有效分解；② KPI 考核的实施必须以优化流程和组织结构，以及培育 KPI 企业文化为前提；③ 建立良性考核关系，使考核者与被考核者成为一种平等、良性的考核伙伴关系，目的都是为了使被考核者改善和提升绩效水平；④ 重视 KPI 的创新，时刻保持管理优化的理念。

11.1 KPI 概述

11.1.1 KPI 的起源

1897 年，意大利经济学家帕累托在研究中发现一件奇怪的事情：19 世纪英国人的财富分配呈现一种不平衡的模式，大部分的社会财富都流向了少数人的手里。后人对他的这项发现有不同的命名，二八法则是其中的一个说法，还有帕累托法则、帕累托定律、最省力法则等说法。尽管帕累托首先发现了二八法则，但是直到第二次世界大战后，一位罗马尼亚裔的美国工程师朱伦才开始引介它。朱伦将二八法则应用于日本企业实践，受到日本企业的大力欢迎，它对第二次世界大战后日本工业的崛起推动作用很大。美国经济受到威胁后，二八法则才受到西方的尊重。

劳伦斯·彼得在研究美、日知名企业成功运用二八法则的经营实践中，得到两点收益：其一，明确自己企业中 20%的经营要务是哪些；其二，明确应该采取什么样的措施，以确保 20%的重点经营要务取得重大突破。那么，二八法则对管理者而言意味着什么呢？这要求经营管理者在平常的经营管理上不应事无巨细，要抓住管理的重点，包括关键的人、关键的环节、关键的岗位、关键的项目等。

KPI 的理论基础是二八法则。二八法则运用到绩效管理中，具体体现在 KPI 上，即一个企业在价值创造过程中，每个部门和每位员工的 80%的工作任务是由 20%的关键行为完成的，抓住 20%的关键，就抓住了主体。

一般对管理比较重视的企业，常常接受过西方管理技术的培训；或者接受过绩效管理咨询的企业，其大部分员工都知道 KPI 这三个字母。"KPI 是战略导向的绩效管理系统"，KPI 不同于其他绩效管理方法的地方在于，KPI 能够很好地分解组织的战略目标。以往的绩效评价是"有什么考什么"，一般是评价工作者的品德怎么样、工作能力如何、工作态度是否好、工作量做了多少，所谓"德能勤绩"考核法，它往往容易脱离企业、团队的目标，缺乏系统性。

而 KPI 坚持的是"要什么考什么"，具有计划性、系统性。首先明确企业的战略目标，并在企业会议上利用头脑风暴法和鱼骨分析法找出企业的业务重点，也就是企业价值评估的重点。然后，再用头脑风暴法和鱼骨图分析法找出这些关键业务领域的 KPI，即企业级 KPI。KPI 是从战略目标，或者说是从总目标上分解而来的，各部门的主管需要依据企业级 KPI 建立部门级 KPI，并对相应部门的 KPI 进行分解，确定相关的要素目标，分析绩效驱动因素（技术、组织、人），确定实现目标的工作流程，分解出各部门级的 KPI，以便确定评价指标体系。最后，各部门的主管和部门的 KPI 人员一起再将 KPI 进一步细分，分解为更细的 KPI，即各职位的业绩衡量指标。这些业绩衡量指标就是员工考核的要素和依据。

这种对 KPI 体系的建立和测评过程本身就是统一全体员工朝着企业战略目标努力的过程，这也必将对各部门管理者的绩效管理工作起到很大的促进作用。因此，KPI 是一种先进的绩效管理方法。

11.1.2　KPI 的核心思想

1．KPI 的概念

KPI 是通过对组织内部某一流程的输入端、输出端的关键参数进行设置、取样、计算、分析，衡量流程绩效的一种目标式量化管理指标。它是一种把企业的战略目标分解为可运作的远景目标的工具，是企业绩效管理的基础。KPI 考核可以使各级主管明确各级部门的主要责任，并以此为基础，确定各部门人员的业绩衡量指标。

KPI 是基于企业经营管理绩效的系统考核体系，可以从以下三个方面来理解 KPI 的深刻含义。

1）KPI 是用于评估和考核被考核者绩效的可量化或可行为化的系统考核体系。也就是说，KPI 是一个指标体系，它必须是可量化的，如果难以量化，那么必须是可行为化的。如果无法满足可量化或可行为化的特征，这个指标就不符合 KPI 的要求。

2）KPI 体现绩效中对组织战略目标起增值作用的绩效指标。这就是说，KPI 是连接个体绩效和部门绩效与组织战略目标的一个桥梁。KPI 是针对组织战略目标起到增值作用的工作产出来设定的，基于这样的 KPI 对绩效进行评价，就可以保证真正使对组织有贡献的行为受到鼓励。

3）通过在 KPI 上达成的承诺，基层员工与中高层管理者都可以进行工作期望、工作表现和未来发展等方面的沟通。KPI 是进行绩效沟通的基石，是组织中关于绩效沟通的共同辞典。有了这样一个辞典，管理者和员工在沟通中就可以有共同的语言，以便共同为实现组织战略目标而努力。

2．KPI 设计的基本思路

建立 KPI 体系的基本思路如下。

1）明确企业的战略是什么。我们首先要明确企业的愿景和战略，并且形成企业的战略方针。另外，要明确"如何实现愿景与战略"。

2）根据岗位业务标准，确定哪些是导致企业成功的因素。同时，找到"我们如何去抓住它"的方法。

3）确定 KPI、绩效标准与实际因素的关系。在提取 KPI 的过程中，不仅要包含财务 KPI，还要包含非财务 KPI。也就是说，既要有"销售额"、"利润率"等财务性 KPI，也要有"客户满意度"等非财务性 KPI。

4）KPI 的分解。通常，企业 KPI 由以下几个层级构成：一是公司级 KPI，它是由公司的战略目标演化而来的；二是部门级 KPI，它是根据公司级和部门职责来确定的；三是部门 KPI 落实到工作岗位的业绩衡量指标。

3. KPI 导入的必要条件

（1）收集并分享背景资料

高质量而又充分的信息对构建 KPI 的成功开发是非常重要的。通常需要收集的信息主要包括：

- 企业的使命、愿景和战略；
- 企业的经营环境、经营模式及组织管理模式；
- 企业的运营情况及人员状况；
- 行业资料及竞争对手的资料等。

对这些资料的广泛收集、精心整理和深度分析将为 KPI 开发的后续工作提供很好的基础。例如，对企业战略的准确理解将有助于 KPI 与企业长远而持续的发展相一致；了解内部经营管理状况将保证 KPI 的切实可行；而对竞争对手做一些基准研究不仅能为 KPI 的设立带来灵感，同时能为制定 KPI 的目标值提供有力依据。

值得注意的是，准备阶段应收集、整理一些有关 KPI 的资料（最好既能有理论知识，也能包含其他企业的成功案例），并应用这些材料在本企业中进行宣传和分享，使从基层员工到中高层管理者都能对 KPI 有一个较为正确的初步认识，从而为本企业制定和推行 KPI 打好基础。

（2）确认使命、愿景和战略

首先应该弄清什么是使命、愿景和战略。不同的人对此有不同的理解和定义，从而造成了一些混乱。本书中，我们试图综合一些看法来对这些概念进行简单的描述：使命界定了一个企业的核心目标，说明了企业为什么而存在；愿景描绘了一份未来的蓝图，指出企业在未来五年或十年想要成为什么样子；战略则是为了达到预期的结果而采取的与众不同的措施和行动。

（3）KPI考核的支持环境

有了KPI考核体系，也不能保证这些指标就能运用于绩效考核，达到预期的效果。要想真正达到效果，还要看企业是否有KPI考核的支持环境。如果没有支持实施的环境，KPI也只是空中楼阁，无法达到预期的效果。所以，建立这种支持环境同样是KPI设计时必须考虑的。

1）拥有以绩效为导向的企业文化的支持。建立绩效导向的组织氛围，通过企业文化化解绩效考核过程中的矛盾与冲突，形成追求优异绩效为核心价值观的企业文化。

2）拥有良好的人力资源管理平台的基础建设。清晰地界定职位边界，实现权责对等，不同责任主体对目标实现的贡献相对明确，这些都能够支持KPI的分解。

3）绩效管理不仅仅是人力资源部的事情，各级主管人员都肩负着绩效管理任务。分解与制定KPI是各级主管应该也必须承担的责任，而专业人员起着技术支撑作用。

4）重视绩效沟通制度建设。在KPI的分解与制定过程中，KPI建立与落实是一个自上而下、自下而上的制度化过程。没有良好的沟通制度做保证，KPI考核就不会具有实效性和挑战性。

5）绩效考核结果与价值分配挂钩。实践表明，两者挂钩的程度紧密，以KPI为核心的绩效考核系统才能真正发挥作用，对企业有价值的行为才会受到鼓励。

11.2 KPI的设计原则

11.2.1 确定KPI的四大原则

设立KPI着重贯彻以下四大原则。

1. 目标导向原则

该原则指依据公司总体目标及上级目标设立部门或个人具体目标。KPI是对公司及组织运作过程中实现战略的关键成功要素的提炼和归纳，是把公司的战略目标分解为可运作的远景目标和量化指标的有效工具。KPI一般由财务、运营和组织三大类可量化的指标构成。KPI是基于战略与流程制定的、对企业长远发展具有战略意义的指标体系。设置KPI应将公司远景和战略与部门、个人运作相连接，与内外部客户的价值相连接，体现企业的发展战略与成功的关键要点。

2. SMART 原则

该原则是指指标要少而精、可控、可测、具体明确,并且要有有效的业务计划及目标设置程序的支持。具体来说,设定 KPI 指标,要遵循所谓的 SMART 原则。S 是指 KPI 要切中特定的工作目标,要适度细化,并且要随情境变化而发生变化;M 是指 KPI 或者要数量化,或者要行为化,衡量这些指标的数据或其他信息要能够比较容易获得;A 是指 KPI 既不能太低,也不能太高,而是要在付出努力的条件下能够实现或达到;R 是指 KPI 要实实在在,可以证明和观察;T 指的是在 KPI 中要使用一定的时间单位,即设定完成这些指标的期限。

3. 执行原则

KPI 考核能否成功关键在于执行,所以企业应该形成强有力的执行文化,不断消除在实施 KPI 考核过程中的各种困难和障碍,使 KPI 考核真正成为推动企业管理创新和提升效益的有效手段。

4. 客户导向原则

"如何为客户创造价值"是企业的首要任务。客户方面的工作能力体现了企业对客户需求的反应效率。对于使用 KPI 体系的人来说,市场标准及最终成果责任是需要重视并进行测控的。企业应该明确这些方面所应该达到的目标,然后把这些目标转化为 KPI。

此外,在设定 KPI 的过程中,应该明确责任,强调各部门的连带责任,促进各部门的协调,不迁就部门的可控性和权限,要求主线明确,重点突出,简洁实用。

11.2.2 设定知识型员工 KPI 的原则

知识经济时代已经到来,知识发挥着重要作用,越来越多的脑力劳动者正在服务于企业。确定 KPI 的过程,其实就是确定知识员工考核指标的过程。他们的工作指标难以量化,从现实的工作岗位来看,或多或少都需要运用一定的知识。如今,清洁工也不仅仅是纯体力劳动,他们需要掌握各种清洁工具的使用及扫地的技巧等,这些都是知识运用的体现。正如詹姆斯·科塔达在《知识工作者的兴起》一文中提到,"每个人都是知识工作者",只是他们之间知识含量的高低不同而已。所以,对知识员工的考核,应从工作知识含量的高低入手。

（1）考核知识含量较高的员工以结果性指标为主

对于知识含量较高的员工，如企业中高层管理者、部门经理等，他们没有固定的工作流程和步骤，工作内容多以脑力劳动为主，需要的是自主性和创新性。其工作产出只能从工作的最终结果中反映出来，所以对知识含量较高的员工的考核应该以结果性指标为主，主要考核其能力和最终业绩。能力考核是对员工在实际工作中发挥出来的能力的考核，具体包括学识、智能和技能等内容。业绩考核是对知识员工履行职务职责或对工作结果的考核，它是对组织成员工作贡献程度的衡量和评价，直接体现员工在企业中价值的大小。

（2）考核知识含量较低的员工以过程性指标为主

对于知识含量较低的员工，如基层工作者，由于他们的工作有一定的流程和标准，一般从事日常事务工作，多为支持性的、工作性质较为简单的工作，对创新性要求相对较低，工作过程易于监控，且他们对工作结果的影响主要是通过其完成任务的过程中表现出来的行为决定的。所以，对知识含量较低的员工的考核应该以过程性的行为指标为主。行为指标主要是对员工工作过程阶段性的考核，主要考察被考核者完成工作的总体质量、效率、态度、合作精神等。例如，会计人员相对于财务经理来说知识含量偏低，所以对其的考核可以从财务报告完成的及时性、发票发放和检查工作完成情况、各种报表汇总与报送的及时性、资料归档装订和分类保管情况、培训出勤率等过程性指标来反映。这些指标都是对工作具体过程和工作态度的反映，便于对员工完成任务过程的了解和监督。

在设定知识型员工 KPI 时遇到不少问题。由于知识型员工的工作过程难以监控、工作结果难以衡量，导致传统的绩效管理运用于知识型员工管理时存在一定困难。我们应该从企业的战略出发，按照部门目标和重点业务流程的逻辑顺序，根据员工知识含量高低的不同，分别设置不同特点的考核指标，形成一个自上而下能够反映知识型员工真实绩效的绩效体系，使员工的业绩与企业战略和部门的目标紧密结合，实现企业与员工的双赢。

11.3 KPI 体系的构建

11.3.1 构建 KPI 体系的价值

KPI 是根据公司战略目标的分解，有效反映关键绩效驱动因素变化的衡量参数。KPI 体系则是一个通过考核 KPI 完成情况，进而有力推动公司战略执行的、能对企业起到纲举目张作用的体系。其价值主要体现在以下几个方面。

1）企业 KPI 体系的建立有利于企业创建以责任成果为导向的企业管理体系，落实企业战略目标与管理重点，不断强化与提升企业整体核心竞争力，使高层领导清晰了解对公司价值最关键的经营操作的情况。

2）通过 KPI 体系的牵引，个人目标、部门目标与企业目标之间保持一致，从而保证企业的长足发展。

3）企业 KPI 体系可以传递市场压力，使工作聚焦、责任到位、成果明确，能及时诊断经营中的问题并采取行动。

4）KPI 体系能使不同功能领域的员工相互合作以达到组织目标；使各职能部门、业务单元主管明确各部门的主要责任，并以此为基础，明确各部门每位员工的任务，为业绩管理和上下级沟通提供一个客观基础。

5）通过 KPI 体系，建立激励与约束员工行为的管理系统，为企业价值评价与价值分配体系的建立提供系统的框架，使经营管理者将精力集中于对绩效有最大驱动力的经营方面。

11.3.2　KPI 体系的特征

KPI 是对组织运作过程中关键成功要素的提炼和归纳。它一般具有如下特征。

（1）系统性

KPI 是一个系统。公司、部门、班组有各自独立的 KPI，但是它们必须围绕公司使命、愿景、战略、整体效益而展开，而且是层层分解、层层关联、层层支持。KPI 考核是一个完整的系统，在这个系统中，组织人员、管理者和员工全部参与进来，管理者和员工通过沟通的方式，将企业的战略、管理者的职责、管理的方式和手段，以及员工的绩效目标等管理的基本内容确定下来，在持续不断沟通的前提下，管理者帮助员工清除工作过程中的障碍，为员工提供必要的支持、指导和帮助，与员工一起共同完成绩效目标，从而实现组织的愿景规划和战略目标。

（2）可控与可管理性

KPI 的设计基于公司的发展战略与流程，而非岗位的功能。可操作性就是指标必须有明确的定义和计算方法，易于取得可靠和公正的初始数据，同时指标能有效进行量化和比较。

（3）价值牵引和导向性

下道工序是上道工序的客户，上道工序为下道工序服务，内部客户的绩效链最终体现在为外部客户的价值服务上。

11.3.3 构建 KPI 体系的程序

建立 KPI 体系的要点在于系统性、计划性和流程性。各个层级的 KPI，无论其应用于组织、部门、团队还是个人的绩效考核，KPI 体系都应该达到这样一种状态：

- 清晰描述了绩效考核对象的增值工作产出；
- 针对每项工作产出提取了绩效指标和标准；
- 划分了各项增值产出的相对重要性等级；
- 追踪绩效考核对象的实际绩效水平，以便将考核对象的实际表现与所要求的绩效标准相对照。

按照这样的指标体系标准，我们可以从以下几个步骤设计基于 KPI 体系思想的绩效考核体系（见图 11-1）。

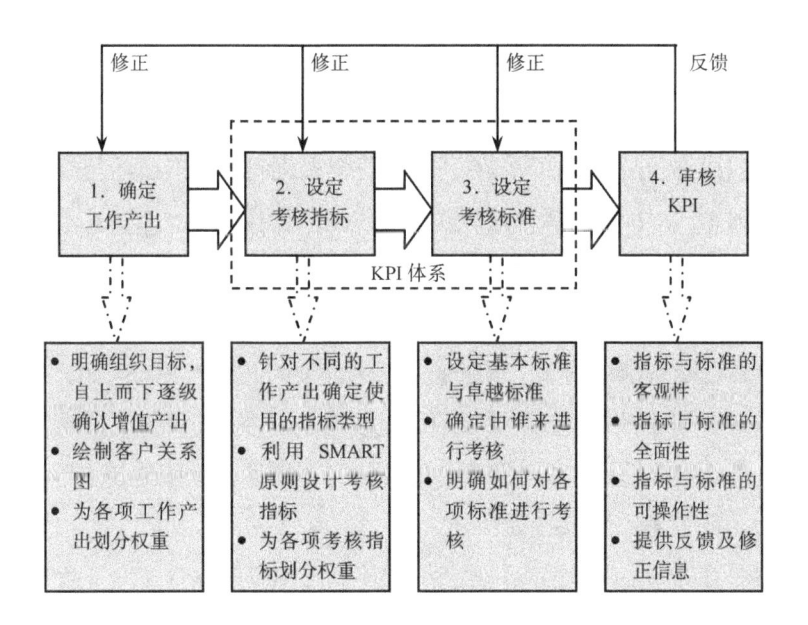

图 11-1 设计 KPI 体系

1. 确定工作产出

所谓确定工作产出，主要是界定某个个体或团队的工作结果是什么。工作产出是设定 KPI 的基础。工作产出可以是一种有形的产品，也可以是某种作为结果的状态。例如，作为一名总经理秘书，他的工作产出可能会是"打印录入好文件"、"起草报告信函的草稿"、"差旅安排、会议服务的情况"等；对于一名客户服务经理来说，其工作产出可能会是"获得了满意的客户"、"客户服务有关的数据和报告"、"下属的生产力和工作满意度"等。

在设定工作产出的时候，我们需要问这样一些问题：

- 被考核者面对的组织内外客户分别有哪些？
- 被考核者分别要向这些客户提供什么？
- 组织内外客户所需要得到的产品或服务是什么样的？
- 这些工作产出在被考核者的工作中各自占多大比例？

（1）确定工作产出的四个原则

为使工作产出的确定更加符合组织的战略目标，促进组织工作绩效的改进，在确定工作产出时，应该遵循这样几个基本原则：

1）增值产出的原则。工作产出必须与组织目标相一致，即在组织的价值链上能够产出直接或间接的工作产出，这也符合效益性原则。

2）客户导向的原则。凡是被考核者的工作产出输出的对象，无论是组织内部的还是外部的，都构成客户。确定工作产出必须从客户的需求出发。这里尤其强调组织内部客户价值链的概念，这是把组织内部不同部门或个人之间工作产出的相互输入输出也当做客户关系。例如，人力资源部为其他部门提供招聘选拔人员，那么其他部门就是人力资源部的客户，人力资源部的关键绩效指标就是客户满意的指标。

3）结果导向的原则。一般来说，定义工作产出首先要考虑最终的工作结果，对于有些工作，如果最终结果难以确定，则应采用此过程中的关键行为。例如，在高科技企业面对研发人员进行绩效考核时，就很难用最终的结果来衡量，研发人员的工作产出周期长，短时间内难以出成果，所以研发结果的价值在于留下有价值的技术资料，这样他们的工作就是为企业带来了增值的行为。

4）确定权重的原则。对各项工作产出必须设定相应的权重，设置权重时要根据各项工作产出在组织目标中的相对重要性来设定，而不是根据花费的时间多少来设定，而且要区分关键的少数指标和无关紧要的多数指标。例如，总经理秘书这个职位，主要职责包括为总经理起草报告文件、收发传真、接听电话、接待来客等，其中起草文件可能花费的时间不是最多的工作，而后面几项工作所花费的时间更多，但是从重要性来说，为总经理起草公文的重要性程度更高，因此对这项工作产出应设定较高的权重。

（2）绘制客户关系图，明确工作产出

我们通常将某个个体或团队的工作产出提供的对象当做这个个体或团队的客户，这样的客户包括内部客户和外部客户。客户关系图就是通过图示的方式表现一个个体或团队对组织内外客户的工作产出。在这个客户关系图中，可以看到一个个体或团队为哪些内外部客户提供工作产出，以及对每个客户提供的工作产出分别是什么。这样，在进行绩效考核时，就可以考虑内外部客户对这些工作产出的满意标准，以这些标准来衡量个体或团队的绩效。

例如，某销售部秘书的客户关系如图 11-2 所示。这个销售部秘书的主要工作职责有：

- 协助销售部经理处理日常事务，包括起草文件、收发信件、接待客人等。
- 协助销售部的业务人员处理日常事务，包括会议后勤、差旅安排和其他一些日常事务。
- 汇总部门的财务票据和数据，提供给财务部门。

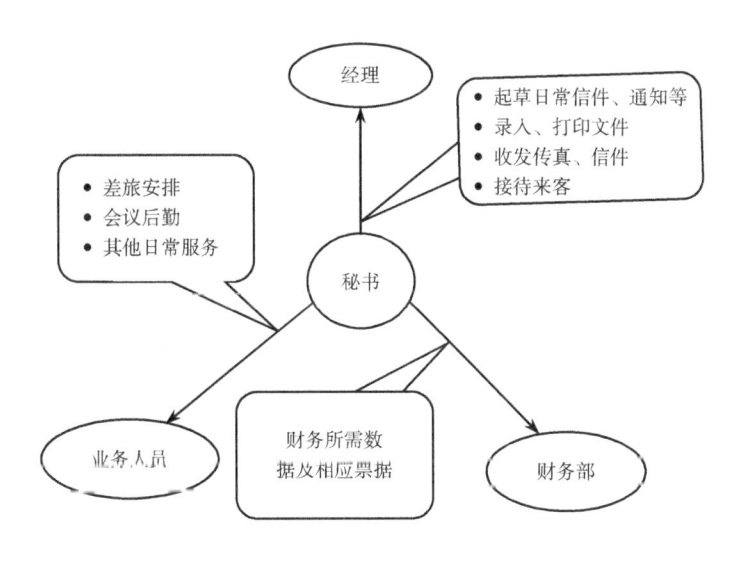

图 11-2　销售秘书的客户关系

从客户关系图中可以看出，这个部门的秘书所面对的客户主要有三类：一是部门经理，二是部门内的业务人员，三是财务部门的相关人员。

秘书向部门经理提供的主要工作产出有：

- 起草日常信件、通知等；
- 录入、打印文件；
- 收发传真、信件；
- 接待来客。

经理是秘书的上司，在客户关系图中，我们也将其作为秘书的一个客户。那么，我们衡量秘书对部门经理的工作完成得如何时，就可以考虑在上面四项工作产出上经理的满意度。秘书的绩效标准也就是这几项工作产出的质量、数量、时效性等，如文件的录入、打印准确性如何，起草的文件是否能达到经理对文件质量的要求等。

秘书向部门中的业务人员提供的工作产出主要是：

- 差旅安排；
- 会议后勤；
- 其他日常服务。

秘书向业务人员提供的工作产出主要是为业务人员的业务工作提供一些辅助性的支持。秘书为业务人员的差旅安排提供的服务主要有预订机票、酒店、安排车辆等，那么在这一方面判断一个秘书的工作做得如何时，主要考虑其服务是否给业务人员的工作带来了方便，这主要通过业务人员的满意度来体现。秘书为业务人员提供会议的后勤服务，主要包括预订会议室、安排会议设备、会议过程中为参会者提供会场服务等，那么在这一方面衡量秘书的工作做得如何时，主要可以通过会议是否顺利进行及参会人员的满意度来体现。另外，作为部门秘书，还要为业务人员提供其他一些日常服务，如与行政部门协调借用设备等有关事宜。

该公司财务部门规定各项财务报销和费用支出都统一由部门秘书经手，因此部门秘书要向财务部门提供相关的数据和票据。财务部门是秘书所面对的客户，所以在提供工作产出时就需要按照客户的要求来提供。秘书在这个方面工作做得如何，需要财务部门进行判断。

客户关系图的方法不仅适用于对个体的工作产出进行分析，同样适用于对团队的工作产出进行分析。

2．设定考核指标

（1）KPI 的类型

在确定工作产出之后，我们需要确定对各项工作产出分别从什么角度去衡量，从哪些方面评价各项工作产出。通常来说，KPI 主要有四种类型：数量、质量、成本和时限。表 11-1 中列出了常用的 KPI 的类型和一些典型的例子，以及从哪里可以获得验证这些指标的证据来源。

表 11-1　KPI 的示例

指标类型	举　　例	证据来源
数量	产量 销售额 利润	业绩记录 财务数据
质量	破损率 独特性 准确性	生产记录 上级考核 客户考核
成本	单位产品的成本 投资回报率	财务数据
时限	及时性 到市场时间 供货周期	上级考核 客户考核

在制定具体的 KPI 时，一般从两个方面进行考虑：对结果的关注和对过程行为的关注。但是，对处于不同层次的人员，由于他们各自承担的责任范围不同，结果指标和行为指标所占的权重也不同。处于企业高层的管理者，他们往往更多的是对结果承担责任，工作内容更多的是决策和管理，需要的是灵活性和艺术性，对其在达成结果的过程中的行为很难进行严格规范，因此绩效指标也应该以结果指标为主。而基层员工往往不能直接对结果承担责任，或者说基层员工对结果的影响主要是通过其完成任务过程中表现出来的行为规范性来决定的，因此对基层员工来说，过程控制就显得非常重要，设计绩效指标时往往行为指标占有较大权重，而结果指标占的权重则较小。越是高层管理者，其 KPI 数目越少，结果性越强，量化性越高；越是基层管理者，其 KPI 数目越多，过程性越强，数量与质量性皆有，指标一般比较稳定，即如果业务流程基本未变，则关键指标的项目也不应有较大的变动。

另外，我们在确定 KPI 时，要遵循 SMART 原则。

（2）提炼评估指标的方法

一般来说，我们可以用以下几种方法来提炼评估指标：以战略为导向设计评估指标、以工作分析为基础设计评估指标、以综合业务流程设计评估指标。这在前面章节已有介绍，这里不再重复。

3．设定考核标准

（1）绩效指标与绩效标准

一般来说，指标指的是从哪些方面来对工作产出进行衡量或评价；而标准指的是在各个指标上分别应该达到什么样的水平。指标解决的是我们需要评价"什么"的问题，标准解决的是要求被考核者做得"怎样"、完成"多少"的问题。表 11-2 中列举了一些指标和标准的区别示例。

表 11-2 指标和标准的区别示例

工作产出	指标类型	具体指标	绩效标准
销售利润	数量	年销售额 税前利润百分比	年销售额 20 万~25 万元 税前利润率 18%~22%
新产品设计	质量	上级评估： • 创新性 • 体现公司形象 客户的评估： • 性价比 • 相对竞争对手产品的偏好程度 • 独特性 • 耐用性 • 提出的新观点的数量	上级评估： • 至少有 3 种产品与竞争对手不同 • 使用高质量的材料、恰当的颜色和样式，代表和提升公司的形象 客户的评估： • 产品的价值超过了它的价格 • 在不告知品牌的情况下对客户进行测试，发现选择本公司产品比选择竞争对手产品的概率高 • 客户反映与他们见到过的同类产品不同 • 产品使用的时间足够长 • 提出 30~40 个新的观点
零售店销售额	数量	销售额比去年同期有所增长	销售额比去年同期增长 5%~8%
竞争对手总结	质量	上级评估： • 全面性 • 数据的价值	上级评估： • 覆盖了所有已知竞争对手的所有产品 • 提供的数据包括对产品的详细描述，如产品的成本、广告费用、回头客的比例等
	时限	预定的时间表	能在指定的期限之前提供关于竞争对手的总结数据
销售费用	成本	实际费用与预算的变化	实际费用与预算相差 5%以内

（2）基本标准与卓越标准

在设定绩效指标时，通常需要考虑两类标准：基本标准与卓越标准。

基本标准是指对某个被考核者而言期望达到的水平。这种标准是每个被考核者经过努力都能够达到的水平，并且对一定的职位来说，基本标准可以被有限度地描述出来。基本标准的作用主要是用于判断被考核者的绩效是否能够满足基本的要求。考核的结果主要用于决定一些非激励性的人力资源待遇，如基本的绩效工资等。

卓越标准是指对被考核者未做要求和期望，但是其可以达到的绩效水平。卓越标准的水平并非每个被考核者都能够达到，而是只有一小部分被考核者可以达到。卓越标准不像基本标准那样可以被有限度地描述出来，它通常是没有上限的。卓越标准不是人人都能达到的，因此卓越标准主要是为了识别角色榜样。卓越标准考核的结果可以决定一些激励性的人力资源待遇，如额外的奖金、分红、职位的晋升等。表 11-3 中列出了一些职位的基本标准和卓越标准。

表 11-3 基本标准与卓越标准职位示例

举例职位	基本标准	卓越标准
司机	按时、准确、安全地将乘客载至目的地 遵守交通规则	在几种可选择的行车路线中选择最有效率的路线 在紧急情况下能采取有效措施
司机	随时保持车辆良好的性能与卫生状况 不装载与目的地无关的乘客或货物	在旅途中播放乘客喜欢的音乐，或在车内放置乘客喜欢的报刊，以消除旅途的寂寞 高乘客选择率
打字员	速度不低于 100 字/分钟 版式、字体等符合要求 无文字及标点符号的错误	提供美观、节省纸张的版面设置 主动纠正原文中的错别字
销售代表	正确介绍产品或服务 达成承诺的销售目标 回款及时 不收取礼品或礼金	对每位客户的偏好和个性等做详细记录和分析 为市场部门提供有效的客户需求信息 维持长期稳定户群

从表 11-3 中可以看到，即便一个非常普通的职位，如司机、打字员，也会有很多卓越表现的标准。通过设定卓越标准，可以让任职者树立更高的努力目标。这些卓越的标准本身就代表着组织所鼓励的行为，组织会对做出这些所鼓励的行为的人给予相应的奖励。

4．审核 KPI

前面确定了工作产出，设定了 KPI 和标准，最后还需要对 KPI 进行审核，其目的主要是确认这些 KPI 是否能够全面、客观地反映被考核者的工作绩效，以及是否适合评价操作。审核 KPI 主要从以下七个方面进行。

1）工作产出是否为最终产品。通过 KPI 进行考核主要是对工作结果的考核，因此在设定 KPI 时也主要关注与工作目标相关的最终结果。在有最终结果可以界定和衡量的情况下，我们就尽量不去追究过程中较多的细节。

2）KPI 是否是可以被证明和观察的。在设定 KPI 之后，我们就要依据这些 KPI 对被考核者的工作表现进行跟踪和考核，所以这些 KPI 必须是可以被观察的。

3）多个考核者对同一个绩效指标进行评价，结果是否能取得一致。如果设定的 KPI 真正是 SMART 的绩效指标，那么它就应该具有清晰明确的行为性考核标准。在这样的基准上，不同的考核者对同一个绩效指标进行考核时就有了一致的考核标准，也就能够取得一致的考核结果。

4）这些指标的总和是否可以解释被考核者 80% 以上的工作目标。KPI 是否能够全面覆盖被考核者工作目标的主要方面，也就是所抽取的关键行为的代表性问题，这也是我们非常关注的一个问题。因此，在审核 KPI 的时候，我们需要重新审视被考核者主要的工作目标，看看所选的 KPI 是否可以解释被考核者主要的工作目标。

5）是否从客户的角度来界定 KPI。在界定 KPI 的时候，要充分体现出组织内外部客户的意识，因此很多 KPI 都是从客户的角度出发来考虑的，把客户满意的标准当作被考核者工作的目标。所以，我们需要审视一下，设定的 KPI 是否能够体现服务客户的意识。

6）跟踪和监控这些 KPI 是否可以操作。我们不仅要设定 KPI，还要考虑如何依据这些 KPI 对被考核者的工作行为进行衡量和考核，因此必须有一系列可以实施的跟踪和监控 KPI 的操作性方法。如果无法得到与 KPI 有关的被考核者的行为表现，那么 KPI 也就失去了意义。

7）是否留下了超越标准的空间。我们需要注意的是，KPI 规定的是要求被考核者达到工作目标的基本标准，也就是说是一种工作合格的标准。因此，绩效标准应该设置在大多数被考核者通过努力可以达到的范围之内，对于超越这个范围的绩效表现，我们就可以将其认定为卓越的绩效表现。

经过以上四大步骤，我们就能够得到衡量和验证的 KPI。这样，我们采取措施对绩效表现进行跟踪和记录，从而得到被评估对象在这些绩效指标上的表现。

11.4　KPI 实施过程中的问题

1. 应用 PKI 过程中应注意的问题

KPI 固然是一种先进的绩效管理思想，但在实际应用中还是应该注意以下六大问题。

1）不同岗位应有不同的 KPI 组合，不同部门的 KPI 应有不同的特点和着重点。例如，某公司财务部门的 KPI 有总利润、成本（费用）降低率和存货周转率，是以利润、成本为中心；生产部门的 KPI 是总产量和品种产量，是以产量为重点；销售部门的 KPI 是销售收入、产销比和资金回收率，是以收入和资金回收为中心；人力资源部的 KPI 是全员劳动生产率，是以人员投入和劳动效率为核心。

一般而言，企业高层管理者应对组织的战略目标负责，中层管理者要重点保证组织的正常运营，而基层人员的工作重心是完成其承担的各种具体指标。某公司对公司总裁、研发负责人和销售人员进行量化管理的 KPI 结构如表 11-4 所示。

表 11-4 某公司 KPI 的示例

	效益类（%）	运营类（%）	组织类（%）	工作目标类（%）
公司总裁	70	20	10	
研发负责人	10	50	10	30
销售人员	60	10	10	20

2）KPI 与绩效目标的衡量。KPI 是自上而下分解的 KPI，是指标而不是目标。除了 KPI 外，绩效目标的衡量还包括时限性指标、数字化指标和描述性指标等。

3）KPI 可量化的量化，难以量化的细化，但评估手段要量化、可操作。例如，对管理部门、服务部门和后勤部门服务质量的考核就难以量化，但是可以根据部门的业务属性、工作特点进行细分，细分后要确定相应的量化指标。再如，某公司供应部门的一项 KPI 指标是确保按时供货，不得发生因供货不及时而影响生产的事故，对该项指标的评估是通过考核最低库存和不同品种的供货周期来进行的。

4）激励指标与控制指标相结合。例如，某公司对研发人员的 KPI 设计，其激励指标为新产品销售额、老产品毛利总额，约束指标为研发人员人均毛利、因设计质量问题发生的费用、物料清单准确率、内部客户满意度等。

5）指标设定固化。通常，KPI 设定之后，应该具有一定的稳定性，不应轻易更改，否则，整个 KPI 系统的操作将失去其连续性和可比较性。正常情况下，一套合理的 KPI 设定之后应适用于整个经营周期。但是，这并不是说 KPI 设定之后就具有了刚性，不能改变。实际上，公司阶段性目标或工作中的重点不同，各个部门的目标也会随之发生变化，在阶段性业绩的衡量上重点也不同，因此 KPI 存在阶段性、可变性或权重的可变性。如果 KPI 与公司战略目标相脱离，它所衡量的职位的努力方向也将与公司战略目标的实现产生分歧。KPI 指标与实际工作不对应是绩效考核流于形式的一个重要因素。

6）应用 KPI 系统考核之后，缺乏必要的沟通过程。在企业里，基层员工对绩效考核有莫名的惧怕和抵触情绪，觉得绩效考核就是管制、束缚、惩罚的代名词；而某些中高层人员却只把绩效考核与"工资待遇"等同起来。这都导致考核流于形式，单纯为考核而考核。这种情况的出现与KPI设置的初衷相悖。为扭转这种状况，要求沟通在先，管理者要做的是，在工作过程中与下属不断沟通，不断辅导与帮助下属，记录下属的工作数据或事实依据，保证目标达成的一致性，这比考核本身更重要。

简而言之，就是在考核之后，要让被考核者清楚地知道，在上一个考核期间内，他的工作在哪些方面存在不足，以及下一个阶段应该如何改进。另外，考核结果不能束之高阁，更不能成为恫吓员工、刺激中层的工具。许多有关绩效考核的书籍中也或多或少地提出了一些关于KPI的注意问题，但是在实践中，这些问题仍在反复出现，这说明对KPI的本质与特点的理解和把握需要一个过程，以及正确而有效地进行KPI实务需要对经验教训进行认真总结与思考。

总之，运用KPI方法进行关键量化指标的设立和分解要遵循SMART原则，在对公司价值链进行分析的基础上，根据公司使命和愿景确定公司的关键成果领域；针对每一个关键成果领域制定流程级KPI，对每一个流程级KPI设计下一层KPI，直至岗位KPI，从而保证公司战略的层层分解和层层落实；分析和构建指标之间的逻辑关系，并对指标进行属性测试，建立指标辞典。

2. 企业实施KPI考核的对策思考

以上我们讨论了实施KPI过程可能遇到的问题。针对可能出现的问题，企业实施KPI考核时可以从以下四个方面着手应对。

（1）作为一个持续成长的企业，必须制定清晰明确的战略目标，并将战略目标进行有效分解

建立KPI指标的要点在于流程性、计划性和系统性。首先明确企业的战略目标，并在企业会议上利用头脑风暴法和鱼骨分析法找出企业的业务重点，也就是企业价值评估的重点。然后，再用头脑风暴法找出这些关键业务领域的关键业绩指标，即企业级KPI。接下来，各部门的主管需要依据企业级KPI建立部门级KPI，并对相应部门的KPI进行分解，确定相关的要素目标，分析绩效驱动因素（技术、组织、人），确定实现目标的工作流程，将部门级KPI分解到岗位和个人，以建立完整的企业整体KPI考核体系。在日常的KPI管理工作中，企业应抓住那些亟须改进的指标，提高绩效考核的有效性。此外，KPI一定要抓住关键而不能片面与空泛。

（2）KPI考核的实施必须以优化流程和组织结构及培育KPI企业文化为前提

首先，KPI必须以客户为导向，所有指标的制定必须以客户的需求为起点和终点。

以客户的需求为起点强调所有考核指标的设定都应从客户的需求出发考虑；以客户的需求为终点则是指所有指标的设定甚至是考核就是为了满足客户的需求，在客户满意的前提下，使企业也能得到持续的发展。其次，企业应该根据 KPI 的指标设计对企业的工作流程和组织结构进行优化，以适应 KPI 考核的要求。善用 KPI 考核企业，将有助于企业组织结构集成化，提高企业的效率，精简不必要的机构、不必要的流程和不必要的系统。再次，公司应该建设 KPI 企业文化。良好的、和谐的企业文化是企业成功的保障。KPI 考核是典型的结果管理手段，竞争非常激烈，指标考核下是没有人情可讲的，这就要求员工能正确面对差距，敢于竞争，敢于创新和突破，不断实现自我、超越自我。所以，企业要建立起这样一种 KPI 文化，让所有员工拥护 KPI 考核，并受益于 KPI 考核。

（3）通过绩效考核，建立良性考核关系

KPI 考核办法中，考核者与被考核者成为一种平等的良性的考核伙伴关系，大家共同学习，共同进步，目的都是为了使被考核者尽快提高能力，达到业绩标准要求。这种伙伴关系首先表现在制定考核计划方面，KPI 强调任何一个考核计划必须是经过双方共同讨论达成一致后的结果。通过探讨业绩标准的内涵，双方对此有了统一的理解，便于被考核者明确目标、按照标准要求开展自己的本职工作，也便于日后对照标准做相应的判定。此外，取得证据的方式、时间、证据类型及数量等内容也是事先由双方商定的，连取得证据之后将履行什么样的判定程序和方法，也都是事先沟通约定的。这种通过绩效面谈制定考核计划的全过程，充分体现了考核双方相互信赖、团结合作的精神。

（4）重视 KPI 指标的创新，时刻保持管理优化的理念

事实上，KPI 考核也是一个动态的管理过程。KPI 指标在考核中并不是一成不变的，在保持相对稳定的情况下，根据环境的变化、时间的推移和被考察者职位能力的变化，适当调整 KPI 指标是相当必要的。不过，变与不变是相对的，目的都是要达到管理优化和提升效率的目的。

11.5　KPI 应用的反思——OKR 系统

随着知识经济和互联网时代的到来，传统的 KPI 技术开始显现出一些弊端。传统 KPI 标准其实并非一成不变的，其指标难以明确界定，而且 KPI 偏向于定量化，如果没有经过专业技术手段和工具，很难界定这些被量化的指标能否对企业的绩效产生真正的重要影响。同时，由于大部分指标与绩效奖金挂钩，KPI 体系会使考核者盲目追求完成指标，从而忽略了过程的重要性，陷入一种机械而单一的考核方式。考核者严重依赖

KPI，忽略了真正使企业运作的员工的感受，以及他们的主观能动性。

1. OKR 系统简介

OKR（Objectives and Key Results）即目标和关键成果法，是一套定义、跟踪目标及其完成情况的管理工具和方法。简单来说，OKR 是为了确保达成企业目标而分解关键成果并实施的过程。OKR 系统作为一种重要的目标管理方式，最初是由英特尔公司提出的，从首次提出到如今经历了多次充实和创新。OKR 系统在提出的初期就被多家大型公司引进使用，并根据各企业的行业特质和公司制度进行了个性化的创新。例如，谷歌在成立初期就有投资者提出引用 OKR 系统的建议，而且最终被公司采纳，事实证明这种考核制度是行之有效的，谷歌也一直沿用至今。

OKR 系统不是一种考评制度，而是在沟通的基础上探寻出的结果。通过 OKR 系统这个全新的目标管理体系，企业中上至 CEO 的目标，下至企业基层员工的目标可以联系成网状，OKR 系统可以帮助每个项目组在一个项目目标实施周期结束时对其项目目标的完成及执行情况进行细致评估。企业通过 OKR 系统对整体目标和关键性结果进行全面整合，以达到一定周期内为企业和团队设定的战略目标。将一部分时间和工作投入在公司战略和目标的制定上，同时用一种易于理解的方式清楚地向所有员工传达制定的战略和目标，帮助企业中每个成员清楚地知道企业未来的发展方向，以及每个人可以为企业的发展贡献怎样的力量，最终使企业上下目标一致，这就是 OKR 系统的核心价值。

OKR 系统中包括目标和关键结果两部分。目标是企业计划在下一个阶段内能够达到的目标，但是如何制定既有挑战性却又不超出能力范围的目标，并从多个目标中选择最为适合企业发展并非想象中的那么简单，同时目标要基于企业的战略与流程制定，对企业长远发展具有一定的战略意义，应将企业远景和战略与部门、个人运作相连接；关键性结果是在假设目标都已经选定的基础上制定的，是对已设定项目目标的运作过程及实施结果进行带有过程性质和结果性质的说明。需要指出的是，关键性结果必须是量化处理后的，不能太笼统。值得注意的是，如果对于关键性结果的描述过于空洞和简单，很可能造成评估过于主观而失去原有的意义。OKR 系统对于结果的描述要求可量化、可评分。

2. OKR 的意义

OKR 系统的本质是将目标量化，但不把目标与绩效挂钩。OKR 可以成功完成上下级之间信息的传递，并通过上下级的沟通将具体的 OKR 进行逻辑层面分解，进而完成信息的传递和转移。在进行有关 OKR 结果交流时，沟通的双方并非对立的，而是站在同一角度来考虑问题，使被考核者容易认可最终结果。

OKR 系统不仅可以提高员工自身的工作能力，还可以在一定程度上提高他们的主观能动性。相对于自然的职业发展，基于员工自身更有挑战性的目标来衡量，使我们更好地掌握主动性。OKR 系统使企业自上而下的目标透明化，帮助纠正和减少公司及个人的目标偏差，每一层的员工都可以进行自身目标偏差的更正，使得企业的目标更具一致性，让所有员工在透明的文化下工作，有助于企业的战略发展。

OKR 系统将目标与绩效分离，让每个员工可以充分实现自己的目标。组织目标是每一层员工目标作用结果的总和，通过每个个体目标的完成，达到组织目标的实现。同时，OKR 系统强调制定的目标要具有挑战性，适当超过目前自身能力可及范围，已制定的目标要超出上一阶段的 10%~20%，从而避免了企业短视的问题。在每一个时间节点都会对员工的个人目标进行评价打分，确保目标不会过于简单以及在实行过程中没有问题，从而实现对员工的目标管理。

3. OKR 系统与传统 KPI 的比较

（1）KPI 与 OKR 其实均源自目标管理理论体系，两者之间有一定的相同点

首先，KPI 与 OKR 都具有相同的前提假设条件，即员工会充分发挥其主观能动性来完成设定的目标，而这一假设在传统的绩效体系中是不存在的。其次，KPI 与 OKR 都遵循 SMART 原则，并且要求相同：① 明确性。既定的目标要与企业的战略紧密相关，必须能够正确引导员工的日常工作，起到牵引作用。明确的目标还能使企业在成长过程中减少外部环境的干扰，避免自身的规划被打乱。目标不明确会使员工对自己的日常工作无所适从，导致工作效率低下。当企业改变自身战略时，也应及时对各层目标进行调整。② 可衡量性。在目标明确的前提下，各项指标应可以量化。量化指标可以提高整个绩效考核体系的运作效率，同时界定了统一的标准，所以相对于传统的绩效考核体系具有更高的可操作性。③ 可实现性。企业的最终目标必须是在一定时间期限内通过运用一定的资源能够达成的。④ 相关性。KPI 与 OKR 均以战略为中心，二者的体系设计与运用都是为企业战略目标的实现而服务的。⑤ 时限性。没有时限性的目标本身是不完整的，根据任务不同的难度系数、重要性，决策者需给出不同的时限要求，促使企业高效运转。

（2）KPI 与 OKR 体系存在着很大差别

KPI 与 OKR 最大的区别在于其目标设定的方式不同，KPI 体系的设定方式由公司

高层设定，通过层层分解来落实，因此目标设定是一个自上而下的模式；而 OKR 的目标设定方式是公司、部门、员工分别与上级协商制定的，相比之下属于自下而上的模式。因此，这两种绩效考核体系在各方面存在着很大差异：① 公开度与透明度。实际上，KPI 体系的公开程度各不相同，公开的内容以及对不同级别的公开程度各异，有大多数选择不公开。而 OKR 体系对核心内容秉承着公开的原则。② 对员工个人职位晋升的影响。KPI 通过各项指标考评，最终对员工的工资、晋升以及收入产生直接影响。相比之下，OKR 体系与个人职业发展本身是脱离的，这意味着 OKR 考核结果的好坏并不能直接影响员工的个人晋升情况。③ 目标设定的难度系数。在 KPI 体系的设定中，目标设定的合理标准在于员工能充分运用一切手段完成目标，而 OKR 的可实现性更偏向于理想化，相对于 KPI 而言，难度系数较高。④ 对于过程管理的重视度。不同于 KPI 仅以结果为导向，OKR 将目标管理与过程管理相结合，在关注目标本身达成的同时，更关注关键成果实现的过程。⑤ 对于目标制定关联程度。KPI 设计强调目标的关键性，提炼于企业关键成功要素。而 OKR 并不强调目标的关键性，凡是与目标结果相关的，皆可作为既定目标。

案例分析　小米的"去 KPI"化管理

在大家都强调 KPI 的重要性时，小米却号称自己"轻管理，极度扁平化，无 KPI"。小米的轻管理主要体现在两方面：极度扁平化与"去 KPI"的绩效考核。极度扁平化是指小米的组织架构简单得惊人，只有三级，核心创始人—业务负责人—普通员工。他们的管理层很少，七八个合伙人下面分别有个主管，管理着七八个小组，然后就是普通员工，而且除七个创始人有职位，其他人都没有职位，都是工程师，晋升的唯一奖励就是涨薪。这种极度的扁平化与小米的"去 KPI"化的绩效考核相辅相成。

1. 小米的"去 KPI"绩效考核办法

（1）用客户满意度来衡量员工的绩效——有 KPI，但不是传统意义上的考核指标

在 KPI 考核上，小米不是没有 KPI，而是它实行的不是通常意义上的考核指标。"小米追求的是活跃度。"黄江吉提道。以路由器为例，一台路由器卖出去的活跃度有多少？用户是不是真的使用了这些功能？传统企业追求总销量，但在互联网时代，小米追求的是客户满意度。即小米不把财务指标当成目标和考核指标，而是鼓励员工以客户为中心——客户对产品体验的满意度就是标准。例如，做到手机维修一小时内完成，配送

速度从三天提升到两天，客户电话接通率80%等。用客户的满意度来衡量员工的绩效。

（2）去KPI化——一种变相KPI改良办法

在小米，有一个很有趣的现象：员工不做PPT，也没有工作汇报和年终总结。每天下午，黄江吉都会做的一件事情，就是坐在自己的办公室，一一对他负责的产品进行升级。这一天，员工完善了哪些产品功能，通过升级他都一清二楚。员工所做的任何工作，一个新的功能、一个优化、修复，黄江吉都能充分感受到，并且给予即时的反馈，而不需要等到年中或者年底的时候，通过书面的形式集中反馈。

同时，当员工提出一个新想法的时候，黄江吉能立即做决定，而非一层一层传递的工作报告。"因为我自己就身在一线，了解用户的反映和痛点。"在小米，随处可见用来沟通讲解的白板，即使遇到更加复杂的问题，黄江吉只需要和员工花上一小时来讨论，就可以立马做决定，而不必花多余的时间去做任何书面的汇报。

因此，所谓去KPI，实际上是考核制度的改良，去掉KPI设计中不合理的部分。也就是说，去KPI化是一种变相KPI改良方法。

（3）管理层高度参与业务——能快速具体地了解每位员工的绩效并对其考核

对于黄江吉而言，他负责的路由器、云服务等业务板块的员工绩效考核，只需要他和其他几个业务负责人就可以独立完成。黄江吉认为，当管理者高度参与业务的时候，他甚至知道哪个功能是哪个工程师做的。通过产品就能了解员工的贡献度。

正是由于公司的极度扁平化，管理层才能够做到高度的参与业务，熟悉业务的每一部分，从而可以快速具体地了解到每位员工所做的工作以及取得的成果，对该员工进行绩效考核。

2. 小米"去KPI"的绩效考核指标从哪里来

有人说，雷军是小米最大的"产品经理"。从雷军开始，创始人团队每个人每天会花一小时来回复微博上的评论。不仅如此，在小米，全员皆客服。通过赋予用户高度的参与感，小米把管理员工的任务交给了几千万米粉。因为关于产品的反馈直接来自用户，而非管理者，员工会对此有更加强烈的感知。用户的一句表扬，就足以带给员工物质难以替代的激励。同样，用户的一句批评和指责，也让员工拥有迫切改进的动力。

用户都能够知道某个功能是某位工程师做的，那个模块是另一位工程师做的，用户有吐槽，这个工程师就说这个问题反馈我们看到了，会立刻去改。做得好不好，全部依靠用户票选出来，大家公认的好设计才是好设计。

因此，小米绩效考核的指标来自用户。以用户反馈来驱动开发，响应快速，倒逼管理改进，把员工交给用户管理，而不是管理者。让用户通过体验对员工的绩效做出评价。换言之，你做的功能让用户觉得舒服，你就达到了绩效指标，你做的功能让用户觉得有问题，说明绩效没达标，需要按着用户的意向去改进，以用户的需求为导向来使绩效达标。

第 12 章

基于平衡计分卡的考核体系

本章导读

截至 2000 年年底,美国、英国和斯堪的纳维亚地区(瑞典、丹麦、挪威、冰岛的泛称)的许多公司都在使用平衡计分卡,而且还有许多公司打算很快使用平衡计分卡。多种数据显示,平衡计分卡自产生以来,已经成为绩效管理领域较为主流的思想和方法之一。国内的企业,如联想、美的、万科等也将平衡计分卡应用到了企业的管理实践之中。自平衡计分卡产生至今,国内外的学术界也对其进行了大量的研究。

任何理论和方法的应用都有一定的范围。平衡计分卡也不例外。随着平衡计分卡在国内外企业中的广泛应用,人们也逐渐认识到了平衡计分卡的不足和局限性。应该说,这是事物发展的必然。

企业要想成功实施平衡计分卡,首先需要弄清楚企业自身的状况、平衡计分卡对组织内外环境的要求,以及建立和实施平衡计分卡过程中可能遇到的问题。针对这些问题,本章回顾和总结了平衡计分卡在国内外的应用现状,以及如何建立基于平衡计分卡的绩效管理体系,并对平衡计分卡在我国企业中应用的障碍进行了分析。

分析的结果表明,国内企业要想成功建立和实施平衡计分卡,需要从以下几个方面入手:① 使组织结构和职位分工标准化、明晰化;② 积极鼓励和帮助各级员工之间进行沟通;③ 强化企业对绩效信息的收集与处理能力,提高对绩效过程的控制;④ 企业的高层管理者从意识到行动上都要体现出对平衡计分卡的重视。

以上几点也提醒我们,在准备建立和实施平衡计分卡之前,企业一定要从多方面考察和发现问题,做好充分的准备,以尽可能提高平衡计分卡项目的成功。

12.1 平衡计分卡概述

12.1.1 平衡计分卡的产生

在工业时代,实物资产占据主导地位,引导其他类型资产的配置。像"资本报酬率"这样的综合性财务衡量方法,它既能引导公司的内部资本物尽其用,又能监督各经营部门使用资金和实物资本为股东创造价值的效力。20 世纪初期,由杜邦公司的唐纳德桑·布朗首创的"投资回报率"指标及"杜邦财务分析体系"曾在西方企业界得到广泛的推崇和应用。

不过,随着电子技术和信息技术的发展,实物资产对于公司的重要性逐渐降低。同时,人力资本、知识资本等无形资产成为现代公司成功的重要条件。激烈的竞争、客户需求的多样化、产业链上下游的新型关系等都要求组织不断进行创新,而创新的源泉就是组织的人力资本和知识资本等无形资产。

可是,传统的财务衡量体系却无法对无形资产进行有效评估。因而,人们迫切需要一种新的评价模式去评价公司的无形资产。平衡计分卡便在这样的情况下应运而生。

1990 年,哈佛大学商学院的卡普兰(Robert S. Kaplan)教授和波士顿咨询公司的咨询顾问诺顿(David P. Norton)带领一个研究小组,对 12 家公司进行研究,以寻求一种新的绩效管理方法。这项研究的起因是,人们越来越认识到仅仅依靠财务指标监控公司的绩效体系是不够的。同时,这 12 家公司和卡普兰、诺顿都认为,过分依靠财务指标会影响公司的创造力,他们讨论了多种可能替代的方法。最后,他们决定通过评价相互之间存在逻辑关系的四种组织活动(财务、客户、内部流程、学习与发展)的绩效指标的组合来全面监控组织的绩效表现。这个绩效指标的组合就是平衡计分卡。1992 年,卡普兰和诺顿将他们的研究结果"平衡计分卡:驱动绩效的评价指标体系"发表在《哈佛商业评论》上,正式提出平衡计分卡的概念。

1993 年,卡普兰和诺顿又在《哈佛商业评论》上发表了"让平衡计分卡工作"一文。在这篇文章中,两位作者通过几家公司的案例说明了如何实施平衡计分卡。作者强调,不同的市场状况,产品战略和竞争环境需要不同的平衡计分卡;企业应该根据它的使命、战略、技术和文化设计个性化的平衡计分卡;而且平衡计分卡的成功取决于它的简捷性,即只要 15~20 个绩效指标就可以了。

如前所述,平衡计分卡是在已有的诸如投资回报率等财务评价工具已经满足不了组织发展的需要,甚至阻碍了企业发展的情况下提出来的。在"平衡计分卡:驱动绩效的评价指标体系"一文中,卡普兰和诺顿认为"传统的财务业绩考核方法在工业时代备受欢迎,但是今天已经落后了"。他们指出,由于现在的公司面对的竞争环境已从工业时代过渡到了信息时代,传统的财务绩效考核办法就不能够再像以前那样准确地反映企业的运营状况了。

12.1.2 平衡计分卡的基本内容

1. 平衡计分卡的四个角度

从平衡计分卡产生的根源可以看出,平衡计分卡(Balanced Score Card,BSC)是一种绩效管理方法。它通过四个相互关联的角度及其相应的绩效指标,考察公司实现其远景及战略目标的程度。这四个角度分别是财务、客户、内部流程、学习与发展。

(1)财务

虽然传统的仅偏重财务指标衡量企业业绩的体系存在种种缺陷,但这不等于否定或废除财务衡量指标。财务指标在平衡计分卡中不仅占据一席之地,而且是其他角度的出发点和落脚点。

一套平衡计分卡应该反映企业战略的全貌,首先从长远的财务目标开始,然后将它同一系列行动相联系(这些行动包括财务过程、客户、内部经营过程和学习成长过程),最终实现企业的长期经营目标。假如质量、客户满意度、生产率等方面的改善和提高最终无法转化为销售额的增加、营业费用的减少、投资回报率的增加等财务成果,那么以上工作做得再好也无济于事。

处于生命周期不同阶段的企业,其财务衡量的重点也有所不同。在成长阶段,企业要进行数额巨大的投资,因此其现金流量可以是负数,投资回报率亦很低,财务衡量应侧重于销售额总体增长百分比和特定客户群体、特定地区的销售额增长率等;处于发展阶段的企业应着重衡量获利能力,如营业收入和毛利、投资回报率、经济增加值;处于成熟阶段的企业,其财务衡量指标主要是现金流量,企业必须力争实现现金流量最大化,并减少营运资金占用。

(2)客户

在客户方面,核心的衡量指标包括市场份额、老客户回头率、新客户获得率、客户满意度和从客户处所获得的利润率。这些指标存在着内在的因果关系,主要体现为:① 客户满意度决定新客户获得率和老客户回头率;② 新客户获得率和老客户回头率决定市场份额的大小;③ 前四个指标共同决定从客户处获得的利润率;④ 客户满意度又源于企业对客户需求的反应时间，以及产品功能、质量与价格。

（3）内部流程

在内部流程管理方面，应本着满足客户需要原则制定业绩衡量指标。早期的内部流程是以产定销式的，重视的是改善已有的流程；现在的流程却是以销定产式的，常常要创造全新的流程，循着"调研、寻找市场→产品设计开发→生产制造→销售与售后服务"的轨迹进行。

1）生产制造过程的业绩衡量可以沿用财务指标，如标准成本和实际成本的差异、成品率、次品率、返工率等。

2）产品设计开发可以采用以下指标衡量：新产品销售额在总销售额中所占的比例、专利产品销售额在总销售额中所占的比例、比竞争对手率先推出新产品的比例、开发新产品所用的时间、开发费用占营业利润的比例、第一次设计出的产品中可全面满足客户要求的产品所占的比例、在投产前对设计进行修改的次数等。惠普公司还推出了"时间平衡法"，以衡量产品开发部门的工作效率。这一方法要计算从开始研制某新产品到新产品投放市场并产生可以平衡研制投资的利润所需的时间，它的潜台词是：产品开发投资必须在一定时间内收回。

3）对售后服务的衡量，则可以从时间、质量和成本几方面着手，可以采用的指标包括公司对产品故障反应的速度（从接到客户请求到最终解决问题的时间）、用于售后服务的人力和物力成本、售后服务一次成功的比例等。

（4）学习与发展

在学习与发展方面，最关键的因素是人才、信息系统和组织程序。过去，企业的管理理念是，公司应使工人出色地完成具体的工作；公司的上层人员确定工人的工作任务，并制定出相应的标准和监督体制；工人的任务是干活，而不是思维。然而在最近几十年中，这种管理哲学发生了重大变化。人们逐渐认识到，公司若想超越现有的业绩、获得未来持续的成功，仅仅墨守公司上层制定的标准经营程序是不够的，还必须尊重、重视和尽可能采纳第一线员工对改善经营程序和业绩的建议和想法，因为他们距离企业内部的工序和企业的客户最近。正如福特汽车的一个修理厂厂长所言，职工的任务是思考问题，确保质量，而不是看着零部件生产出来。在此，职工被看成问题的解决者，而不是可变成本。

此外，要促进企业的学习与发展，还必须加强对员工的培训，改善企业内部的信息传导机制，激发员工的积极性，提高员工的满意度。这一方面的衡量指标包括培训支出、培训周期、员工满意度、员工换留率、信息覆盖比率、每个员工提出建议的数量、被采纳建议的比例、采纳建议后的成效、工作团队成员彼此的满意度等。不过，应该承认，在学习和成长方面的衡量手段目前还远未达到成熟的程度，尚待进一步研究、探索。表 12-1 中列举了平衡计分卡中常见的评价指标示例。

表 12-1 平衡计分卡中常见评价指标示例

指标类别			具体指标
财务指标	盈利指标	利润基础	税后利润、经济增加值、投资回报率、剩余收益、税后净营业利润、息税前利润
		现金基础	经营现金流、现金收益率、自由现金流、现金流投资回报率
		市价基础	股票市价、市价、托宾 Q
财务指标	运营指标		资产周转率、存货周转率、应收账款周转率
	偿债指标		流动比率、速动比率、资产负债率
非财务指标	客户角度		客户满意度、客户忠诚度、客户兼并、客户盈利分析
	内部流程角度	产品开发	开发所用的时间、开发成本、销售额
		生产制造	成品率、次品率、返工率
		售后服务	对产品故障的反应速度、服务成本、一次成功的比例
	学习与发展角度	员工	员工满意度、员工忠诚度
		相关制度	员工培训、晋升、轮岗

这四个角度之间的逻辑关系如图 12-1 所示。公司的目标是为股东创造价值（财务角度），财务（收入）的增长取决于客户购买量和满意度（客户角度），为使客户满意，公司必须具备一定的技能和能力（内部流程角度），公司的技能和能力归根结底取决于公司管理制度和人力资本（学习与发展角度）。

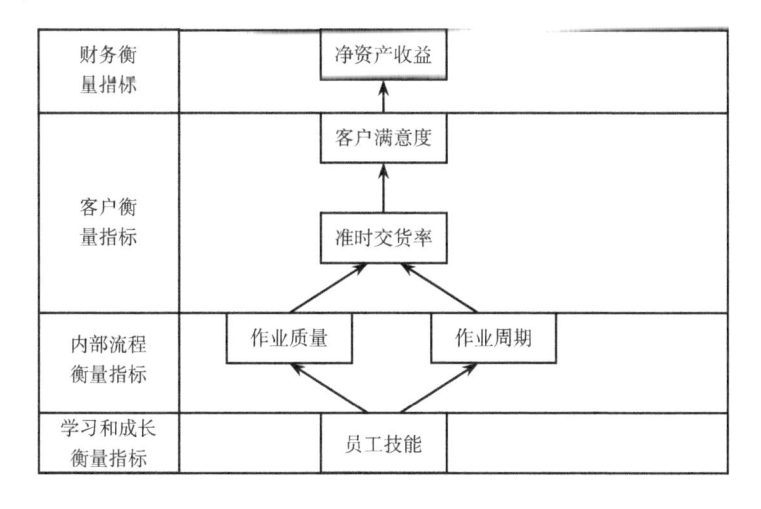

图 12-1 平衡计分卡四个角度及相应指标之间的逻辑关系

2．平衡计分卡中的领先指标与滞后指标

好的平衡计分卡绩效考核指标体系包含领先指标与滞后指标的指标组合。这两种指标又分别被称为"绩效驱动指标"和"结果考核指标"。不过，有时很难对这两种绩效指标进行严格的区分。

一般情况下，结果考核指标只能够反映一个过程的最终结果，而且最终结果往往才是利益相关者所关心的东西，他们中的大多数人对于反映公司未来绩效的考核指标毫无兴趣。但是，公司却需要监控自己的运转情况，如流程效率、客户市场的变化和员工的感受等，并对绩效形成过程中出现的种种问题做出及时的处理。

企业通过平衡计分卡的多种角度所获得的信息，能够加深管理者对企业近况的认识，并促使其做出适当的反应。例如，"合作者满意度"、"次品率"、"市场供应及时率"等绩效考核指标并不只是单纯地反映员工努力的效果和成绩，还可以反映员工努力的态度和行为。通过对这些绩效考核指标的定期报告和讨论，管理者可以及时了解公司所发生的多种情况；一旦这些绩效驱动指标出现异常，管理者就可以有针对性地迅速采取行动。

尽管很少有企业把绩效考核指标明确地划分为这两种类型，但从1999年10月开始实施平衡计分卡的理光公司（总部在日本东京，成立于1936年，是一家制造和销售摄像仪器、数码相机类产品的公司）则对绩效考核的指标进行了这种分类（见表12-2）。

表12-2 滞后指标与领先指标示例

角度	战略目标	绩效管理和绩效评价指标	
		滞后（结果）指标	领先（驱动）指标
内部流程	减少存货周转天数 提高OEM流程效率 提高研发绩效	主要产品的质量、成本提前期 OEM产品存货周转天数 每个产品研发提前期	订单供应提前期 新产品销售能力和竞争力 研发平台利用率

之所以要采用领先（驱动）指标和滞后（结果）指标这种分类形式，一个重要的原因是考虑到风险和责任。为了鼓励员工根据绩效指标尽快采取行动，企业甚至要求员工对驱动绩效指标负责。不过，如果员工实现了驱动绩效指标的要求，但由于中间的联系过程没有控制好致使最终的结果考核指标没有实现，企业还需要通过灵活的薪酬方案对实现驱动绩效指标的员工进行激励。

12.1.3 平衡计分卡的新发展

卡普兰和诺顿提出平衡计分卡的初衷是为了提供一种更高效的绩效评价方法。但是，随着实践的发展和平衡计分卡的广泛推广，人们越来越发现平衡计分卡不仅仅是一

种绩效评价工具,它还具备战略管理功能,而且只有在战略的指导下制定平衡计分卡,才能保证各指标之间的逻辑关系,这样的平衡计分卡也才能真正发挥其应有的功能。

为了论证这个观点,平衡计分卡的创始人卡普兰和诺顿先后又发表了一系列文章。"将平衡计分卡作为一种战略管理工具"一文指出,平衡计分卡可以通过四个过程——转化远景、沟通和联系、业务计划、反馈和学习——来实现其作为一种战略实施工具的功能。"把平衡计分卡联系到战略"一文论证了平衡计分卡能够作为企业的一种管理工具,并分析了如何根据企业的战略为平衡计分卡的四个维度选择战略性的评价指标;同时该文还指出了这些指标之间的因果关系,并区分了战略性指标和诊断性指标。

2000 年,卡普兰和诺顿在"实施战略有困难?那就画图吧"一文中最先提出了战略地理图的概念。战略地理图通过描述实现战略的逻辑路径(四个维度指标的因果关系),使企业的员工了解公司战略、流程和系统,以帮助他们实施战略。战略地理图将平衡计分卡上的不同项目归纳为一个因果关系链,把期望结果与其驱动因素联系起来(见图 12-2),把员工个人的工作和公司战略联系起来,把员工的个人努力集合在一起,从而实现公司战略。它提供了能描述战略的一般框架和语言,能以清晰和一般性的语言描述战略目标、绩效评价指标,以及它们之间的联系。

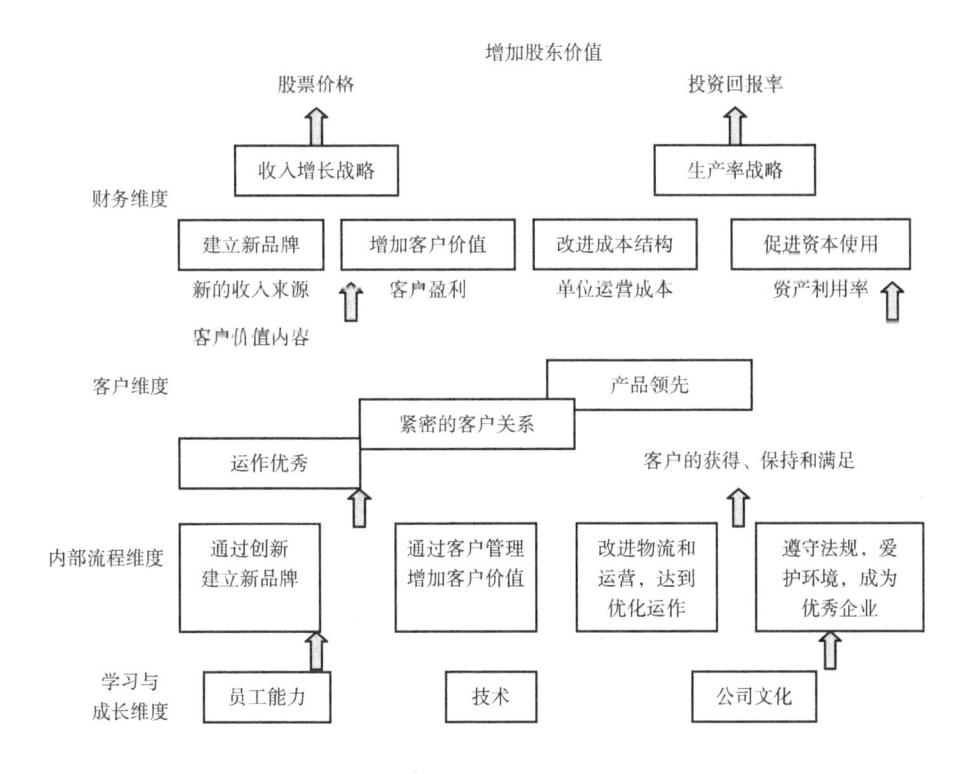

图 12-2 平衡计分卡战略地理图

2001 年，卡普兰和诺顿在《会计视角》杂志上发表了"将平衡计分卡由绩效考核系统转化为战略管理系统"一文。这篇文章是对他们以前理论的一个回顾和汇总，它总结性地阐述了平衡计分卡的理论和实践。

12.2 平衡计分卡在绩效管理中的应用

12.2.1 建立基于平衡计分卡的绩效管理体系

美国管理会计协会（Institute of Management Accountants）所进行的一项调查显示，88%的平衡计分卡用户相信 平衡计分卡促进了企业的绩效。然而，KPMG 的一个管理咨询顾问却说，有 70%的平衡计分卡用户是彻底失败的。虽然对不少有意实施平衡计分卡的企业来说，失败的风险是存在的，但许多国际知名企业应用的实践已经证明了平衡计分卡的有效性。在此，我们所要解决的关键问题是，如何才能成功实施平衡计分卡以促进企业整体绩效的提高。

参考国内外已有的研究成果，我们认为，成功实施平衡计分卡需要以下步骤。

1. 培训企业高层管理者，促使其承担相应的职责

对企业的高层管理者进行平衡计分卡培训主要有三个目的：① 统一高层管理者对平衡计分卡的认识，避免在推行平衡计分卡的过程中出现重大的分歧；② 让高层管理者了解平衡计分卡的重要作用和平衡计分卡对企业管理工作的要求，促使他们重新审视企业是否真正想要实施平衡计分卡；③ 提高高层管理者对 BSC 的认同程度，促使其在实施过程中承担相应的职责。

如果高层管理者不能认识到平衡计分卡在战略管理和绩效管理方面的作用,当平衡计分卡发展到比较艰难的环节时（如确定企业的 KPI 时），他们就会对其失去兴趣。

高层管理者，尤其是 CEO 必须在实行平衡计分卡的过程中承担一定的责任，促使平衡计分卡延伸到整个企业中。同时，CEO 必须是平衡计分卡的核心驱动者。

2. 组建一个小型平衡计分卡项目团队

高层管理者通常没有充足的时间对平衡计分卡进行全面的监控。这就需要在平衡计分卡项目实施的初期，建立一个专职于平衡计分卡项目推广的小型团队，作为高层管理者与平衡计分卡项目之间的桥梁。高层管理者需要定期与平衡计分卡项目团队进行交谈，以及时了解平衡计分卡项目的进度，并处理相关问题。同时，高层管理者还需要定期对平衡计分卡项目参与者的建议和意见进行反馈，浏览相关网站，以了解平衡计分卡的最新动态等。

具体来讲，企业需要挑选 2~4 个经验丰富的员工组成这个小型平衡计分卡项目团队。同时，还要在项目团队和每个部门之间设立一个联络人。联络人需要了解其所在部门的具体业务，其主要任务是向平衡计分卡团队提供知识支持和反馈。另外，平衡计分卡项目团队需要建立一个平衡计分卡数据库，以协助平衡计分卡的实施和相关绩效指标的测量。

3. 重新审视、明确企业的战略目标

绩效考核必须与企业战略目标挂钩，才能实现其存在的价值。绩效考核应该帮助企业组织的各个层次理解并执行战略。首先，必须保证战略目标的正确性，以确定绩效管理的目标。其次，企业战略是企业中高层管理者或邀请企业外部战略专家一起根据企业内外部环境和企业自身实力做出的中长期发展目标和实施计划。企业战略制定以后，要通过各种形式和方法让员工通晓和理解企业发展战略。尽管如此，企业基层员工还是会认为企业战略高高在上，与他们毫不相关。因此，企业有必要通过平衡计分卡让员工充分理解企业战略，并通过平衡计分卡使战略规划执行下去。

4. 关注关键结果领域，以企业的发展需要确定平衡计分卡的角度

在实施平衡计分卡时，企业容易犯的一个错误是，花几个月的时间讨论平衡计分卡的角度等，却很少用心讨论企业的关键结果领域。其实，关键结果领域是平衡计分卡所采用的多个角度的主要来源。确定了企业的关键结果领域，平衡计分卡的角度也就明朗了。

在确定平衡计分卡的角度时，直接采用卡普兰和诺顿提出的四个角度是比较简单的做法。但这样做问题是，这四个角度并不能适应和满足所有企业的实际需要。这就需要企业根据自身的发展阶段、竞争环境和行业特征，灵活确定平衡计分卡的角度。这并不违背平衡计分卡的平衡思想。

至今，国内外已经有很多文章讨论了实施平衡计分卡的其他角度。同时，也有企业在实践中根据自己的战略与竞争优势增加了其他角度。前文提到的理光公司就在采用卡普兰和诺顿提出的四个角度的基础上，选择"环境安全"作为其平衡计分卡的第五个角度。

5. 为平衡计分卡的多个角度选定 KPI

平衡计分卡的每个角度上的 KPI 一般不超过 5 个。卡普兰和诺顿建议总共选择 20 个 KPI。那么，如何从几百个指标中挑选这 20 个 KPI 呢？一个好的 KPI 的特点是，为组织所熟知、短期内的变化能迅速产生重大影响、责任能够落实到员工个体层面、积极的变化能够给其他很多指标带来积极影响。

另外，在指标的选择上，企业应当同时采用驱动绩效指标与结果绩效指标。很多企业只把结果绩效指标作为 KPI，其实这样做有很大的风险。因为结果绩效指标是许多已经发生的事情的综合结果，这些结果指标只会告诉你企业是否在朝着正确的方向发展；如果内部流程等存在问题，它们也会有一定的反应，但不会告诉企业问题到底出在哪里。所以，驱动绩效指标与结果绩效指标的结合使用，才能够在实现企业的短期财务目标的同时保证长期的良好财务绩效。

6. 为平衡计分卡的 KPI 建立具体的绩效目标

例如，投资回报率为 15%，销售增长率为 8%，市场占有率为 35%，员工流动率小于 2%等，这些就是比较具体的绩效目标。

7. 开始行动

在实施类似平衡计分卡这样重大的项目时，企业通常倾向于借助外部专家的力量。不过，平衡计分卡的实施很难一蹴而就。卡普兰和诺顿的建议就是"just do it"。企业所遇到的挑战是如何建立一种"just do it"的文化。在这种文化里，员工会相信，不是必须依靠专家才能实施这个项目，认真去做就好。

除了以上七个步骤，在建立和推行平衡计分卡体系时，企业还要认识到以下两点。

1）企业建立的平衡计分卡不止一个。卡普兰和诺顿认为，平衡计分卡需要向下渗透到企业的各个部门、团队和员工中。这样，就会在企业的各个层面形成各级平衡计分卡。企业管理者和平衡计分卡团队要认识到，企业存在的平衡计分卡不止一个，这样才能保证平衡计分卡的全面推行。

2）即使企业停止推行平衡计分卡，也要继续关注企业的 KPI。企业有时会停止推行平衡计分卡，但这并不意味着企业对平衡计分卡的实践是在浪费时间。即使没有平衡计分卡，明确企业的 KPI 也是相当重要的。

另外，需要注意的是，企业在引入平衡计分卡时需要明确，企业仅仅是将其作为一种绩效管理工具,还是将其作为战略管理工具。如果企业仅仅将平衡计分卡用于员工的绩效管理,平衡计分卡就类似于 KPI、目标管理系统等绩效管理工具,它将基于企业已有的战略计划实施,而不对战略产生实质性的影响。若把平衡计分卡用于企业的战略管理,就需要从平衡计分卡的四个维度重新审视企业的战略目标。

12.2.2 平衡计分卡在国内外的应用

平衡计分卡自产生以来已经在国内外的很多企业中得到了应用。通过查阅国外关于平衡计分卡应用的文献资料,我们发现平衡计分卡已经被广泛应用于通信服务、酒店、快递公司、银行、医院、学校、政府机构等行业。仅 2004 年出版的《使平衡计分卡发挥效用——平衡战略与控制》一书中就介绍了 11 家欧洲公司、2 家日本公司和 2 家美国公司实施平衡计分卡的经验。这些公司在应用平衡计分卡时,没有局限于卡普兰和诺顿提出的四个角度,而是对指标的设置等进行了一定的改进和创新。

相比之下,平衡计分卡在国内的应用与研究就显得比较单薄。目前,有媒体报道的应用平衡计分卡的本土企业有万科、鲁能、联想、格兰仕、用友、美的、科龙等。但是,这些公司推行平衡计分卡的经验及效果却没有详细的报道和研究。国内学术界关于平衡计分卡的文章和著作多是基于国外的理论和实践成果展开的。不过,孙永龄博士对平衡计分卡本土化应用的研究获得了大家的公认。孙博士和贝曼(Irv Beiman)博士在 2003 年 7 月的《哈佛商业评论》上发表了一篇基于中国企业实践平衡计分卡的文章——"平衡计分卡战略制导"。2005 年,孙博士和贝曼博士又合著了第一本关于平衡计分卡在中国应用的书——《平衡计分卡在中国的战略实践》。

总体来看,平衡计分卡在中国的应用并不如大家想象得那样理想。究其原因,我们认为,除了对平衡计分卡的认识不够全面、深刻外,国内企业一些管理上的通病也妨碍了平衡计分卡的有效实施。

12.2.3 本土企业实施平衡计分卡的障碍

1. 职能分工混乱

我国企业的组织结构多是根据传统职能分工进行设计的。很多企业的层次较为混乱,职能分工重叠。此外,许多企业内部同时运作着各种目标各异的改进项目,不仅未能很好地统属于统一的战略目标,反而由于争夺有限的组织资源给企业带来混乱。这就导致组织运作较难真正地以战略为导向。

这种组织结构的缺陷导致战略目标纵向不一致。若强行将战略目标分解，势必造成某些目标"无人背"的状态，绩效目标责任无法真正落到实处，因此关键绩效目标也无法得到实现。

2．职能化壁垒严重

我国企业中等级制度、敬畏"权力"的文化占主导地位，企业内部大都采用纵向控制式管理，管理者的授权与员工的参与较差，下级习惯听从上级指令。绝大多数企业皆因跨部门间沟通和协调上的困难与问题造成组织壁垒严重，各部门往往各自为政，根据部门职能设立绩效指标，缺乏应有的横向沟通。

例如，财务部只关心会计信息系统，人力资源部只关心薪酬体系设计、培训计划实施，生产部门只关注设备的产量，采购部只关心供货价格和交货时限。而企业的主要业务流程却需要跨部门横向协作，通过部门间信息沟通、资源共享，以及相互间的衔接、配合，协同有效地完成组织的战略目标。组织各部门横向失衡，使得组织的战略目标很难准确地分解到各个部门。

3．信息收集与处理能力差

国内企业的信息监控系统普遍不尽如人意。要想应用平衡计分卡，首先要注意建立和完善企业的信息管理系统，以及收集、分析信息的能力。这样，才能保证平衡计分卡各维度下的绩效指标能够准确反映企业的真实状况。这也是员工普遍接受平衡计分卡、保证平衡计分卡有效性的重要环节。

4．不重视平衡计分卡的学习和成长角度

学习和成长维度是企业最容易忽视的，也是最不容易评价的。企业要根据战略，评价现有的人力资本、组织资本和信息资本等无形资产的战略准备状况，找出其中的差距，并设计相应的考核指标。

12.2.4　平衡计分卡的不足之处

综合国内外对平衡计分卡的各种批评和讨论，我们认为，平衡计分卡的不足主要表现在以下几个方面。

（1）平衡计分卡强调从四个角度关注企业的绩效，这可能将企业的资源从对实现投资报酬率等真正有价值的领域分散开来

平衡计分卡强调提高企业的绩效要从财务、客户、内部流程和学习与发展四个方面入手。这意味着企业要想实现长期卓越，不能仅仅关注其财务指标，还需要从更加广阔的角度关注企业的发展。这种方法可能会由于关注得太宽泛而将资源从对实现股东投资回报率等真正有价值的领域分散开来。同时，它无法确定所选定的四个方面的相对重要性。

（2）平衡计分卡提出的四个角度不能适用于所有企业

实施平衡计分卡的企业可能分布于各个行业、面临各不相同的竞争环境，而卡普兰和诺顿提出的平衡计分卡的四个角度不能适用于所有企业。所以，企业应该更看中平衡计分卡体现的平衡思想，而不应该拘泥于其提出的四个角度。现在，已经有很多企业认识到这一点。前面提到的理光公司在实施平衡计分卡时，就根据自己的需要添加了"环境安全"这一角度。

（3）平衡计分卡仍然属于财务驱动型的绩效评价工具

平衡计分卡在传统测评模型的基础上，补充了客户、内部流程和学习与发展三个角度，并明确了这四个角度之间的逻辑关系。其基本的逻辑路线为学习与发展→内部流程→客户→财务。

很显然，平衡计分卡测评的重心和最终归属仍然是财务指标。从这一角度来说，与传统的测评模型相比，平衡计分卡只是明示了财务指标实现的路径而已。本质上，平衡计分卡仍然属于财务驱动型的绩效评价工具。

这一不足的直接后果是，作为一种绩效评价工具，平衡计分卡不能准确地运用到政府部门和非营利性行业。不过，作为战略管理工具，平衡计分卡可以运用到政府机构的管理中，这一点已经被国外的实践所证明。

12.3 平衡计分卡的未来

到目前为止，卡普兰和诺顿提出的平衡计分卡为企业管理做出了两个突出的贡献：一是打破了传统只关注财务指标的观念，引导人们从客户、学习与发展、内部流程等其他非财务角度关注企业的发展；二是借助战略地理图将平衡计分卡应用于企业的战略管理，促使企业重新审视其战略。

毫无疑问，在过去的 10 年里，平衡计分卡成了绩效管理领域最有影响力的创新思想之一。出现在美国绩效管理协会 2002 年波士顿年会上的 115 篇文章中，其参考文献里共出现了 2 248 位学者。其中，被引用次数低于 3 次的作者占 95%（超过 80% 的作者只出现了 1 次);相比之下,卡普兰和诺顿的名字分别被引用了 154 次和 120 次。那么,就让我们看看平衡计分卡的主要创始人之一——卡普兰对平衡计分卡未来的看法。

安德烈·德·沃尔在 2003 年与卡普兰就其提出的平衡计分卡进行了交谈。当谈到平衡计分卡的未来时,卡普兰表达了自己的看法。他认为,平衡计分卡会继续流行,并有一定的发展。战略地理图就是一个很有吸引力的发展,它会越来越多地与平衡计分卡结合使用。公司的高层管理者会更多地借助平衡计分卡的思想关注企业的战略和未来发展,并且将有越来越多的年度报告会依据平衡计分卡组织其结构与内容。同时,他们将开发更有效的工具和方法,用来收集和测量平衡计分卡所需的数据。

诺顿认为,平衡计分卡让人们了解到企业需要测量哪些数据。在未来,为了能够更好地将平衡计分卡用于企业的战略管理和绩效管理,针对评估创新能力、员工素质、信息系统、企业文化和客户满意度等方面的技术将得到很大的发展。

案例分析　美国化学银行的平衡计分卡

美国化学银行(Chemical Bank)是美国密歇根州的第四大银行,资产总规模为 30 亿美元,分支机构有 129 家,遍布密歇根州。该银行以经营针对个人的零售银行业务(Retail banking,即小额储蓄、理财和信贷业务)为主。

20 世纪 90 年代是美国零售银行激烈竞争的 10 年。在这 10 年里,美国银行从 14 000 家减少到 10 000 家,21 世纪初预计将变为 4 000~5 000 家。这种局面的形成主要有以下原因:① 利息率较低;② 储蓄资金向其他非银行机构(如互助基金)的分流;③ 客户的需求发生变化,要求银行采用高新技术,通过新渠道、新方式和新项目来提供服务,传统服务模式所占的市场份额逐渐缩小;④ 为了迎合客户的需求,银行需要进行大量的投资,增加经营费用,而这无疑会增加银行企业的经营风险。

面对上述局面,化学银行的高层管理者都认识到必须进行改革。寻找一个合适的战略执行工具便成为化学银行高层管理者的首要工作之一。

泰德·弗兰克威廉是银行策略计划和财务部门的管理主任。1992 年,他参加了一个为期一周的关于平衡计分卡的培训。在了解了平衡计分卡的概念和内容等基本知识后,他立刻认识到由财务、客户、内部流程、学习与发展四个方面组成的平衡计分卡能清楚地明确战略目标,能准确地将其分解为部门目标和个人目标,而且能够对其进行适当的计量,这对于化学银行的改革是个很有用的方法。

弗兰克威廉让化学银行的策略计划和财务部门的副经理托尼·劳夫蒙特来领导中级管

理者，为银行的纽约市场部建立平衡计分卡。由劳夫蒙特领导的小组在工作过程中认识到，仅由中层人员组成的小组是很难把执行指标推进到银行高层的，如果想成功建立和发展平衡计分卡，则必须有总经理迈克尔·荷加迪等银行高级管理者的参与和支持。

1993年5月，荷加迪出席了介绍平衡计分卡的会议，他确信平衡计分卡将帮助银行实现他所要求的文化转变，然而，银行其他高层管理者对此却抱有怀疑的态度。发表平衡计分卡文章的作者之一戴维·诺顿也参加了这次会议，并给高层管理者讲解了平衡计分卡。通过讲解，大家在会上统一了思想，一致同意实施平衡计分卡。

平衡计分卡构建小组又分成了四个小组，每个小组的责任是根据化学银行的战略来为平衡计分卡中的某一方面确定其相应的目标和指标。1993年10月，对平衡计分卡四个方面的战略目标全部制定出来了。具体内容如下：

- 提高企业利用资金创造财富的能力（财务方面）。
- 以客户为中心，转换客户/利润组合（客户方面）。
- 提高经营的效率和效益（内部流程方面）。
- 创造一个有能力的组织（学习与发展方面）。

制定了目标之后，接下来的任务是小组为各个方面的战略目标开发关键成功因素（Critical Success Factors，CSF）及相应的KPI。

在财务方面，化学银行确定的战略目标是提高企业利用资金创造财富的能力。顺利完成此目标后，财务上的典型反应便是费用功效的提高，因此该战略目标的结果为，CSF是费用功效，其相应的KPI就是费用收益率。而要想达到此目标，银行必须在以下几个关键方面取得成功：一是增加收入；二是降低成本；三是降低风险。因此，此战略目标的CSF为收入增长、成本降低和风险降低等，相应的KPI为收入增长率、储蓄服务成本和付费业务覆盖率等。

在客户方面，化学银行确定的战略目标是以客户为中心，转换客户/利润组合，增加可获利客户的数量和比例。与该战略目标相关联，其结果是CSF为客户满意和市场份额，相应的KPI为客户满意度和市场占有率。与之相对应，该战略目标的CSF为客户保持、新客户获得、客户获利能力和服务质量等，相应的KPI为客户留住率、新客户获得率、客户获利能力和客户投诉次数等。

在内部流程方面，化学银行确定的战略目标是提高经营的效率和效益，与该战略目标相关联，其结果是CSF为人均销售和人均利润，相应的KPI为人均销售收入和人均销售利润。与之相对应，该战略目标的CSF为新产品收入、目标客户群、分配和服务效率等，相应的KPI为新产品收入比重、人均销售新产品收入、有效市场开发、分配渠道组合、服务方式、服务时间等。

在学习与发展方面，化学银行确定的战略目标是创造一个有能力的组织。与该战略目标相关联，其结果是 CSF 为员工满意和员工能力，相应的 KPI 为员工满意度和员工工作效率。与之相对应，该战略目标的 CSF 为信息系统、员工培训、奖励系统等，相应的 KPI 为信息处理和响应时间、信息覆盖比率、员工培训天数、责权利对称系数等。

化学银行的平衡计分卡可以简单地表述如表1所示。

表1 美国化学银行的平衡计分卡

	战略目标	CSF	KPI
财务方面	提高利用资金创造财富的能力	费用功效 增加收入 降低成本 降低风险	费用收益率 收入增加率 储蓄服务成本 付费业务覆盖率
客户方面	以客户为中心，转换客户/利润组合，增加可获利客户的数量和比例	客户满意 市场份额 客户保持 新客户获得 客户获利能力 服务质量	客户满意度 市场占有率 客户留住率 新客户获得率 客户获利能力 客户投诉次数
内部流程方面	提高经营的效率和增加效益	人均销售 人均利润 新产品收入 目标客户群 分配和服务效率	人均销售收入 人均销售利润 新产品收入比例 人均销售新产品收入 有效市场开发 分配渠道组合 服务方式 服务时间
学习与成长方面	创造一个有能力的组织	员工满意 员工能力 信息系统 员工培训 奖励系统	员工满意度 员工工作效率 信息处理和响应时间 信息覆盖率 员工培训天数 债权利对称系数

为每个战略目标确立了结果和 CSF，以及相应的 KPI 之后，还应该为 KPI 制定定义，这是一项非常重要的工作。如果不能制定出高质量的准确的定义，化学银行也就无法准确而有效地使用平衡计分卡对 CSF 进行计测。平衡计分卡的工作小组在经过了统

一银行的战略目标、开发银行的关键成功因素、关键绩效指标等一系列工作之后，他们建立了银行最初的平衡计分卡并于1993年年底在银行内部开始应用这种新型的绩效管理系统。平衡计分卡的应用为银行带来了良好的效果。其具体内容分述如下。

1）平衡计分卡促使化学银行这个大型企业的高级管理者走到了一起，通过会议上的积极讨论，明确了银行的战略，保证了决策的一致性，并使他们向着一个共同的目标——为银行建立平衡计分卡而努力。

2）平衡计分卡在整个银行内部的推行和应用，让各级管理者和工作人员看清了战略与行动计划之间的联系，有利于银行战略的传达、落实和实现。

3）建立平衡计分卡的关键环节之一是开发CSF和KPI，因此在这个过程中，银行管理者开始共同思考对银行经营成功起决定作用的因素，使银行找到了成功的关键业绩动因。

4）平衡计分卡内部存在着因果关系链，因此它在银行的应用使员工知道并理解了从财务目标到经营指标之间的因果关系。

5）平衡计分卡的应用加强了银行自上而下和自下而上的交流，保证了银行决策和行动的正确性，增强了银行的竞争力。

尽管平衡计分卡的应用为银行带来了许多良好的效果，但是它的应用也不是一帆风顺的。银行总是在不断地调整和改进平衡计分卡的内容和指标，以便适应银行的实际情况。

案例评析：

化学银行建立平衡计分卡这一实例带给我们下列启示。

1）通过化学银行认识、接受和建立平衡计分卡的过程来看，计分卡在银行得以顺利建立的关键之一是银行高层管理者的参与和支持。实践证明，管理者对平衡计分卡的一致理解和统一思想对建立和实施这种新的绩效管理系统具有积极作用，因此在企业中宣传平衡计分卡是一项非常重要的工作。

2）化学银行建立平衡计分卡经历了一年多的时间，实施过程中也在不断地修改和补充，这说明对绩效管理系统的变革和完善并不是一件轻而易举的事情，它需要时间，需要企业上下的共同努力。尤其是对直接负责设计和建立平衡计分卡的人员来说，一方面需要他们了解企业的战略，另一方面还需要他们清楚企业的业务流程，并通过平衡计分卡将两者结合起来。

3）化学银行在实施平衡计分卡时，发现了指标的设计和现实存在着差距，这种差距影响了平衡计分卡实施的有效性。因此，保证平衡计分卡内容和指标的正确性是平衡计分卡发挥积极作用的前提。这一前提条件要求企业具有一个完善的信息反馈系统，为企业的成功经营提供各种有用而准确的信息，使企业依据所获得的信息调整战略、目标、决策、关键成功因素和关键绩效指标。

第 13 章

基于标杆管理的考核体系

本章导读

标杆管理是国外 20 世纪 80 年代发展起来的一种新型经营管理方法,最先应用于施乐公司,获得了巨大成功。基于标杆超越的绩效考核体系设计就是企业以最强的竞争企业或那些在行业中领先的、有名望的企业的关键业绩行为作为基准,将自身的关键业绩行为与之进行比较,分析这些基准企业的绩效形成原因,并在此基础上确定企业可持续发展的关键业绩标准及绩效改进的最优策略。总之,标杆超越这种考核技术在理论上已趋于成熟,在实践中也取得了较好的成果。

13.1 标杆管理的形成和演变

13.1.1 什么是标杆管理

标杆管理(Benchmarking)也被译为标杆法、水平对比法、基准考核法、标杆超越法、基准法等。标杆管理是一项通过衡量比较来提升企业竞争地位的过程,它强调的是以卓越的公司作为学习的对象,通过持续改善来强化本身的竞争优势。所谓标杆,即 Benchmark,最早是指工匠或测量员在测量时作为参考点的标记,是测量学中的"水准基点",在此引申为在某一方面的"行事最佳者"或"同业之最"。

泰勒(Frederick Taylor)在其科学管理实践中采用了这个词,其含义是衡量一项工作的效率标准,后来这个词渐渐衍生为基准或参考点。标杆管理的实质是模仿和创新,是一个有目的、有目标的学习过程。通过学习,企业重新思考和设计经营模式,借鉴先进的模式和理念,再进行本土化改造,创造出适合自己的全新最佳经营模式。这实际上就是一个模仿和创新的过程。

标杆管理方法产生于企业的管理实践，目前对于标杆管理还没有一个统一的定义。下面是一些权威学者和机构对标杆管理的诠释。

坎普提出"标杆管理是组织寻求导致卓越绩效的行业最佳实践的过程"。这个定义涵盖如此广泛，以至包括所有不同水平和类型的标杆管理活动，应用于跨国度、跨行业的产品与服务，以及相关生产过程的可能领域。该定义的另一个好处是简单、易于理解，可运用于任何层次以获取卓越绩效。它强调卓越的绩效，促使员工将寻找最佳实践概念深置于脑海中——唯有最佳实践才能导致卓越绩效。该定义为国际标杆管理中心所采用。

美国生产力与质量中心（American Productivity and Quality Center，APQC）对标杆管理的定义为："标杆管理是一项有系统、持续性的评估过程，通过不断将组织流程与全球企业领导者相比较，以获得协助改善营运绩效的咨询。"该定义更具体地体现了标杆管理的本质主题：向组织外部参照物学习的价值；使用结构化、正式的流程进行学习的重要性；持续地进行组织自身与一流实践的比较；驱使改善绩效行为信息的有用性。该定义吸引了超过100家大型公司的采用。

瓦泽瑞认为一个定义应该尽可能简单、清楚，它应能让使用它的人知道该做什么及如何达到其目标。1992年，他对标杆管理做了如下的定义："标杆管理是将公司与关键客户要求和行业最优（直接竞争者）或一流实践（被确认在某一特定功能领域有卓越绩效的公司）持续比较的过程，以决定需要改善的项目。"该定义强调标杆管理与内部客户和外部客户的满意相关。

综合以上各个定义的精髓，我们可以这样来描述标杆管理：不断寻找和研究业内外一流的、有名望的企业的最佳实践，以此为标杆，将本企业的产品、服务和管理等方面的实际情况与这些标杆进行定量化考核和比较，分析这些标杆企业达到优秀水平的原因，结合自身实际加以创造性地学习、借鉴，并选取改进的最优策略，从而赶超一流企业或创造高绩效的不断循环提高的过程。

13.1.2 标杆管理的产生背景

公元前4世纪，我国就已经有了标杆管理的思想。我国古代著名的军事家孙武在其流芳百世的伟大著作《孙子兵法》中写道："知己知彼，百战不殆。"事实上，西方学者也把《孙子兵法》视为标杆管理的理论基础。

虽然人类一直自觉或不自觉地衡量他人的优势与劣势，继而制定自己的决策以便趋利避害，但论及理论化、系统化的标杆管理，就必须首先提及美国施乐公司，实际上视其为标杆管理的"鼻祖"一点都不过分。早在 1979 年，施乐公司最先提出了"Benchmarking"的概念，一开始，施乐公司只在公司内的几个部门做标杆管理工作，到 1980 年扩展到整个公司范围。当时，以高技术产品复印机主宰市场的施乐公司发现，有些日本厂家以施乐公司制造成本的价格出售类似的复印设备，致使其市场占有率在短短几年内从 49%锐减到 22%。为应付挑战，公司最高领导层决定制定一系列改进产品质量和提高劳动生产率的计划。公司首先广泛调查客户对公司的满意度，比较客户对产品的反映，并将本公司的产品质量、售后服务等与本行业领先企业做对比。公司派雇员到日本的合作伙伴——富士施乐及其他日本公司考察，详细了解竞争对手的情况。接着，公司着手确定竞争对手是否领先、为什么领先、存在的差距怎样才能消除。对比分析的结果使公司确信，从产品设计到销售、服务和员工参与等一系列环节都需要加以改变。最后，公司为这些环节确定了改进目标，并制定了达到这些目标的计划。

实施标杆管理后的效果是明显的。通过标杆管理，施乐公司使其制造成本降低了50%，产品开发周期缩短了 25%，人均创收增加了 20%，并使公司的产品开箱合格率从92%上升到 99.5%，公司重新赢得了原先的市场占有率。行业内有关机构连续数年评定，就复印机六大类产品中施乐有四类产品在可靠性和质量方面名列第一。

标杆管理技术的出现和流行表明企业之间的效率已经十分接近。基准管理的最大特点就是鼓励企业之间的模仿。与全面质量或精益生产等技术不同，标杆管理自身并不是一种改进生产率的技术。无论是以组织内部最佳作业为基准的内部标杆管理，以竞争对手为学习典范的竞争标杆管理，还是以不同行业相似功能最佳典范为榜样的功能标杆管理，或是以不同行业不同功能的类似流程为模仿对象的流程标杆管理，其实质上都是消除各个企业之间效率差异的过程，而不是某个企业建立独特的长期优势的过程。由此看来，标杆管理流行的过程就是企业之间相互学习和模仿的过程，是管理技术传播和普及的过程，也是所有企业的生产率普遍提高的过程。标杆管理技术的流行是有原因的，企业难以像保护专利技术等知识产权一样保护管理技术，同时西方国家管理咨询服务十分发达，这给各个企业采用标杆管理创造了良好的条件，管理技术因此而迅速扩散。

13.1.3 标杆管理的发展与现状

我们通过对标杆管理活动历史的考察，便可以感觉到标杆管理概念的发展演变过程。标杆管理的思想可以追溯到 20 世纪初泰勒所倡导的科学管理理论，当时泰勒提出要通过动作研究来确定工艺流程和设备操作，以及具体工作动作的最佳做法，并要求管理者通过制定定额和制定管理制度来将这种最佳做法标准化、制度化,以使其成为进行科学管理的依据。

1. 标杆管理的发展

相比"科学管理"仅仅停留在生产操作层面上而言,真正意义上的最早的标杆管理活动是在企业层次开始的。在企业层次,标杆管理基本上经历了一个循序渐进、不断深入和提高的发展过程。这个过程主要表现在以下几个阶段。

(1)进行竞争产品的比较阶段

大约从20世纪70年代初开始,长期在许多行业处于世界领先地位的美国企业的产品和市场受到了来自竞争对手的挑战,美国企业发现自己所生产的产品在功能、质量和使用方便性等方面确实不如日本企业的产品好,于是它们便开始了以瞄准竞争对手产品、拆解竞争对手产品为基本做法,以赶超竞争对手为主要目标的比较、复制和学习过程。应该说这一过程从60年代就已经在日本和欧洲开始了。据悉丰田公司所开发的"准时制生产"技术,就是基于分析和改进大型超市的供应链管理技术之后形成的。

(2)进行工艺流程的标杆管理阶段

大约在20世纪70年代中期,许多美国企业发现拆解竞争对手的产品也不能解决问题,关键的问题是在生产工艺流程方面和竞争对手差距太大。而这些方法的差距不是通过产品的拆解所能弥补的,还必须深入企业实际,进行深入细致的工艺流程分析和研究,这样才能掌握要领,追赶竞争对手。于是,它们便将分析比较范围从产品本身扩大到工艺流程,进行工艺流程的标杆管理。施乐公司的实践成为这一阶段标杆管理的典范。1976年以后,一直保持着世界复印机市场实际垄断地位的施乐遇到了来自国内外,特别是日本竞争者的全方位挑战。例如,佳能、诺基亚等公司以施乐的成本销售产品仍能够获利,而产品开发周期和开发人员则分别比施乐短或少50%,这导致施乐的市场份额从82%直线下降到35%。面对竞争威胁,施乐公司最先发起向日本企业学习的运动,开展了广泛深入的标杆管理。通过全方位的集中分析比较,施乐弄清了这些公司的运作机制,找出了与佳能等主要对手的差距,全面调整了经营战略战术,改进了业务流程,很快收到了成效,把失去的市场份额重新夺了回来。另外,在提高交付订货的工作水平和处理低值货品浪费大的问题上,施乐公司同样应用标杆管理方法,以交付速度比施乐快3倍的比恩公司为标杆,选择了14个经营同类产品的公司逐一考察,找出了问题的症结并采取措施,使仓储成本下降10%,年节省低值品费用数千万美元。此后,随着施乐公司职员Camp所撰写的《标杆管理:寻找取得产业内最优成绩的最佳做法》的出版,标杆管理方法很快传播并应用到美国的各个行业，美国企业开始通过广泛的实地考察，和竞争对手建立合资企业，进行合作研究与开发等多种途径、多种方式展开对竞争对手工艺流程的研究和学习，这逐渐引起了其他国家大企业的重视。因此，这一阶段被人们认为是标杆管理概念、理论和方法的真正创始阶段。

（3）标杆管理最佳企业管理实践的阶段

大约从20世纪80年代开始，经营者逐渐认识到，不仅可以在同行业企业标杆管理中学习最佳做法，提高企业竞争力，而且可以从其他行业的标杆管理中学习到最佳管理实践和流程改造方面的做法。许多经营者发现，对于生产工艺、技术和作业流程，在企业管理方面，越来越多的最佳做法、最佳实践来自行业之外，从其他行业的最佳企业学习最佳做法成为这一阶段的主要趋势。

（4）战略性标杆管理阶段

这是在确定、了解和掌握成功者（包括竞争对手）的战略做法的基础上，重新进行企业环境、战略、业绩评估与改造的一个系统过程。在这一阶段，真正竞争对手之间的差别，已从工艺流程、管理实践方面转移到企业布局、生产结构调整、外部供应链重组、核心能力塑造等战略性领域，进行战略性领域的标杆管理是企业进一步提高竞争力、赶超竞争对手的客观需要。通常，这一阶段标杆管理的问题比较集中，但调查了解的范围却比较广泛，如对上下游关系的调查、对企业研究与开发相关机构的调查等，目的在于进行战略思路、战略决策方面的标杆管理。

（5）全球标杆管理阶段

在这一阶段，寻找最佳企业、寻找最佳做法的范围已经扩展到全球范围内，这成为发达国家企业进行标杆管理的主要趋势，而且标杆管理的应用范围也超越了企业层次，扩展到产业层次和政府（国家）层次上。进行全球范围内的标杆管理，所涉及的问题更加广泛，不仅包括企业工艺流程、生产技术方面的最佳做法，而且包括企业文化、企业所处环境、政府行政管理、教育制度和自然环境等影响企业战略定位、战略布局方面的评估和研究。

2. 标杆管理的现状

施乐公司在标杆管理方面首开先河后，美国许多大公司也群起效尤，纷纷开展此项研究，如美国电报电话公司、杜邦公司、通用汽车公司、福特汽车公司、IBM公司、伊斯曼·柯达公司、米利肯公司、摩托罗拉公司等。这些在产品质量和竞争力方面居领先地位、声名显赫的企业，都把标杆管理作为一种管理手段，作为提高产品质量和管理水平的重要途径。

一项调查显示，标杆管理是最受欢迎的五大商业工具之一。《财富》500强企业中70%以上的企业将标杆管理作为一项常规的管理工具，如柯达、福特、IBM、波音、惠普、杜邦、宝洁等。

早在20世纪80年代初期，福特汽车公司在进行一种新产品研制时便开展了标杆管理。它列出了400多条用户认为最重要的汽车性能，然后找出各项指标均属一流的车型，千方百计赶上和超过强劲的竞争对手，结果造出了畅销的"金牛座"（Taurus）牌汽车。1992年，为了推出更新型的汽车，该公司又进行了新的一轮标杆管理。

柯达公司分管质量改进的主管组建了一个标杆管理办公室，除了作为接受外部公司标杆管理要求的窗口之外，该办公室有一个详细的内部数据库，数据库描述和量化了世界各地的柯达内部的最好实践。

IBM公司对标杆管理同样十分重视。它专门设立了标杆管理办公室。据悉，它所获得的500多项新成果中，许多是经过标杆管理获得的。

美国电报电话公司的标杆管理办公室有14名顾问，他们曾在两三年中进行过120多项标杆管理，有的已取得重要成果。另外，还有20项标杆管理的项目正在进行之中。

在亚洲，标杆管理也得到相当的发展。中国香港地区早在1993年就成立了中国香港标杆管理数据交流中心。在其他亚洲国家，标杆管理也得到了一定的发展。1997年，泰国生产力学会开始和国际标杆管理交流中心合作开发一个泰国的标杆管理平台，并努力向泰国公司介绍标杆管理。1998年10月，印度召开了第一届标杆管理全国会议，同时开始着手建立印度标杆管理数据交流中心。事实上，我国也开始了标杆管理活动，著名的公司有海尔、中国海洋石油总公司等。

在政府层面，标杆管理的内容包括教育制度、海关通关、科研制度、企业创立手续等。例如，美国政府于1993年组织了对"欧洲、美国、日本的教育制度"、对"欧洲、日本和美国的职业培训制度"、对"企业的融资渠道"等进行了标杆管理，并在标杆管理之后修改了其教育、职业培训、银行等方面的法律，对美国20世纪90年代经济的持续增长做出了贡献。在这里，需要着重指出的是，在标杆管理各个发展阶段，政府始终发挥着主要作用。例如，真正使标杆管理工作大范围开展起来的一个重要推动力是美国1984年里根总统设立"美国国家质量奖"（Malcolm Baldrige）和欧洲1992年设立"欧洲质量奖"，这两个奖项均需要对同业企业的产品质量进行"标杆管理"，决定出优劣。通常，企业层次的标杆管理工作主要由企业自己提出要求，委托咨询公司或研究机构进行，但政府的倡导、支持和奖励政策是推动力。另外，政府要负责相关制度、法律的修改,为企业提高竞争力创造环境条件。在产业层次,通常需要政府直接出资,组成研究小组,协调、配合产业界专家和企业界人士开展标杆管理工作,并在完成之后负责制定相应的政策。在政府责任领域,如税务、海关等,需要政府相关部门人员直接介入其中,进行寻找差距、寻找最佳做法的标杆管理工作,这样才能真正找到最佳做法,制定出有创意的实施方案。

随着标杆管理的发展,一些有关标杆管理的团体也应运而生。美国生产力及质量中心是一个总部设在休斯敦的非营利团体,它于1992年2月成立了国际标杆管理交流中心(International Benchmarking Clearinghouse)。该中心是集合标杆管理伙伴的网络组织、标杆管理过程的推进者、标杆管理信息的仓库,也是一个标杆管理专家中心。它拥有来自商业、政府、医疗行业、教育机构等各个行业的五百多个成员,这些成员除了来自美国之外,还有很多来自加拿大、澳大利亚、亚洲、南美洲和欧洲,而且其中许多是赫赫有名的大企业。

此外,行业标杆管理协会也相继成立。例如,会计和财务标杆管理协会(Accounting and Finance Benchmarking Consortium),其目的是为会计和金融方面的专业人士提高实际操作能力服务;电子应用标杆管理协会(Electric Utility Benchmarking Association),其目的是通过交换标杆管理数据和标杆管理实践,以及共享信息,使得电子应用行业提高商业过程;电信行业标杆管理协会(Telecommunication Industry Benchmarking Association),其目的是共享标杆管理数据,以提高电信行业的商业过程(Business Process)。

有关标杆管理的网站也纷纷建立,如 www.best-in-class.com、www.benchnet.com、www.benchmarking-in-europe.com 等。

13.2 标杆管理的作用与分类

13.2.1 标杆管理的作用

一般来说,企业进行标杆管理的原因通常是为了解决目前营运上的问题,但也有很多企业将标杆管理当作主动出击的手法,借此来创造成长的机会。无论如何,标杆管理和其他的管理工具一样,都是在追求营运绩效的改善。那么在众多的管理方法中,为什么要特别推荐标杆管理呢?我们的理由除了标杆管理可以与其他的管理工具结合之外,还因为标杆管理具有如下五个作用。

1. 追求卓越

标杆管理本身所代表的就是一个追求卓越的过程。会被其他企业选中来进行效法的组织，就标杆管理的主题而言，这些组织绝对是卓越超群的。企业之所以要选择这些组织，目的便是要效法这些组织，使自己的企业也能够达到同样的境界，成为其他企业模仿的对象。这样的学习管理之所以可行，是因为所谓的"卓越"往往具有共同性，即使在不同的产业内亦是如此。例如，大多数的组织都存在销售作业这类事项，因此不论任何行业、任何组织的销售作业都应该具有某种程度的共同性可供观察与评估。如果某些组织的销售作业已经声誉卓著，我们或许可以详加调查，并把自己的销售作业方式跟这些组织的做法进行比较，分析是否有哪些做法可以借鉴到自己的组织中，以便让自己做得更好。这种通过广泛的观摩研究来追求卓越的方式就是标杆管理的精神。

2. 流程再造

标杆管理的另一个重要的精神就是针对流程予以再造。乍看之下，标杆管理似乎会让人联想到传统的竞争者分析。但事实上，两者在观念上存在差异之处。一般企业会很自然地将自身的产品或服务方式与竞争者相比，但这只能说是竞争者分析而非标杆管理。两者之间的一项重要的差别就在于传统的竞争者分析强调的是结果或产品的优劣评比，而标杆管理则是着重去分析制造产品或提供服务的流程，并针对此流程的弱项予以强化。从这个角度来看，标杆管理探讨的范畴远比竞争者分析来得深入。标杆管理强调的是追本溯源，深度思考在作业流程中究竟是哪一个部分的差异造成产品或服务品质产生如此的差距，并且积极去重新设计流程以弥补这样的差距，也就是将比较重心放置在提供产品或服务背后的作业方式或工作流程上，而非产品或服务本身。"将焦点放在过程上而不是结果上"，比起竞争者分析，这种崭新的观念更可以帮助企业达成突破性的改善；比起其他的管理方式，它也更具实效价值。

3. 持续改善

所有的管理工具都是在寻求提升组织业绩的方法，而标杆管理与其他管理工具最大的不同之处就在于标杆管理特别强调持续改善的观念。在后面的论述中，我们将会提到标杆管理具有循环再生特性的流程，这个循环的特性说明了标杆管理不是一个短期的活动，也不是一次就能完成的活动，而是只有在较长期的架构之下，所得到的信息才更具价值。任何实行标杆管理的企业如果只将它视为一个专案或是单一的事件，那是很遗憾的,这个企业所能从标杆管理活动中得到的益处也仅是有限的改进。"追求完美的过程是永无止境的",这是任何一个想要借标杆管理来提升组织绩效、臻于卓越的企业都必须体会到的事。如果我们能够将标杆管理的对象视为一个移动的标靶,我们就能够体会到为何标杆管理是一段必须持续的过程。这种过程是一种持续往复的过程,主要基于三点考虑:① 企业所在竞争环境的持续改变;② 标杆企业的不断升级与更新;③ 企业业务范围和企业规模的不断变化。除此之外,持续进行最佳作业典范的调查还有助于企业了解最先进的信息科技、作业技术及管理方式。

4. 创造优势,塑造核心竞争力

标杆管理是企业创造竞争性优势的捷径,原因是企业要想建立竞争优势首先必须进行战略规划。进行战略规划的基础在于了解竞争形势,收集充分的信息,这样才能帮助企业做好竞争分析。标杆管理本身即为一种收集信息的过程,不论本身还是竞争者的信息都是标杆管理的焦点。收集到的信息除了自己的企业与标杆企业的作业方式外,自然也会包括目前产业内竞争形式的优劣势分析。

企业存续的关键在于为客户创造价值的能力,这种能力可称为核心能力。标杆管理有助于企业强化自身的资源基础,形成本身的核心能力。这是因为标杆管理的重点不仅在于了解标杆企业到底生产或提供了哪些比我们还要好的产品或服务,更重要的在于了解这项产品或服务是如何被设计、制造或提供的。如果企业能够彻底地分析这种最佳作业方式所提供的信息,并且经过内化吸收,成功地转换应用到自己的组织内,发展出一套独特的做法与技能,企业就可以塑造出自身的核心能力,为发展创造竞争优势。

5. 有助于建立学习型组织

企业可以通过标杆管理方法,克服不足,增进学习,使企业成为学习型组织。学习型组织实质是一个能熟练地创造、获取和传递知识的组织,同时也要善于修正自身的行为,以适应新的知识和变化。实施标杆管理后,企业会发现在产品、服务、生产流程及管理模式方面存在的不足,并学习标杆企业的成功之处,再结合实际将其充分运用到自己的企业当中。

13.2.2 标杆管理的分类

根据不同的分类方法,标杆管理可以分为不同的类型。

1. 按标的不同分类

（1）内部标杆管理

内部标杆管理（Internal Benchmarking）指以企业内部操作为基准的标杆管理。它是最简单且易操作的标杆管理方式之一。辨识内部绩效标杆的标准，即确立内部标杆管理的主要目标，这样可以做到企业内信息共享。辨识企业内部最佳职能或流程及其实践，然后推广到组织的其他部门，不失为企业绩效提高最便捷的方法之一。除非用做外部标杆管理的基准，单独执行内部标杆管理的企业往往持有内向视野，容易产生封闭思维，因此在实践中应该将内部标杆管理与外部标杆管理结合起来使用。

（2）竞争标杆管理

竞争标杆管理（Competitive Benchmarking）指以竞争对象为基准的标杆管理。竞争标杆管理的目标是与有着相同市场的企业在产品、服务和工作流程等方面的绩效与实践进行比较，直接面对竞争者。这类标杆管理的实施较为困难，原因除了公共领域的信息容易接近外，其他关于竞争企业的信息不易获得。

（3）功能标杆管理

功能标杆管理（Functional Benchmarking）指以行业领先者或某些企业的优秀职能操作为基准进行的标杆管理。这类标杆管理的合作者常常能相互分享一些技术和市场信息，标杆的基准是外部企业（但非竞争者）及其职能或业务实践。这种管理由于没有直接的竞争者，因此合作者往往较愿意提供和分享技术与市场信息。

（4）流程标杆管理

流程标杆管理（Generic Benchmarking）指以最佳工作流程为基准进行的标杆管理。流程标杆管理内容是类似的工作流程，而不是某项业务与操作职能或实践。这类标杆管理可以跨不同类组织进行，它一般要求企业对整个工作流程和操作有很详细的了解。

2. 按内容不同分类

（1）产品标杆管理

产品标杆是一项已长期存在的实践，它强调仔细考察其他组织的产品而不仅是竞争对手的产品。通常采用的方法是产品拆卸分析法（Tear-down Analysis）。拆卸分析又称反向设计（Reengineering），是通过评价竞争对手产品以明确自身产品改进可能性的方法。拆卸过程一般请相关的技术专家参与，将竞争对手的产品分解为零部件，以明确产品的功能、设计，同时推断产品的生产过程。例如，丰田公司每年从世界购置160辆汽车，然后一个部件一个部件地逐一分析。标杆管理采用了一种新的思维方式，因而产品标杆管理过程必然会超出简单的"拆卸"模仿框架而去追求和发现更多的信息，正如产品标杆专家杰瑞·安格利所说的那样："不要把产品标杆管理理解为如同青蛙的生物学解剖一样，仅仅看看它是由什么样的'部件'组成的。实际上产品标杆管理更像考古学，在这项工作中，应该可以得到有关一个'文明'的更多信息。"例如，一位工程师通过拆卸和组装一台别人的复印机，他所要掌握的不仅是性能、结构、设计技巧、材料，还应该从中计算出产品成本、了解到使用的生产工艺，甚至考察到客户的要求及新的设计观念。

（2）过程标杆管理

通过对某一过程的比较，发现领先企业赖以取得优秀绩效的关键因素，如在某个领域内独特的运行过程、管理方法和诀窍等，通过学习模仿、改进融合，使企业在该领域赶上或超过竞争对手的标杆管理。营销的标杆管理、生产管理的标杆管理、人力资源标杆管理、仓储与运输的标杆管理等均属此类。过程标杆管理比产品标杆管理更深入、更复杂。

（3）管理标杆管理

管理标杆管理指通过对领先企业的管理系统、管理绩效进行对比衡量，发现它们成功的关键因素，进而学习赶超它们的标杆管理。这种标杆管理超越了过程或职能，扩大到了整个管理工作。例如，对全公司的奖酬制度进行标杆管理，它涉及如何成功地对不同层次、各个部门的员工进行奖酬的问题。

（4）战略标杆管理

战略标杆主要研究学习其他组织的战略和战略性决策，以及有关企业长远整体的一些发展问题，如发展方向、发展目标和竞争战略的标杆管理活动，企业为什么会选择低成本而不是产品差异战略等。它主要为企业的总体战略决策提供指导性依据。这种标杆管理比较的是本企业与基准企业的战略意图，分析确定成功的关键战略要素及战略管理的成功经验，为企业高层管理者正确制定和实施战略提供服务。这种标杆管理的优点在于开始就注意到要达到的"目的"。

（5）最佳实践标杆管理

最佳实践是指领先企业在某个领域内独特的管理方法、措施和诀窍。这些方法和措施是领先企业取得优异业绩的原因所在。最佳实践标杆管理就是通过比较分析，寻找确认标杆企业的最佳实践，引进这种最佳实践并经过改进整合，使之成为本企业经营管理过程的一部分。它主要是对一系列管理实务进行比较，其内容更能体现一个企业在经营管理中的独特性和有效性。

3. 按信息收集方法不同分类

（1）单向标杆管理

单向标杆管理（Unilateral Benchmarking）是一种很常见的标杆管理。在这种标杆管理下，公司独立地收集一个或几个公司优越实践的相关信息。信息通常来源于行业贸易协会、信息交易所（如美国生产力和质量中心的国际标杆信息交易所）或其他途径。在美国，一个比较通行的做法是研究有关马尔克姆·巴德瑞质量奖得主的信息，因为它们通常被要求将其有关信息与其他公司共享。

（2）合作标杆管理

合作标杆管理（Cooperative Benchmarking）是指在双方协商同意的情况下，彼此自愿共享信息。参与的公司可以借此分析为什么从事同样功能或生产相同产品的其他公司可以成为行业的领导者，从而对自身的经营有一个更好的了解。合作标杆的最大优点在于信息可以在行业内或跨行业间达到共享。数据库信息、间接或第三方信息、集团信息是合作标杆信息收集的主要渠道。

13.3 标杆管理的实施

13.3.1 标杆管理导入的必要条件

标杆管理是一个涉及很多方面的过程，因此实施中往往会出现一些偏差。例如，人们往往将注意力只集中于数据方面，而标杆管理的真正价值应该是弄明白产生优秀绩效的过程，并在本企业（产业或国家）实施，而不应该只注重某几个财务数据本身。再如，由于方案设计或其他原因，标杆管理在实施的过程中受到成员的抵触，从而增加了实施的成本，降低了活动的收益。常见的标杆管理典型问题如表 13-1 所示。

表 13-1 常见的标杆管理典型问题

错　　误	可能原因	可能解决方法
标杆内容错误	对本公司了解不够深入	研究以确定关键因素
瞄准企业错误	研究不适合	更详细地进行初始研究
标杆管理未能转化成具体行动	高层管理者没有足够的承诺	说服高层管理者主动参与标杆管理项目
高层管理者缺少信心	缺乏信息或理念	把标杆管理与公司商业计划联系起来；举例说明标杆管理的优势

续表

错误	可能原因	可能解决方法
缺乏标杆管理所需资源	缺乏高层管理者支持；缺乏标杆管理小组承诺	标杆管理应被视为公司的整体管理方法
信息不相关	数据不够多，数据未挖掘	提高数据收集的针对性，加强数据积累
信息错误或不精确	过分相信公开的或竞争对手的信息	检查各种信息来源的准确性
标杆管理项目不能吸引可能的合作伙伴	怀疑主义和防备性态度	阐明双方的利益；审视整个过程以选择合作伙伴
流程过分关注与合作伙伴之间的相似性	缺少明确的选择合作伙伴的标准	审视关于最佳实践的研究
太多标杆	未能定义好优先次序	把标杆管理与商业战略联系起来
合作伙伴不能提供有用信息	合作伙伴太相近	通过流程而不是组成部分来审视合作伙伴研究

研究表明，成功的标杆管理活动应具备以下基本条件：

- 高层管理者的兴趣与支持；
- 对企业（产业或国家）运作和改进要求的充分了解；
- 接受新观念、改变陈旧思维方式的坦诚态度；
- 愿意与合作者分享信息；
- 致力于持续的标杆管理；
- 有能力把企业（产业或国家）运作与战略目标紧密结合起来；
- （企业）能将财务和非财务信息集成供管理层和员工使用的信息；
- （企业）有致力于与客户要求相关的核心职能改善的能力；
- 追求高附加价值；
- 避免讨论定价或竞争性成本等方面的敏感内容；
- 不要向竞争者索要敏感数据；
- 未经许可，不要分享所有者信息；
- 选择一个无关的第三者，在不公开企业名称的情况下集成和提供竞争性数据；
- 不要基于标杆数据而向外界贬低竞争者的商务活动。

13.3.2 组织标杆管理的原因和常见的标杆管理领域

1. 组织标杆管理的原因

组织进行标杆管理一般出于以下几个原因。

1）战略规划。制定短期及长期计划。企业想要进行战略规划，必须充分了解市场、竞争对手的可能活动、产品或服务的最新技术、财务需求及客户基础等。

2）预测。预测相关行业领域的趋势。标杆管理的信息通常被用来评估市场状况或预测市场潜力。因为在很多行业里，几家主要公司的经营动向足以主导整个市场的走向。这方面的信息可以帮助组织对产品或服务发展的趋势、消费者的行为模式等有一个基本的判断。

3）创新。标杆管理是经营创新的绝佳来源，它让人有机会接触到新产品、新工作流程及管理公司资源的新方式。标杆管理也为员工提供一个"跳脱框框之外"思考的机会——考虑不同的典范或假设各种不同状况而进行思考。

4）产品或流程比较。一般的标杆管理活动是收集有关竞争对手或卓越企业的产品或流程信息。这种信息通常是作为一种标准，用来与自己的类似产品或服务进行比较，以期将卓越企业的产品或流程融入自己的工作环境中。

5）设定目标。标杆管理也被当做选定最佳作业典范的工具。虽然很多组织实际上并不准备达到行业领先的水准，但它们却利用这些信息来设定特定的产品或流程目标，以激励组织不断努力，加速提升绩效。

2. 常见的标杆管理领域

只要是可以观察或可以测量的事物，几乎都能作为标杆管理的标的。过去，组织间相互比较的做法，产品等一些可以现成观察到的事项。如今，标杆管理的经验已大幅扩充到了可以研究调查的领域。常见的标杆管理领域分述如下。

1）产品及服务。在市场中提供给外界客户的产品与服务，是标杆管理常见的一个主题。通常，大家是在零售的阶段观察到这些产品，而不是在生产过程之中。这些产品和服务大都随时可供分析。除了整体产品及服务外，产品或服务的特色通常也是标杆管理的主题。

2）工作流程。标杆管理的领域除了有形的产品与服务外，也包括工作流程，即如何制造或支援产品与服务。标杆管理以工作流程为主题，是为了深入了解设计流程、研发作业、生产流程、工作场所设计、特定技术的运用、配销等流程。这源自一个信念——

应用卓越的工作流程，可以在任何行业里创造卓越的产品及服务。

3）支援功能。支援功能通常是指与产品及服务的实际生产没有直接关联的流程与程序。支援功能通常包括财务、人力资源、营销与服务等部门的活动。这方面的调查范围，常会涵盖对员工和内部客户的支援活动。

4）组织业绩。组织业绩包括一个组织的经营成果——成本（费用）与营业收入（收入）。除此之外，与生产流程相关的特定绩效指标（如收益、资产周转率、折旧率、资金成本）也可能是标杆管理调查的主题。竞争对手或卓越公司的绩效资料可以带来足够的刺激力量，激励组织对产品或服务、生产流程，乃至维持产品与服务优异品质所需的支援体系进行更完整的分析。

5）战略。有些组织会以组织性或功能性的战略作为标杆管理的主题，以便了解某些公司是如何取得竞争优势的。今天，标杆管理的观念已经远远超越了竞争分析的范畴，而是将焦点放在任何卓越组织的战略之上。目前，向战略标杆管理的焦点通常是一个特定的功能领域，而不是整体的企业或产业战略。除了战略本身以外，战略规划的流程通常也是标杆管理活动的主题。

13.3.3　实施标杆管理的核心：如何设计合理的标杆

设计合理的标杆要特别注意以下几个方面的问题。

1. 与战略的关系

开展标杆管理首先要明确企业的战略定位。不同类型及规模的企业在不同阶段都有自己的发展战略和相应的策略，这些都是标杆管理的方向和基础。

2. 以流程的思路选择标杆

对标杆对象进行以流程为基础的分析工作。对流程的主要内容进行分析，是标杆管理的前提和基础。

3. 考虑时空因素

标杆选择必须考虑时间和空间的因素，结合企业的不同生命周期阶段的具体情况选择标杆。

4. 具有前瞻性

标杆的选择应结合波特的五力模型，根据前向一体化、后向一体化等企业发展模式，在关注行业内现有企业的同时，着眼于来自生产替代品或提供服务的公司竞争，以及潜在竞争者的竞争，以反映未来发展的趋势。

5. 采用多指标体系

尽管标杆对象只有几个方面表现突出，但这正是因为有了其他方面的合理配置，才使其在某方面有好的表现。确定单一的标杆指标往往很难达到预期的学习效果。

6. 重视环境因素

要注意资源环境的可比性。企业的发展受其内外部资源环境的影响很大。因此，标杆的选择必须考虑到大致相同或相似的资源环境条件及对不确定性的影响。

7. 选择合理的标杆对象

标杆对象的选择，应根据企业自身现有基础灵活确定。对于我国企业来说，各行业最优秀的企业可以将世界一流企业作为自己的标杆，中小企业又可以把行业一流企业作为自己的标杆。但是那些经营效果不好的企业若将行业一流甚至世界一流的企业作为自己的标杆对象，那些先进企业的经营管理实践对其虽然不能说毫无用处，但用处确实不大。如果这些企业把绩效水平在行业中处于中等水平或中等偏上水平的企业列为自己的标杆管理对象，产生的效果将会更加显著。

8. 要有动态的标杆目标

任何一个优秀企业，如果它不进行积极的管理变革、保持企业的核心竞争优势，那么早晚会被市场淘汰出局，成为市场竞争的失败者。所以，企业在进行标杆管理活动的过程中，应该结合本企业发展阶段的实际情况，适时、动态地向当今具有整体优势或优秀片断的企业学习和进行经营管理实践，而不是仅仅将眼光瞄准在一两个领先企业上。

13.3.4 标杆管理的推进步骤——米歇尔·斯彭多利尼的五步骤模型

标杆管理是一项非常正式化的、通过一贯基本步骤来追求卓越的流程，具有完整架构且持续不断的学习过程。因此，这个流程一定有某些既定的步骤或流程模型来引导整个计划的执行。由于标杆管理这项管理工具在国外已有十多年的历史，它自然已经发展出各种不同的流程模型，如施乐的 10 步骤流程、AT&T 的 12 步骤流程、IBM 的 14 步骤流程。尽管这些流程模型都不尽相同，但它们的精神与原则都是不变的。标杆管理专家米歇尔·斯彭多利尼博士在对 57 家有标杆管理经验的组织进行比较研究的基础上，归纳出一个五步骤的标杆管理流程模型（见图 13-1）。

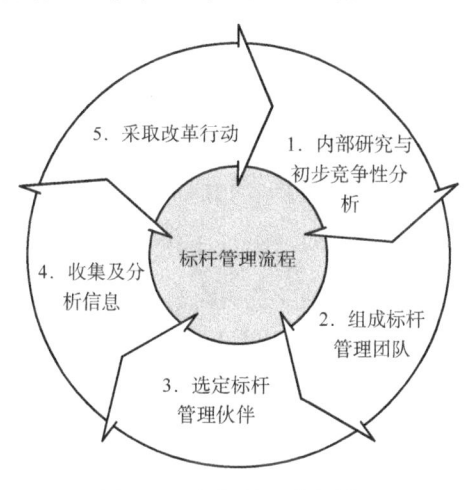

图 13-1 标杆管理流程模型

1. 内部研究与初步竞争性分析

要发展标杆管理计划，决定以什么为标，第一步就是要认定谁是客户及客户的需求。这个步骤很重要，因为在大多数情况下，客户是有某种急迫需要的个人或团队。客户受到某种因素的刺激（如市场情况、新竞争对手、新科技、作业问题或机会），会开始选定作为标杆领域的产品、服务和流程。

界定标杆管理客户，就是要明确是谁要使用标杆管理的信息。几种主要的客户是：① 委托标杆管理调查的主管，也就是标杆管理活动的发起人。② 标杆团队本身。此时标杆管理常被定位为全面质量管理工具的一部分，由个人或团队成员自发进行。③ 其他客户。组织的其他员工与标杆管理的潜在客户即参与这个流程的标杆伙伴。在界定客户之后，要对客户需求进行诊断并制作一份客户需要摘要，内容包括客户需要的是何种标杆管理类型、收集的信息用于何种用途、应当收集哪些信息、信息量要求有多大、对信息的品质有何要求、是否应该进行持续的标杆管理活动等。这份摘要用来指引标杆管理调查的方向，它决定了标杆管理的进度、行动的范围、报告格式及资源的分配等。

明确了标杆管理主题以后，接下来就要对标杆管理主题设定可予以测量的一系列衡量指标。标杆管理通常用关键成功要素来称呼一些重要到值得使用标杆管理流程的主题。在寻找标杆管理的关键成功要素时，很重要的一点是定义及测量方法必须力求准确，测量方法越具体明确，和标杆管理伙伴之间的对话就越接近"苹果对苹果"的比较。

2．组成标杆管理团队

在确定了标杆管理的主题之后，便可以根据这个主题的特性来决定标杆管理团队的成员应该如何组成。最基本的原则是必须有在这个主题领域内具有专业知识的员工来参与。除此之外，规划、推动一个标杆管理计划需要相当的时间和精力的投入，因此还必须考虑团队成员在时间安排上要能有某种程度的配合。另外，还必须多方考量团队成员专长、技能的多元化及互补性，以求未来在实际推动计划遭遇困难时能通过团队成员的集思广益来解决问题。除了以上条件外，成员还必须具备其他不可或缺的人格气质，如行动力十足，乐意参与标杆管理的调查，并且有良好的沟通技巧与团队合作精神等。标杆管理团队中也应该有分析规划能力较强的人员来协助统筹整个专案的进行，以及运用类似管理计划评核图或甘特图等专案企划工具来规范专案的进度。

企业决定实际标杆管理之后，就必须安排外界的标杆管理专家来训练公司内的全体员工，使他们能够了解基本的标杆管理流程。这样在日后进行实际执行时，全体员工才能明确标杆管理团队在做什么，这也有助于企业在员工间塑造积极的学习氛围。另外，在标杆管理团队正式成立后，企业还必须安排标杆管理专家对团队成员进行较深入的标杆管理课程讲授，协助团队成员了解标杆管理的实施方法、步骤及成员的角色和责任等。

3．选定标杆管理伙伴

标杆管理伙伴是指提供标杆管理调查相关信息的组织。选定标杆管理伙伴就是要选定最佳作业典范来作为学习合作的伙伴。企业在决定学习对象时，应该先思考金字塔图形（见图13-2）。

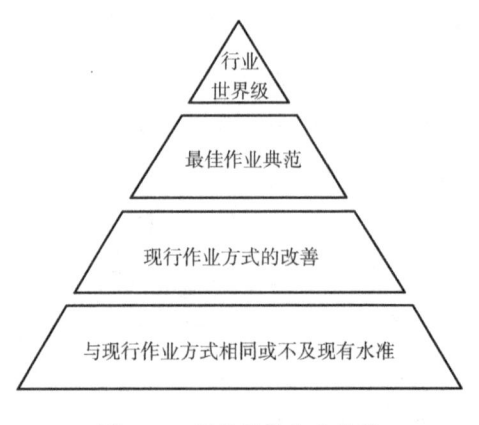

图13-2 寻找最佳作业典范

从图 13-2 中我们可以看出，标杆管理目标及改善目标不同，可供采用的信息也有所不同。金字塔顶端是世界级或行业翘楚，其下方较大的区域代表最佳作业典范，再下方更大的一片区域代表现行作业方式的改善。进行单纯的作业发送比起向最佳作业典范或世界级组织学习机会要大得多，同时为找到特定对象及其活动所耗费的资源（如时间、资金、人力）也会随之增加。所以，企业在进行标杆管理对象的选取时，应该确定自己到底是只要对现行作业进行一些基本改善，还是要达到树立典范的程度。因为这涉及"想要改善绩效的程度"及"投入资源"两者间的均衡。当然，每个企业都愿意向世界上做得最好的组织学习，但是必须考虑到本身当前的实力及可允许的资源使用量。例如，一家国内小规模的物流公司如果想要加快运货包裹的分拣速度，当然可以向全球规模最大、强调"准时、快速、全球顶尖服务"的联邦快递学习。但鉴于其本身的实力和拥有的资源，它向国内物流业的领导学习会更加实际。所以，组织应该仔细思考标杆管理的目标，与其设定一个好高骛远的目标，结果半途而废，还不如设定一个切合实际的目标，并投入合理的资源以达到目标。

4．收集及分析信息

第四阶段的标杆管理流程包括实地收集及分析标杆管理信息。这里的假设是已经确认了标杆管理客户、客户需求及构成调查核心的具体关键成功因素；已经选好了标杆管理团队成员，并完成训练；而且已经认定了最佳作业典范。这一点非常重要，因为很多标杆管理新手未能谨慎完成流程的初期计划及准备阶段，过于急切地进入收集信息的阶段，导致获得信息没有实效。

一个企业在了解另一个组织的作业流程、产品及服务之前，首先要彻底地了解自己本身，所谓"知己才能知彼"。这个阶段中，必须收集分析自己的内部作业信息，了解自己目前的作业方式并进行检讨，找出需要改进的地方。这个步骤是向外界收集资料前的准备工作。唯有如此，企业才能正确地评估自己能够改善的程度。况且，如果不曾进行过一次完整的内部分析，可能会错过一些重要的内部标杆管理机会，而且永远不会发现组织内部的一些颇具价值的信息来源及可获得的协助。另外，企业日后在其他组织进行信息收集活动时，其他组织可能会问到你的组织在同一领域的活动，你也无法对自己的内部作业提出有把握的答案。

一旦你决定了需要收集的标杆管理信息类型，以及将要调查的信息来源与组织，接下来你需要确定使用哪一种资料收集方法。常用的信息收集方法有电话访谈、面谈或现场访谈、问卷调查、出版品或媒体、档案研究。基于时间、资源等多方面的考虑，不同的信息收集方法具有各自的优缺点。

资料收集完毕后，必须将所得到的资料进行整理并做一份摘要，以加强信息的效力与意义。在资料整理、分析的基础上，便要对作业方式进行比较，找出它们之间关键性的差异。比较结束后，便可根据比较结果订出期望绩效目标，并分析讨论目前绩效与期望绩效间的差距该如何弥补、究竟要改变哪些流程、该如何进行改变。拟出一份改革行动计划书，作为实际进行改革行动时的蓝图。

5. 采取改革行动

标杆管理的主要目标就是采取行动，以达到或超越标杆。虽然标杆管理是一个调查的流程，但当初展开某项调查的动机绝不是做出一份精美华丽的报告，而是以采取行动的欲望、严谨的客户需求及认定关键成功要素作为研究调查的焦点。

在这个阶段，企业会根据前一阶段所提出的改革行动计划书来改变实际的流程，这些改变通常会显著而剧烈，甚至能立刻看出成效。在进行完改革后的一段时间，企业必须进行绩效指标的评估，以检验实行标杆管理的成果。从开始实行到绩效评估的时间，视企业的反馈速度而定。在评估绩效时，尽量避免其他因素影响评估的结果。只要整个标杆管理的流程都严格遵照规则进行，评估出来的绩效通常可以看到显著的改善效果。

13.4 标杆管理的问题及其突破方向

目前，标杆管理在世界范围内传播开来，不仅企业界，而且各行各业都纷纷将其作为提高自身竞争力的有效工具。各行业运用标杆管理的确也取得了一定的效果。不过，经过一段时间的实践，令这些企业感到困惑的是，在生产效率大幅度提高的同时，企业的盈利能力和市场占有率却并未能够随之相应增长。实际上，在效率上升的同时，利润率却在下降。以印刷业为例，美国印刷业在20世纪80年代的利润率维持在7%以上，到1995年已降至4%~6%，并且还在继续下降。这种情况在其他行业也屡见不鲜。这些企业的管理者发现，他们越跑越快，要想停留在原处都很困难。因为学得越快，竞争优势越不容易保持。由于企业不能将短期成效转变为持续的盈利能力，就在管理者试图进一步提高运作效率时，他们离自己追求的竞争地位却越来越远了。这是因为标杆管理失灵了？环境变化了？还是其他什么原因呢？

这主要是由两方面的原因导致的。一方面是忽视创新和服务的对象，大量应用标杆管理方法所引起的后果；另一方面是不恰当的观念和操作。这两方面综合起来使得标杆管理并不像人们所想象的那样可以取得好的效果。

13.4.1 针对忽视创新和服务对象的突破措施

单纯的标杆管理缺乏结合自己实际情况的创新，导致企业竞争战略趋同。标杆管理的基本思想就是模仿，通过模仿、学习，然后实现超越。因此，在实行标杆管理的行业中，可能所有的企业都模仿领先企业，这样必然采用相同或类似的手段，如提供更广泛的产品或服务以吸引所有的客户、以细分市场等类似行动来改进绩效。标杆管理使得单个企业运作效率的绝对水平大幅度提高，而企业之间相对效率差距却日益缩小。普遍采用标杆管理的结果将是没有企业能够获得相对竞争优势，全行业平均利润率必然趋于下降，导致这个行业内各个企业战略趋同，以及各个企业的流程、产品质量甚至运营的各个环节大同小异，市场竞争更加激烈。在这种性质的市场上，各个企业难以获得足够的成本优势，同时也不能够索取较高的价格，企业会发现利润越来越薄，无力进行长期投资，最终陷入恶性循环。这样，在成本和价格两方面的夹击之下，企业生存空间日渐狭窄。这就是企业做得越来越快，利润率却越来越低的根本原因。例如，IBM、通用电气和柯达等公司在复印机刚刚问世时，它们曾以复印机领先者施乐公司为榜样，实施标杆管理，结果 IBM 和通用电气陷入了无休止的追赶游戏之中，无法自拔，最后不得不退出复印机市场。单纯为赶超先进而继续推行标杆管理，会使企业陷入"落后—基准—又落后—再基准"的"标杆管理陷阱"之中。标杆管理仅仅是一项管理技术，要为组织的整体发展战略服务，企业应结合自身的实际情况，适当进行创新，不能一味地模仿，否则带来的结果往往事与愿违。

13.4.2 针对认识与操作不当的突破措施

标杆管理在提高组织效率方面的确发挥着不可忽视的作用，它已经成为很多组织竞争方式的一部分。但在实施标杆管理的时候，有些组织对其认识与操作不当，必然踏入一些误区。归纳起来，这些不当之处主要有以下几个方面。

1. 混淆标杆管理和调查

组织在相似的产业做调查，这并不是真正的标杆管理。这样的调查虽然会获得一些有价值的数据，但标杆管理却是数字背后隐藏的内在机理。换句话说，基准调查也许会获得组织排位的情况，但它不会帮助改进组织在行业内的位置。所以，一定要认清标杆管理和调查之间的区别，以便实施真正的标杆管理。

2. 认为预先存在共同的"标杆"

其他组织参照的所谓的"标杆"可能并不适用于另一个组织的市场、客户或资源水平。企业要坚持辨认自己的标杆对象，从它们那里发现什么是可达到的，从而确定自己的计划。

3. 忽视服务和用户满意

标杆管理实践中往往存在这样的组织，它们只关注所提供的产品和服务的成本，从来不考虑客户，因此使客户流失。所以，企业一定要采取措施，留住客户，这样才能提高市场占有率。

4. 过程太长、太过于复杂，管理失控

组织系统由一系列过程组成，过程由一系列任务构成。企业要设法避免标杆这个大系统，因为它非常昂贵、费时，并且很难保持专注。企业最好选择大系统某一部分的一个或几个过程，以它们作为开端，然后再逐渐向系统的下一部分推进。

5. 定位不准

选择的标杆管理主题与整体战略和目标不一致。在战略层次上，领导团队需要监督标杆管理项目，并确保它与整体战略保持一致。

6. 未了解自己

标杆管理假设，在做标杆管理参观之前，已经完整地分析了自己，知道自己的绩效水平。毕竟，这些信息必须提供给基准对象以交换信息，获得所需要的有关它们的信息。企业要做的是，确定自己的标杆管理团队非常清楚达到标杆管理对象之前，需要学些什么。

7. 基准对象选择不当

许多组织最初都会在本行业内寻找比较目标，但关于竞争组织的信息不易获得。在大多数情况下，理想的比较目标应是完全不同产业的组织，因此寻找产业外的组织来做比较对象，通常可以得到更有价值的信息。

8. 企图一蹴而就

标杆管理不是一次性就能完成的，而是一种持续、渐进的过程。其成效也不可能在一夜之间显现出来。每次学完后，都应该重新检查和审视基准研究的假设、标杆管理的目标和实际效果，分析差距，为下一轮改进打下基础。

13.5 标杆管理对我国企业的借鉴意义

13.5.1 标杆管理在我国的发展

改革开放以来，我们在学习吸收国外先进管理理论的同时，也引进了不少先进的管理方法，如全面质量管理、价值工程，对我国企业管理水平的提高起到了明显的促进作用。我国企业历来有比、学、赶、帮、超，以及学先进、树典型的优良传统，从选择榜样、赶超先进的意义上讲，学大庆、学邯钢与标杆管理没有什么重大区别。因此，标杆管理作为一种有效的管理方法，它完全可以拿来为我所用。

但标杆管理与传统的"典型"模式和比较方法具有根本的不同。标杆管理的概念虽刚刚引入我国，但形式上类似标杆管理的树典型、学先进的方法和活动，在我国特别是在企业并不陌生。我国传统的"典型"、"榜样"模式是符合标杆管理思想的，在某种程度上可以说是标杆管理的雏形或变形，如早期的农业学大寨、工业学大庆、20 世纪 90 年代的学邯钢、学海尔等。但对企业而言，两者从内容到形式都存在着根本的不同。

与传统的比较分析方法相比，标杆管理具有其显著特点。一是标杆管理强调创造卓越业绩的过程和技能，侧重对卓越公司的运行与管理进行深入的了解、分析和比较，以及洞察优良业绩是如何产生的；二是标杆管理通过跨行业的分析，可以识别其他行业公司的业绩所引发的潜在机会，使企业不局限于所在行业的经验。三是标杆管理可以由高层进行，分析企业整体；也可以以一个片断、一个流程为单位，由一线人员比较分析。例如，摩托罗拉对每个新产品、每个资本项目和每项改革都是从对世界上一流企业的研究开始的。由此可见，标杆管理也是一种高级管理技能，这种技能确保企业总能洞察卓越之所在，从而保持一种向上的态势。

社会主义市场经济的建立和现代企业制度的完善为我国企业推行标杆管理提供了前提条件。标杆管理的本质就是改革，企业只有具有自主权而且面对决定生存发展的竞争条件下，才会产生主动变革的愿望和动力。我国企业已经有了良好的比、学、赶、帮、超的思想基础，实际上我国许多企业已经开始了标杆管理的尝试，如联想集团在合作中注重标杆管理、给国企找榜样——国家经贸委举办全国重点脱困企业经营者培训班、国家经贸委推广亚星集团购销比价管理、希望集团在扩张过程中的标杆管理等。不可否认，这些实践的确取得了良好的效果，但在实际操作过程中却仍存在许多困惑和不完善之处。如果加以正确的标杆管理理论的指导，我国企业定会借助标杆管理这一先进的管理工具实现企业经营绩效与竞争力的巨大提升。

13.5.2 启示与建议

标杆管理是组织业绩评价、组织业绩改善的有力工具。我国目前还处于标杆管理理论的引进阶段，有些企业已经尝试将标杆管理运用于组织绩效的改善之中并取得了一定的成绩。标杆管理要成熟地运用于企业管理与业绩评价，我们还有如下建议。

1．标杆管理应制度化、组织化

在国外许多企业中，标杆管理已经实现了制度化，而不再是一项权宜之计，表现在有一套稳定的组织保证体系，有常设的负责标杆管理的机构（至少有工作小组），专人负责并动员所有员工积极参与。标杆管理强调的是变革功能，但变革是有阶段性的，首先是从比较学习开始，然后才能持续地改进、改变、加速，最终达到变革的目的。事实上，在国外许多企业，标杆管理已经成为日常经营管理工作的一部分，在不间断地持续进行，因而标杆管理具有动态跟踪的特性。我国企业若想在国际、国内市场竞争中立于不败之地，必须将标杆管理融入公司的运作过程，坚持不断地改善、学习，这样才能持久地获得竞争利益。

2．培育一种标杆企业文化

企业应逐渐形成一种标杆文化。我国企业欲建立健康的标杆文化，首先应从高层做起，管理者应真正关心企业的发展前途，树立创新意识。很难想象，只重视内部人员的行政管理、只想确保自己的政治利益或故步自封、满足于已有的成绩和不思进取的企业领导者，他如何身体力行，领导企业健康成长。其次，通过教育、激励、内部沟通渠道，使全体员工树立一种标杆意识，在企业中营造学别人之长、补己之短的氛围，如定期公告学习最佳实务对公司业绩的促进作用、奖励有创新意识的员工等。再次，要有计划、有系统地对企业员工进行在岗或离岗培训，让员工明确标杆企业文化的精髓。最后，要加强企业伦理文化建设，培育一种公平竞争的标杆企业文化。

3. 加快标杆管理网络和资料库建设

标杆管理理论在实践中的推广与应用依赖于标杆管理网络与资料库的建设。1990年，麻省理工学院的战略规划研究所（Strategic Planning Institute，SPI）建立了有50个成员的基于标杆管理的SPI协会；1992年，美国生产率和质量中心建立了成员超过199个的国际标杆超越交流中心（International Benchmarking Clearing house，IBC）；1993年，管理会计师协会（IMA）建立了一个持续改善中心，为财务管理功能领域建立标杆管理数据库，帮助成员公司辨认最优实践和改善业务流程；加拿大联邦行业科技部在20世纪70年代早期建立了公司间比较计划，以促进标杆管理的发展；中国香港也成立了标杆管理信息交易所，以加快标杆管理的发展。其他国家也都将标杆管理视为质量认证的前提而大力采用，如日本（Deming奖）、欧洲（ISO 9000系列标准）、加拿大（卓越企业奖）、美国（Malcolm Baldrige奖）等。除了机构设立的资料库以外，国外很多企业自发地组建标杆管理网络以在成员之间分享成功经验。有些标杆管理网络是由某个产业内的组织构成的，如美国电信业18家公司联手组织了电信标杆管理协会。这个团体的成立是为了鼓励成员把标杆管理拓展到一些企业共通的领域，如维修、客户满意度、新产品开发、服务等。另外，还有来自不同产业的组织就某类功能（或流程）而组建标杆管理网络，如一个名叫"财务品质网络"的组织，其成员来自联邦快递、施乐、西屋、数字设备、杜邦等公司的财务部门，它们彼此分享成员之间卓越的财务功能。其他领域，如工程、制造及人力资源等领域，也都建立了功能性网络。

我国企业在这方面的经验和努力明显不够，所以加快标杆管理网络和资料库建设对于我国企业顺利开展标杆管理实践刻不容缓。

案例分析　施乐公司的标杆管理

施乐公司一直把标杆管理作为产品改进、企业发展、赢得竞争对手、保持竞争优势的重要工具。公司的最高层领导把标杆管理看为公司的一项经常性活动，并指导其所属所有机构和成本中心具体实施标杆管理。而施乐公司本身也在长期的标杆管理实践中探索出了很多经验，它的"5阶段、10步骤"标杆管理方法被很多公司认可和使用。施乐公司的经验可以借助复印机的标杆管理为例，用图来简单描述。

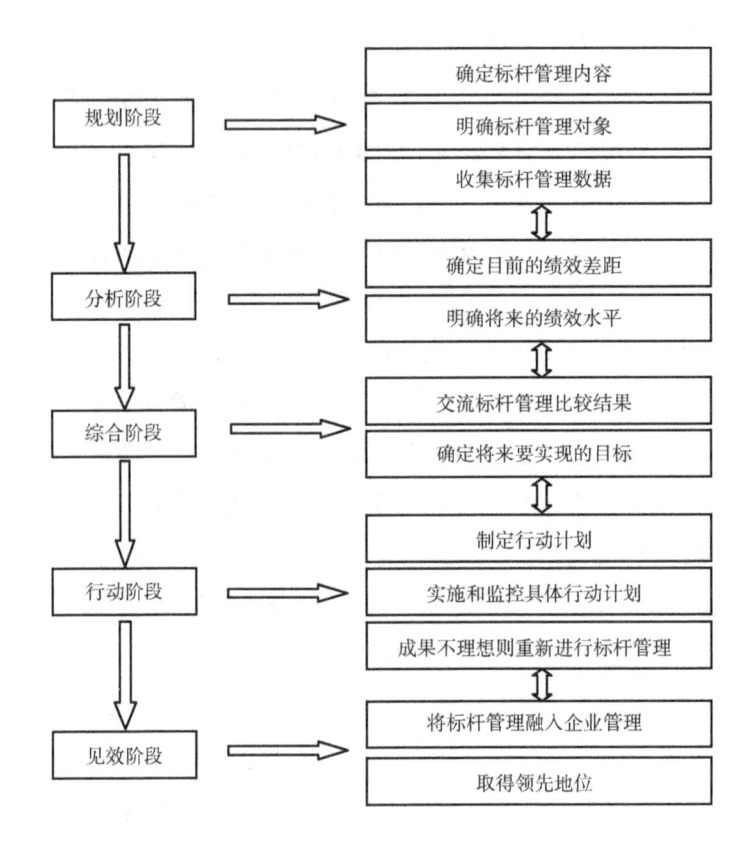

```
规划阶段  →  确定标杆管理内容
              明确标杆管理对象
              收集标杆管理数据
                    ↕
分析阶段  →  确定目前的绩效差距
              明确将来的绩效水平
                    ↕
综合阶段  →  交流标杆管理比较结果
              确定将来要实现的目标

行动阶段  →  制定行动计划
              实施和监控具体行动计划
              成果不理想则重新进行标杆管理

见效阶段  →  将标杆管理融入企业管理
              取得领先地位
```

图 1　标杆管理实例

1. 规划阶段

1）确定标杆管理的内容。这是标杆管理的第一步。施乐实施的第一个标杆管理的内容是关于复印机制造的。施乐震惊地发现其日本的竞争对手竟然以施乐成本的价格出售高质量的复印机，因此针对这个问题开展了标杆管理研究，并取得了很好的成果。

2）确定标杆管理的对象。施乐首先研究它的一个日本子公司——富士施乐，然后研究佳能等公司，以确定它的日本对手的机会成本是否和施乐的价格一样低。

3）收集标杆管理的数据。研究证实，美国的价格确实比日本的价格要高。日本的成本成了施乐的目标。来自公司主要领域的管理者纷纷前往施乐的日本子公司，考察它们的活动；然后，施乐开始收集各种信息。

2. 分析阶段

1）确定目前的绩效差距。日本对手的复印机能够以施乐公司的成本价销售，这说明它们之间在执行上必然存在着差距。收集到的信息则可以用来发现这个差距。

2）确定将来的绩效水平。根据差距分析，计划未来的执行水平，并确定这些目标应该如何获得及保持。

3. 综合阶段

1）交流标杆管理的成果。所有的施乐员工都在质量培训中至少获得过 28 小时的培训，而且有很多员工则进行了高级质量技术的培训。一旦一个新的标杆管理项目确定，它将被公司的员工进行讨论，这样标杆管理成果就可以被其他人在日常操作中使用。

2）确立要实现的目标。施乐公司发现，其购得原料的成本占制造成本的 70%，细微的下降都可以带来大量的利益。公司将其供应商基数从 20 世纪 80 年代初的 5 000 多个削减到 420 个，不合格零件的比率从 1980 年的 10‰ 下降到 0.225‰，6/7 的质量检查人员被重新安排了工作，95% 的供应零件根本不需要检查，购买零件的成本下降了 45%。这些目标并不是必须同时确立，但是随着标杆管理过程的进行，它们都顺利实现了。

4. 行动阶段

1）形成行动计划。即必须制定具体的行动计划。施乐公司制定了一系列的计划，复印机的质量提高了。

2）实施和监控行动计划。标杆管理必须是一个调整的过程，必须制定特定的行动计划及进行结果监控，以保证达到预定绩效目标。

3）重新进行标杆管理。如果标杆管理没有取得理想的效果，就应该重新检查以上步骤，找出具体的原因，再重新进行标杆管理工作。

5. 见效阶段

在对日本行业进行了标杆管理之后，施乐并没有停止不前。它开始了对其他竞争对手和一流企业的标杆管理。1996 年，施乐公司是世界上唯一获得所有三个重要奖励的公司，三个奖励分别是日本 Deming 奖、美国 Malcolm Baldrige 奖及欧洲质量奖。显然，采用标杆管理使施乐公司受益匪浅。

在这个案例中，施乐公司是如何击败竞争对手的？你认为施乐公司的成功具备了哪几个要素？请根据你所了解的标杆管理知识，分析当今的施乐公司是否还需要继续它们的标杆管理？

第 14 章

绩效管理的发展趋势

14.1 绩效管理观念的变革

绩效管理在观念上经历了从传统的绩效考核到全面的、战略的绩效管理的转变。早期传统绩效考核以"经济人"假设为理论基础。在企业主眼里，员工与机器设备、厂房一样，仅仅是一种创造利润的工具，必须尽量节约和控制人工成本；而在员工眼里，自己作为一名打工者，与企业主之间是纯粹的经济雇佣关系，他不会也不愿意去主动关心企业的发展。因此在员工的管理方式上，企业主设置种种条条框框控制员工的行为，以达到降低成本的目的。简单而言，传统的绩效考核思想就是"控制人的思想，禁锢人的灵魂"，忽略了人和机器设备的差异性。在这种思想的引导下，员工抱着"不求有功，但求无过"的心态工作，认为自己完成绩效任务的目的就是为了避免被雇主扣工资。全面绩效管理阶段强调公司目标与指标、部门目标与指标、岗位目标与指标的设定、分解、执行的全过程管理，以及人在制定目标、执行目标、反馈目标中所发挥的作用，特别是强调过程控制环节在绩效管理活动中的核心地位，既要考察因循"岗位—部门—组织"的绩效垂直路径，也要兼顾流程绩效的水平路径，同时强调绩效管理作为一个系统体系，是一个从目标设定到绩效反馈的全过程。战略绩效管理的突出特点在于它始终以企业的战略为牵引，包含着系统的指标分解、指标监控、指标考量与检讨体系。以战略为导向的绩效管理系统是一种促使企业在计划、组织、控制等所有管理活动中全方位发生联系并适时进行监控的体系，其活动内容主要包括两方面：一是根据企业战略建立科学规范的绩效管理体系，以战略为中心牵引企业各项经营活动；二是依据相关绩效管理制度对每一个绩效管理循环周期进行检讨，以经营团队或责任人为对象进行绩效评价，并根据评价结果进行价值分配。战略绩效管理系统具有以下特征：一是关注企业长期战略目标，长期目标作为一种牵引力将绩效管理导向正确的方向；二是关注企业全方位目标，这是整个战略性绩效管理系统的基础；三是将企业战略目标层层分解到各个部门，最终落实到各岗位的每个员工；四是强调过程与结果并重；五是企业的重大决策必须考虑到绩效的实现程度。

14.1.1 绩效管理工具的变革

1. 绩效管理工具变革的趋势

绩效管理工具变革主要经历了以下几个趋势。

（1）从单纯的绩效评价到战略导向型绩效管理

随着战略管理对企业的作用越来越重要，为适应企业发展的要求，绩效管理工具开始将绩效目标与企业战略目标紧密联系，绩效评价已经不仅仅限于对过去绩效的衡量，而开始与有助于实现企业战略目标的关键要素相结合，以帮助企业实现愿景和战略。

（2）从单一评价标准到从多个角度进行评价

早期的绩效评价多从单一的角度进行绩效衡量，虽然这样操作起来非常简单，但是容易遗漏一些重要的评价指标，尤其是一些对企业的长期发展有益的关键绩效指标。经过理论的发展和实践的推动，绩效管理工具开始对绩效进行全方位多角度的衡量，尤其是平衡计分卡的出现，为绩效管理提供了新的思路，它不仅从四个层面全面地思考绩效问题，更是创造性地把层面间的因果关系考虑进来，使绩效管理更加系统化、科学化，有利于企业综合考虑其发展要素和关键指标，以促进企业能力的全面提升。

（3）从单一结果导向到结果与过程并重

传统的绩效评价主要是对工作的成果或结果进行评价，忽视了对目标实现过程的考虑。单一的结果评价往往具有滞后性，从而导致难以对工作进行有效及时的监督和调控。随着绩效管理理念和工具的进一步发展，绩效评价作为管理控制系统的一个子系统，已经由静态的结果评价发展到与动态的过程评价和趋势评价相结合，从而在一定程度上实现了即时控制，确保解决方案能够迅速到位，同时通过发挥绩效管理的导向作用，有效牵引员工行为，确保企业能够沿着预定轨道发展。

（4）从只关注个人绩效到全面关注个人、群体及组织绩效

在早期，企业主要是针对员工的个人绩效进行评价，并没有对个人绩效、群体绩效以及组织绩效进行综合衡量。我们知道，组织绩效源于群体绩效的实现，而群体绩效则

以个人绩效为基础,但是个人的高绩效并不意味着群体和组织的高绩效,这还涉及目标之间是否协调一致的问题。而经过发展的绩效管理工具,能从个体、群体、组织等不同视角对绩效进行综合衡量,并通过协调目标间的关系确保组织整体绩效的全面提升。

2. 绩效管理工具的具体转变

绩效管理在工具和方法上同样经历了从财务型管理工具到全面的、智能的管理工具的转变。

(1)绩效仪表盘

绩效仪表盘作为企业变革的强大工具,能够向企业高管、经理与员工提供及时信息,使企业聚焦于核心能力的发展,进而实现企业成功。平衡计分卡、KPI、战略地图作为绩效管理通用工具,已经在国内企业中流行开来,随着商务智能的进一步发展,绩效仪表盘将成为绩效管理变革的新趋势。

绩效仪表盘是商务智能在企业人力资源管理绩效模块的最新应用,具体而言,一个绩效仪表盘是建立在企业信息与数据整合架构上的多层次应用程序,将实现企业绩效度量、测量与管理的适时化与便利化。绩效仪表盘不仅仅是一张绩效管理图形,更是一个内容翔实、优化企业管理、促进企业战略目标实现的信息系统。

绩效仪表盘通过分层的方式方便用户对信息进行查询,实现自我服务。用户希望监控异常情况,查看产生意外情况的详细信息,在采取行动前检查报告与数据。绩效仪表盘通过简明视图、多维视图、详细报告视图方便用户查找真正需要的信息,找出事情的根本原因。

一套完整的绩效仪表盘包括监控、分析与管理三个应用程序。① 监控应用,通过绩效仪表盘参照企业绩效标准来监控现有绩效状况,如对销售、运输等日常业务流程的监控。② 分析应用,通过绩效仪表盘用户可在查看大量历史绩效的情况下,识别例外情况,并判断产生异常的根本原因。③ 管理应用,体现在监控与分析过程中的管理与协作功能,管理者通过正式与非正式沟通协调各部门工作,实现企业的高效运转。

绩效仪表盘的优势主要有:① 提高战略执行力。通过绩效仪表盘,能够实现战略的有效传递与适时调整。绩效仪表盘将企业战略细化为部门、团队、个人具体指标、目标与行动计划,员工登录绩效仪表盘就可清晰知道个体职责与企业战略的内在驱动关系。同时,绩效仪表盘为企业管理层提供及时准确的决策信息,有利于对企业战略实施道路做出修正。② 降低信息冗余。绩效仪表盘通过对企业信息标准化,消除企业信息冗余,一个单一完善的绩效仪表盘能够替代上百个独立报告系统、数据集市、电子报表与数据仓库。③ 提高可视度。绩效仪表盘通过及时收集相关数据，作为自适系统根据发生事实与以往数据，预测未来发展趋势，极大提高高层管理者对企业日常运营和未来绩效的可视度。例如，通过绩效仪表盘能够帮助公司很快地完成月底财务报告。④ 增强激励。"只有被衡量的，才能被执行"。绩效仪表盘通过公布关键绩效指标项目与绩效标准可以有效地激励员工的有序竞争。当报酬与绩效目标挂钩时，绩效仪表盘将迫使员工更加积极地工作而获得额外收入，员工不会因为绩效卓著而得不到应有的奖励（公布的绩效指标与标准是企业的一种绩效承诺）。⑤ 顺畅沟通。绩效沟通是绩效管理的关键环节，有效的沟通建立在沟通双方对绩效指标与标准的清晰认识上。绩效仪表盘通过简单的定义、规则，避免上下级对考核指标的分歧，同时激发普通员工与主管就绩效结果进行良性对话。

（2）OKR

OKR内容详见本书11.5节。

从某种意义上说OKR的绩效管理模式，更适合互联网企业扁平化、项目组织管理模式，能将互联网企业的资源更多地聚集于"目标"与"关键结果"上，使互联网企业摆脱传统企业固定化、流程化的绩效管理模式，最大限程地释放绩效管理灵活性，为绩效管理助力于互联网企业的发展提供新的动力。

（3）绩效看板

将绩效看板引入组织绩效管理中，选取关键的绩效监控指标，定期以展板形式进行宣传，帮助员工了解本组绩效指标完成情况及与其他组、对标组存在的差距，激励班组采取相应措施，确保指标的顺便完成。绩效看板可以分为三个基本维度：基本信息、管理现状、主要业绩及监控指标，具体指标可根据实际情况而定。看板中的基本信息是指各组的一些基本情况，管理现状是指目前业务的一些基本情况，主要业绩及监控指标，包括目标值与完成值。通过各组的绩效指标看板，可以清晰地看到各组的基本情况及绩效指标的完成情况。对指标完成较好的组别，可以产生有效激励其工作积极性的效果，促进其继续保持良好的发展势头。对指标完成较差的组别达到鞭策的效果，看到本组的绩效指标完成值与目标值的差距，选择排名靠前的组别进行对标。

（4）A3报告

A3报告详见第3章案例分析。

14.1.2 绩效管理方式的变革

1. 建立动态的目标考核

个人的目标实际上是融入组织的目标之中的,个人为组织目标奋斗的过程也就是个人追求自我实现的过程,短期目标的不断实现与不断地向共同愿景靠拢也就引导了员工们持续地努力和奉献。从马斯洛的需要层次理论可知,个人的发展和自我实现是最高层次的需要,帮助和引导员工实现自己最高层次的需要,就会让员工在组织中获得自我实现的动力,最大地激发其创造力,从而推动组织的发展。员工的个人奋斗目标与组织奋斗目标一致,企业也在其发展过程中,形成了被员工所认同的价值观、经营理论、行为准则、制度文化等。

2. 选择准确有效的绩效考评标准

互联网创业公司要对知识型员工进行准确而有效的绩效考评,必须选择适当的考证标准。完整的企业绩效考核内容,包括工作业绩、工作行为、工作能力和工作态度,很多企业认为知识型员工是企业最宝贵的财富,知识型人才应更多地考察他的能力和业绩,态度的考核可有可无。但是我们应该考虑到知识型员工追求自由、具有很强的自主性,不愿被约束、被命令,对管束存有逆反心理等特点。与操作工人被动地适应工作环境、服从指挥相反,知识型员工倾向于拥有一个自主的工作环境,不仅不愿意制于物,甚至无法忍受上司的遥控指挥,而更强调工作中的自我引导。除此之外,他们感情丰富,易关注小情节,易受情感因素的影响。他们自尊心强,清高,好面子,甚至自命不凡,而且痛恨分配不公,在乎任务的分配等,一旦员工因不良的情感因素而愤然离去,知识资源随之带走。因此,对于知识型员工的忠诚感、责任感和团队精神等工作态度的考评我们同样要重视。另外,考核指标应具有个性化特点。主张"个性化指标"不设置统一的考核指标,而是因人制宜,在研究每一位知识型员工能力结构与能力水准的基础上,以岗位任职资格为标准,为每一位员工指定能力培养计划,追求能力考核指标设计的个性化。

3. 绩效评价要防止出现误差

在绩效评价中,评价者往往是评价结果可靠性的重要决定因素。但在评价知识型员工时容易出现晕轮效应和对比效应,也就是说,知识型员工在能力和业绩方面的突出表现,影响了评价者对其他方面有效的评价。另外,在评价了许多非知识型员工后紧接着评价绩效一般的知识型员工，很可能将这名绩效中等的人评为较好。一种防止晕轮效应的措施，就是在评价时，评价者每次只就一个评价维度对所有的被评价者进行评价，然后再进行第二评价维度的评价。这种做法的一个潜在假设是，每次只评价一个维度迫使评价者去考虑特定的内容而不是对被评价者的总体印象。而对于对比效应产生的误差可采用分类别、分时段的方式进行考评。

4．创造宽松的工作环境

一个称职的人力资源管理者应当知道怎样引领知识型员工发展。诸如通过具体事例引导他们仔细思考自己擅长什么，看重什么，如何学习和追求发展。这种自我认识对知识型员工取得工作绩效和正确评价自我是十分重要的。因此，德鲁克建议，应当"引领"知识型员工，而不是"管理"或"考核"知识型员工。意味着要为知识型员工创造更为宽松、开放的工作环境，包括自主工作的权力，弹性工作制，自由发表意见的氛围，容忍员工犯错误，创造充满乐趣和关爱的工作环境等。

14.2 绩效管理变革对人力资源管理的影响

伴随着各种创新管理思潮的涌现，加上外部信息、技术、经济社会大环境的冲击，绩效管理为适应时代潮流，自身经历着不断完善和变革的过程，并在人力资源管理系统中发挥着不可替代的作用。宏观上，绩效管理越来越强调加强与其他管理职能的联系，要求企业管理者站在战略的高度，借助有效的整合绩效管理模式，合力推进企业绩效的改善；微观上，绩效管理逐渐对原有概念进行拓展和丰富，配合工具和方法上的革新，以满足现代企业管理不断发展的需要。

绩效管理思想伴随着管理理论与实践始终存在，其科学体系的建立距今已超过了半个世纪，在这半个世纪的发展过程中，绩效管理的各方面都发生了巨大变化，这些变革与创新主要为以下五点：① 从传统的绩效考核到全面的、战略的绩效管理的转变；② 从以改善员工绩效水平为目标到以提高员工工作投入为目标的转变；③ 从员工绩效到团队绩效，从一般员工绩效到核心员工、知识型员工、高管绩效的转变；④ 从结果导向到行为导向，再到潜能导向的转变；⑤ 从财务型管理工具到全面的、智能的管理工具的转变。长久以来，绩效管理一直是企业管理中使用频率最高、受众面最广的职能活动，但也常因其执行复杂、与利益挂钩等诸多现实问题而饱受诟病，成为日常管理实践中最不愿谈及的话题。有关绩效管理的改进和创新一直围绕着如何通过绩效管理实现企业战略目标、帮助企业和员工提高现有绩效水平,以及在构建和谐劳动关系的基础上完善绩效管理制度方面展开。绩效管理的变革是长期且连贯的,而创新的优势也将在以后的变革中不断凸显。

反侵权盗版声明

电子工业出版社依法对本作品享有专有出版权。任何未经权利人书面许可，复制、销售或通过信息网络传播本作品的行为；歪曲、篡改、剽窃本作品的行为，均违反《中华人民共和国著作权法》，其行为人应承担相应的民事责任和行政责任，构成犯罪的，将被依法追究刑事责任。

为了维护市场秩序，保护权利人的合法权益，我社将依法查处和打击侵权盗版的单位和个人。欢迎社会各界人士积极举报侵权盗版行为，本社将奖励举报有功人员，并保证举报人的信息不被泄露。

举报电话：（010）88254396；（010）88258888
传　　真：（010）88254397
E-mail：　dbqq@phei.com.cn
通信地址：北京市万寿路 173 信箱
　　　　　电子工业出版社总编办公室
邮　　编：100036